制造业竞争优势：国别比较

王庆　张弓　何倩 等　著

中国财经出版传媒集团
中国财政经济出版社

图书在版编目（CIP）数据

制造业竞争优势：国别比较／王庆等著．－－北京：中国财政经济出版社，2023.10

ISBN 978－7－5223－2299－5

Ⅰ.①制… Ⅱ.①王… Ⅲ.①制造工业－工业企业管理－成本管理－研究－中国 Ⅳ.①F426.4

中国国家版本馆CIP数据核字（2023）第114134号

责任编辑：叶　彤　　　　　责任校对：胡永立
封面设计：北京兰卡绘世

制造业竞争优势：国别比较
ZHIZAOYE JINGZHENG YOUSHI：GUOBIE BIJIAO

中国财政经济出版社 出版

URL：http://www.cfeph.cn
E－mail：cfeph@cfeph.cn

（版权所有　翻印必究）

社址：北京市海淀区阜成路甲28号　邮政编码：100142
营销中心电话：010－88191522
天猫网店：中国财政经济出版社旗舰店
网址：https://zgczjjcbs.tmall.com
北京鑫海金澳胶印有限公司印刷　各地新华书店经销
成品尺寸：170mm×240mm　16开　17.5印张　251 000字
2023年10月第1版　2023年10月北京第1次印刷
定价：78.00元
ISBN 978－7－5223－2299－5
（图书出现印装问题，本社负责调换，电话：010－88190548）
本社质量投诉电话：010－88190744
打击盗版举报热线：010－88191661　QQ：2242791300

编委会成员

黄汉权　中国宏观经济研究院院长、二级研究员、博士生导师

刘　刚　国家发展改革委价格成本调查中心副主任、副研究员

王　庆　国家发展改革委价格成本调查中心监审三处副处长、助理研究员

张　弓　国家发展改革委价格成本调查中心调查二处中级经济师

何　倩　国家发展改革委价格成本调查中心综合信息处处长、中级经济师

穆雨竹　国家发展改革委价格成本调查中心综合信息处高级工程师

黄进辉　国家发展改革委发展战略和规划司经济结构处处长

沈继楼　国家发展改革委发展战略和规划司规划管理处处长

前　言

近年来，主要发达国家纷纷实施"再工业化"战略，吸引高端制造业回流，"中国制造"比较优势有所弱化；部分新兴经济体也在依靠低成本优势加快承接中低端制造业转移，中国"世界工厂"的地位有所削弱。特别是受逆全球化浪潮、新冠疫情等冲击，全球产业链布局分散化、区域化特征越发明显，供应链近地采购态势进一步加剧；同时，随着国内劳动力资源优势不断弱化以及资源环境约束日渐强化，实体经济运行成本特别是制造业成本出现了明显上升，加之产业链根植性不强、核心竞争优势偏弱，部分制造业行业出现了产业链外迁现象。

本项研究梳理了中国、美国、德国、日本、英国等国家制造业的发展历程，同时基于国内外丰富的研究理论及实践成果，从内部和外部两种视角来分析各国制造业竞争优势，即通过劳动力成本、用能成本、税负成本、融资成本、物流成本、制度性交易成本以及综合成本等内部成本视角评价制造业整体的成本竞争优势；通过显示性竞争优势指数等外部贸易视角分析制造业细分行业的竞争优势及其变化趋势。

研究结果显示，从内部成本视角看，发展中国家综合成本竞争优势较强，中国的成本优势仍较为明显。一是中国的综合成本趋于上升但成本优势依然存在。我国制造业综合成本虽不断上升，但与美国、日本、德国等制造业强国相比，综合成本优势依旧比较明显，特别是较低的劳动力成本依旧是我国与欧美等发达国家竞争最大优势。二是发展中国家劳动力成本增长较为显著，综合成本竞争优势普遍较强。中国、越南、泰国、墨西哥、波兰、土耳其等发展中国家的劳动力成本均呈不同程度的上升，特别是中国制造业劳动力成本刚性增长态势明显。多数发展中国家的综合成本十几年来排名始终位居前列，除巴西外，其他发展中国家的综合成本竞争优势指数值均高于平均水平。三是发达国家的综合成本竞争优势有所差异。美国、韩国、英国的综合成本竞争优势较强，特别是美国的综合成本竞争优势最为突出。

从外部贸易视角看，中国的劳动密集型产业竞争优势依旧较强，技术密集型产业已初具优势。一是劳动密集型产业竞争优势较强，但来自越南等国的竞争压力不容忽视。中国的纺织服装服饰业、皮革毛皮羽毛及其制品和制鞋业、文教工美体育和娱乐用品制造业的竞争优势近30年来虽持续下降，但优势地位依旧稳固；纺织业、家具制造业、非金属矿物制品业的竞争优势整体趋于上升。对于纺织服装服饰业这类劳动密集型产业，越南、土耳其、印度、印度尼西亚等国的竞争优势同样较为突出。越南、土耳其在机织服装制造、针织或钩针编织服装制造领域已经赶超中国；印度、印度尼西亚的针织或钩针编织服装制造优势与中国相当；越南、土耳其在服饰制造领域的优势也与中国较为接近。二是资本密集型产业竞争优势整体偏弱但较为稳定，与资源型国家相比仍有不小差距。中国的金属制品业、橡胶和塑料制品业、印刷和记录媒介复制业始终具备一定竞争优势，但整体竞争力不强。黑色金属冶炼和压延加工业、化学纤维制造业的竞争优势上升较快。对于以资源开发为主的资本密集型产业，俄罗斯、美国、印度、印度尼西亚的竞争优势较为突出，特别是俄罗斯、印度在原油加工及石油制品制造领域中竞争优势显著，印度尼西亚、俄罗斯在煤制品制造领域优势突出，波兰在炼焦领域竞争优势较强。三是技术密集型产业竞争优势整体较弱但上升态势明显，在多个细分领域的全球竞争中已初具优势。中国的电气机械和器材制造业始终保持一定优势，通用设备制造业、铁路船舶航空航天和其他运输设备制造业竞争优势上升明显，特别是在文化办公用机械制造、自行车和残疾人座车制造、摩托车制造、船舶及相关装置制造、广播电视设备制造、衡器制造等领域竞争优势较强，同时在非专业视听设备制造、通信设备制造、雷达及配套设备制造、电子元件及电子专用材料制造等近20个细分领域初步具备优势。对于计算机通信和其他电子设备制造业这类技术密集型产业，日本、韩国等发达国家的整体优势较强，越南、泰国等发展中国家的追赶态势明显。越南在通信设备制造领域的优势超过中国；泰国、越南在广播电视设备制造领域的优势与中国大体相当；墨西哥、波兰、法国、德国在雷达及配套设备制造领域的优势与中国接近；韩国在非专业视听设备制造领域竞争优势突出；美国、日本、韩国在电子器件制造领域长期保持优势；日本在电子元件及电子专用材料制造领域优势最强。

基于上述竞争优势分析，本项研究从筑牢优势、弥补劣势的角度，提出有关增强制造业根植性的建议。一是要持续优化营商环境，厚植制造业根植性的土壤。进一步深化"放管服"改革，持续释放制造业产业链活力。合理降低企业用工成本，继续保持劳动力成本竞争优势。加强垄断环节监管，进一步降低企业用能成本。二是提升全球价值链分工地位，强化制造业根植性的保障。推进制造业和服务业深度融合，加快制造业全链条提质升级步伐。深度参与全球价值链分工重构，不断提升价值链分工地位。适度保留产业链关键环节，构筑产业链供应链安全屏障。三是注重产业链创新，汇聚制造业根植性的源泉。发挥头部企业和区域产业集群带动作用，打造协同创新体系。加强公共服务体系建设，提高科技创新成果转化率。四是聚焦数字化转型，开辟制造业根植性的路径。构建数字化、智能化核心技术装备体系，提高供应链数字化联动水平。加快推进数字化公共平台和基础设施建设，提升全产业链数字化支撑能力。五是大力培养高素质人才，筑牢制造业根植性的基础。健全多层次人才培养体系，支撑制造业与服务业融合发展。完善人才培养保障机制，助力产业链创新和数字化转型。

作者

2023 年 5 月

目 录

第一章 绪论 …………………………………………………（ 1 ）
　一、研究背景 ………………………………………………（ 1 ）
　二、研究意义 ………………………………………………（ 2 ）

第二章 产业竞争力内涵界定及理论基础 ……………………（ 3 ）
　一、产业竞争力的内涵 ……………………………………（ 3 ）
　二、产业竞争力的基础理论 ………………………………（ 4 ）
　三、产业竞争力的测度方法 ………………………………（ 6 ）

第三章 制造业竞争优势国别比较研究方法 …………………（ 10 ）
　一、可比国家选取方法 ……………………………………（ 10 ）
　二、竞争优势评价指标 ……………………………………（ 12 ）
　三、竞争优势测度方法 ……………………………………（ 15 ）

第四章 制造业整体竞争优势比较 ……………………………（ 18 ）
　一、各国综合成本竞争优势比较 …………………………（ 18 ）
　二、各国分项成本竞争优势比较 …………………………（ 22 ）

第五章 制造业细分行业竞争优势比较 ………………………（ 47 ）
　一、中国制造业细分行业竞争优势变化趋势 ……………（ 47 ）

二、制造业细分行业竞争优势国际比较 …………………………（ 74 ）

第六章　制造业竞争优势总体评价 ……………………………（234）
一、发展中国家制造业成本竞争优势较强 …………………………（234）
二、各国制造业贸易竞争优势差异较大 ……………………………（235）

第七章　中国制造业根植性不强的四大表现 …………………（238）
一、"招工难""用工贵"正在削弱传统产业低成本优势………（238）
二、自主创新能力不足弱化"中国制造"优势地位 …………（239）
三、区域经济发展不均衡造成东部产业内迁意愿不高 ………（240）
四、现行能耗双控制度阻碍高载能产业再布局 ……………（241）

第八章　提升中国制造业根植性需坚持"四个并重" ………（244）
一、坚持高素质人才培养和加快人工智能替代并重 …………（244）
二、坚持自主创新研发与强化国际合作并重 ………………（246）
三、坚持推动产业有序转移与优化营商环境并重 ……………（247）
四、坚持有序推进双碳工作和打造综合性新能源基地并重 …（249）

参考文献 ……………………………………………………………（251）

附件　国内外制造业的发展历程 …………………………………（253）

后　记 ………………………………………………………………（268）

第一章 绪 论

一、研究背景

制造业是立国之本、强国之基，制造业高质量发展是我国经济高质量发展的重中之重。党的十八大以来，以习近平同志为核心的党中央作出加快建设制造强国的重大战略决策，强调"制造业是国家经济命脉所系""要坚定不移把制造业和实体经济做强做优做大""加快建设制造强国，加快发展先进制造业"，为制造业高质量发展指明了方向。

随着全球经济发展进入深度调整期，制造业正成为各国重构竞争优势的关键节点。主要发达国家纷纷实施"再工业化"战略，吸引高端制造业回流，集中发力高端制造领域，"中国制造"比较优势有所弱化；部分新兴经济体也在依靠低成本优势加快承接中低端制造业转移，致力于打造新的"世界工厂"，替代中国成为劳动密集型产业投资地；而随着劳动力供给以及资源环境约束的强化，国内实体经济企业综合成本也出现了明显上升，制造业部分行业出现了产业链外迁现象。近年来，受逆全球化浪潮、新冠疫情等冲击，全球产业链布局分散化、区域化特征越发明显，供应链近地采购态势进一步加剧，在一定程度上削弱了我国作为全球制造业重要集聚中心的地位。特别是中美经贸摩擦以来，美国在不少进口商品上已经出现了供应链"去中国化"现象。比如，我国对美出口机电产品主要被墨西哥、日本、德国、加拿大和韩国替代；家具、玩具、杂项制品主要被越南、加拿大替代；纺织品主要被越南、印度、孟加拉国和印度尼西亚替代。这也说明，我国制造业多数产品可替代性较强，产业链根植性、稳定性和竞争力仍然较弱，尚未形成不容轻易替代的竞争优势。为更好地应对后疫情时代全球产业链供应链的加速重构，我国既需要发挥制造业门类齐全、产业链配套完善以及规模经济效率优势，又需要进一步增强制造业根植性，不断巩固提升制造业国际竞争优势，积极参与全球产业链竞争合作，持续向全球产业链价值链高端迈进。

二、研究意义

制造业竞争优势研究是产业竞争力研究在制造业领域的具体应用。影响制造业竞争优势的维度很多，如创新能力、结构优化、效率效益、品牌质量、绿色发展等。每一个维度下又包含若干评价指标，如每百万人R&D（Research and Development）人员数量、中高端产业增加值占制造业增加值比重、全要素生产率、世界500强制造业企业数量、制造业单位增加值二氧化碳排放量等。无论采用何种评价维度和指标，竞争优势最终都将反映在产业内部成本中，并直接体现于产成品对外贸易上，即"内化于成本，外化于贸易"。

本项研究从内部和外部两种视角来衡量一国制造业竞争优势，一方面，从各国劳动力成本、用能成本、税负成本、融资成本、物流成本、制度性交易成本以及综合成本等指标评价制造业整体成本竞争优势；另一方面，运用显示性竞争优势指数评估制造业细分行业在国际贸易中的竞争优势，并分析近30年来中国制造业细分行业竞争优势的变化特征。将两种结果相结合，既有助于从宏观上认识各国制造业整体竞争力，又有助于从微观上了解中国在制造业细分领域的竞争优势及国际差距，为找准中国制造业发展定位、推动制造业升级转型提供参考方向。特别是在全球制造业产业链价值链重构背景下，重新认识中国制造业成本竞争优势，继续保持制造业细分行业竞争优势，加快弥补相关领域短板劣势，对提升制造业根植性，增强制造业国际竞争力，提高制造业在全球价值链中的分工地位，进而实现经济高质量发展具有重要意义。

第二章 产业竞争力内涵界定及理论基础

国内外许多学者已从不同视角对产业竞争优势进行了大量而深入的研究,现将前人奠定的基础理论、研究者使用的测度方法等进行归纳总结,以期为本项研究的开展提供理论指导。

一、产业竞争力的内涵

目前,学界对制造业国际竞争力的定义较少,但从前期研究来看,制造业国际竞争力就是研究范围缩小的产业国际竞争力,两者的内涵基本一致。关于产业国际竞争力,国内外学者及机构通常依据研究内容差异赋予其不同内涵。国外方面,世界经济论坛(World Economic Forum,1985)将国际竞争力界定为一国在国际市场上比竞争对手制造出更高价值的能力。斯科特(1989)认为国际竞争力是一国通过投资维持高收益率的能力,并将一国的投入与产出比作为衡量竞争力的重要指标。美国经济学家迈克尔·波特(1990)提出产业国际竞争力"钻石模型",该理论最为著名且被学界广泛接受。鲁格曼(Alan M Rugman,1993)、邓宁(J. Duning,1993)、穆恩(H. Chang Moon,1998)先后从不同的角度对"钻石模型"进行了补充和完善。经济合作与发展组织(OECD,2001)认为产业国际竞争力是产业的资源利用及持续在经营活动中积累财富的能力,优势产业对于国民经济水平的提升乃至国际地位的攀升至关重要。国内方面,最早从事产业国际竞争力的学者金碚(1997)认为产业国际竞争力是"某一产业在经营区域的竞争中,以自由、公平的产品市场为背景,能够提供更优质的产品和服务的能力"。蔡昉等(2003)认为产业竞争力是衡量一国能否充分发挥本国资源禀赋优势,并根据贸易市场的形势变化及时作出产业调整的能力。综上所述,本研究认为制造业国际竞争力是指一个国家制造业与其他国家制造业在全球价值链中相比的竞争优势,即其具有的开拓市场、占据市场、推动价值链地位攀升并在国际分工合作中获取更多利润的能力。

二、产业竞争力的基础理论

1. 比较优势理论

提起比较优势理论,首先介绍一下亚当·斯密的绝对优势理论。绝对优势理论认为,国家之间贸易的基础在于生产率或生产成本的绝对差异,而这种绝对差异来源于国家间自然条件、资本积累或技术进步方面的差异,生产率差异导致了生产成本和产品价格的差异,从而决定国家间的贸易分工,各国按照生产率或产品价格的绝对差异进行国际分工。但这一理论无法解释当一个国家在各种商品生产上均处于绝对劣势或绝对优势时,该国如何参与国际分工与贸易的问题。古典学派的代表人物大卫·李嘉图(1817)在绝对优势理论基础上提出了比较优势理论,以各国商品生产上劳动生产率或机会成本相对差异来解释国际贸易分工。在各国生产技术水平既定的假定下,该理论认为,国家间劳动生产率的差异决定了生产成本和产品价格的差异。即使一个国家或地区出售的两种商品同时处于劣势,如果其中一个产品劣势较小,那么通过出口劣势较小的产品,同样可以获得比较优势。

2. 要素禀赋理论

瑞典经济学家赫克歇尔(ELI. Heckscher)和其学生俄林(Bertil Ohlin)

于1919年提出赫克歇尔—俄林（H-O）模型，其核心为要素禀赋理论。在不同国家生产同一种产品的技术相同的假定下，该理论认为国家间自然要素禀赋的差异则决定了各自的比较优势和贸易格局。造成产品成本和价格的差异是由于不同产品的生产要素投入比例不同，且各国的生产要素资源分布存在较大差别。因此，各国应大量出口由其相对充裕的生产要素所生产的产品，而进口其所稀缺的生产要素所生产的产品。本质上讲，生产技术和资源禀赋都是通过影响生产率从而改变行业的比较优势，进而作用于竞争力。

3. 规模经济理论

在各国的偏好、要素禀赋和技术都相似的情况下，随着行业内贸易在国际贸易中所占份额逐渐增加，上述贸易理论无法对此现象做出很好的解释。克鲁格曼（1980）在规模报酬递增和不完全竞争市场结构理论的基础上提出了规模经济理论，以此解释行业内贸易产生的原因。国际贸易能够突破狭小的国内市场限制，形成一体化的世界市场，从而扩大产品的市场规模。不同国家可以利用规模经济专业化生产有限种类的产品，并同其他国家生产的差异化产品进行贸易。由此，既能实现生产中的规模经济效应，获得比较优势，同时也增加了世界总体的商品种类，满足了消费者的多元化需求，从而使参与贸易的各个国家都能从中获益。

4. 产业国际竞争力理论

迈克尔·波特（Michael E. Porter，1990）第一次从产业层次研究国家竞争力，他认为一国在某一产业的国际竞争力是一个国家能否创造一个良好的商业环境，使该国企业获得竞争优势的能力。波特对产业竞争力的决定因素进行了系统的分析，提出了著名的"钻石模型"理论（见图2-1）。该模型中包括四个关键要素，即生产要素、需求条件、相关和支持性产业以及企业的战略、结构和竞争；两个辅助要素，即政府政策和机会，这六个要素彼此相互作用。

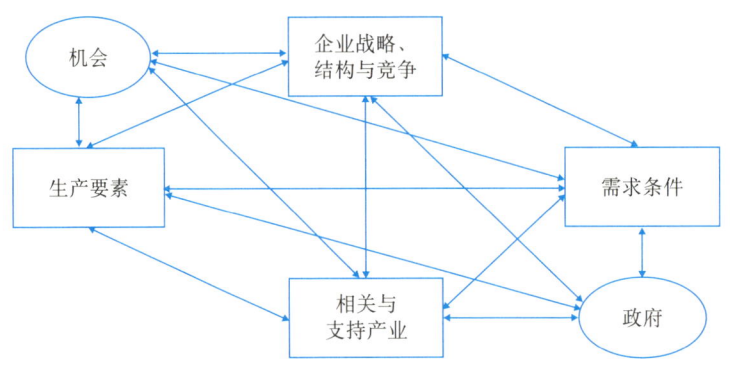

图 2-1 国际竞争力的钻石模型

其中，生产要素指一国在特定产业中有关生产方面的要素禀赋，可进一步分为土地、矿产资源、气候和非熟练劳动力等初级生产要素和高素质人力资源、优质基础设施等高级生产要素；需求条件指本国市场对该项产业所提供的产品或服务的需求；支持和相关产业指为特定产业提供原材料、零部件等的上游产业以及因共同使用某些共用技术或通过共同分享营销渠道等方式而联系在一起的产业；企业战略、结构与竞争，指企业在一个国家的基础、组织和管理形态以及国内市场竞争对手的表现。"钻石模型"作为研究产业国际竞争力的基石，为日后改进的多因素分析模型打下了坚实基础。

三、产业竞争力的测度方法

1. 基于成本的竞争力测度

从专项成本研究来看，关于竞争力测度的指标包括用能成本、物流成本、制度性交易成本等。其中，用能成本的国际比较主要来自国际能源署（IEA）发布的年度《世界主要能源统计》（Key World Energy Statistics），该报告对世界主要经济体原油、煤炭、天然气、电力等能源的产量、供应量、价格等项目列表统计,并进行历史变化趋势展示。物流成本的国际比较主要来自世界银行每两年发布一次的《物流绩效指数报告》(International Logistics Performance Index),报告从海关和边境管理通关的效率、贸易和运输基础设施的质量、安排具有价格竞争力的货物运输的便利性、物流服务的能力和质量、跟踪和追溯货物的能力、按时送达能力六个核心维度进行评价,选择近1000个国际货运代理公司的6000多名受访者进行问卷调查,受访者用从1(最坏)到5(最好)的数字从6个核心维度评估一国物流绩效水平。制度性交易成本的国际比较主要来自世界银行发布的年度《营商环境报告》(Doing Business),该报告通过开办企业、办理施工许可、获得电力、登记财产、获得信贷、保护少数投资者、纳税、跨境贸易、执行合同和办理破产10项指标来衡量一个国家或地区营商的难易程度,并形成指数进行排名比较[①]。从综合成本研究成果看,2014年波士顿咨询公司(以下简称BCG)发布的研究报告——《全球制造业的经济大挪移》(The Shifting Economics of Global Manufacturing,以下简称BCG报告),是目前唯一对外公开发布的可用于国际实体经济综合成本比较的研究成果。该报告首次公布了全球制造业成本竞争力指数(Global Manufacturing Cost-Competitiveness Index),该指数一经发布就受到外界广泛关注,尤其是"2014年中国相对美国的制造业成本优势已经减弱到5%以下"这一结论引发热议。该研究报告选取全球25个主要经济体进行比较,从劳动力成本、电力成本、天然气成本、原材料成本四项指标入手,以美国为参考基准(美国=100),对分项成本加权计算后,形成综合成本指数。同时该报告还披露了2004年和2014年两时点上各主要经济体的成本竞争力指数,并将其划分为四类:竞争面临压力型,包括中国、巴西、俄罗斯等国家;竞争力继续削弱型,包括澳大利亚、法国、瑞士等国家;竞争力保持稳定型,包括印度、印度尼西亚、英国等国家;竞争力提升型,包括墨西哥、美国等国家。

---

① 2022年起,世界银行发布新的评价体系BEE(Business Enabling Environment)代替原营商环境评价。

2. 基于贸易的竞争力测度

大多数学者通过计算一国的贸易出口额等指标来衡量制造业国际竞争力水平，具体可分为国际市场份额（International Market Share，IMS）等绝对指标和显示性竞争优势指数（Comparative Advantage，CA）、显示性比较优势指数（Revealed Comparative Advantage，RCA）、贸易竞争力指数（Trade Competitiveness Index，TC）等相对指标。国际市场份额是通过计算一国某产品出口额占国际市场总出口额的比例来衡量出口竞争力，该指标直观简洁，在出口竞争力的比较研究中被广泛采用。但由于该指标只考虑出口因素而忽略进口和国内市场等因素，可能会高估出口比重大的产业竞争力，低估内需规模大的产业竞争力。显示性比较优势指数最早由美国经济学家巴拉萨（Balassa，1965）提出，该方法通过计算一国某行业或某产品占该国总出口额的份额与世界贸易中相应行业或产品占总出口额的份额之比来衡量竞争力水平，该方法的优点在于消除了本国与世界总量波动的影响，但缺陷同样在于未考虑进口因素的影响。基于此，T. L. 沃尔拉斯（T. L. Vollrath，1991）提出显示性比较优势指数的修正模型，即显示性竞争优势指数，该指数在显示性比较优势指数基础上减去一国某行业或产品占该国总进口的份额与世界贸易中相应行业或产品占总进口的份额之比。贸易竞争力指数是通过计算一国某产品的进出口差额占进出口总额的比重来衡量国际竞争力水平。

王静（2004）依据显示性比较优势指数计算方法测算了全球价值链体系中我国制造业国际竞争力指数，并据此提出技术进步引领企业结构优化的建议。何超（2011）使用了显示性比较优势指数及显示性竞争优势指数测算出中国制造业竞争力水平，并进行了比较分析。于明远等（2014）使用了国际市场份额、贸易竞争力指数和显示性比较优势指数等五项指标，测算出中美等五个国家的制造业竞争力指数。Abdul Hannan（2015）使用显示性比较优势指数测算了汽车行业的国际竞争力水平，分析了经济、社会、环境等因素对其的影响效应。赵东麒和桑百川（2016）运用显示性比较优势指数、贸易竞争力指数等对样本国家 10 个部门的产业竞争力进行实证分析。彭爽等（2018）运用显示性比较优势指数和显示性竞争优势指数研究中国制造业及服务业的年度发展趋势，综合分析了中国的竞争力水平。康学芹和廉雅娟（2020）运用显示性比较优势指数评价中美五大高新技术产业竞争力。

3. 基于综合指标的竞争力测度

世界经济论坛（World Economic Forum，简称 WEF）和洛桑国际管理学院（International Institute for Management Development，简称 IMD）基于对产业国际竞争力全面性、系统性的考量，将竞争力视作资产和过程共同作用的结果。这两个权威国际组织建立的指标体系将宏观经济环境、进出口贸易、信息化水平、从业者受教育程度、劳动力薪资水平、政府政策对提升国际竞争力是否有力、法律法规是否保护产业发展、基础设施建设水平等维度的影响因素细化成近 300 个囊括"硬性要素"和"软性要素"的指标，为产业国际竞争力经济学者们广泛接受。

第三章 制造业竞争优势国别比较研究方法

本项研究以相关理论成果为基础,从成本视角和贸易视角入手,对各国制造业整体及制造业细分行业的竞争优势进行对比分析,具体思路如下。

一、可比国家选取方法

本项研究以制造业增加值为参考标准选取相应国家。制造业增加值是制造业企业全部生产活动的总成果扣除生产过程中消耗的物质产品及劳务价值的余额,是制造业企业生产过程中的新增价值,既包括用于国内流转部分产品的价值,也包括用于出口部分产品的价值。因此,制造业增加值更能体现一个国家一定时期内制造业的最终实力。具体操作步骤如下:

(1) 获取数据。根据世界银行发布的数据,直接获得2020年各国及全球"GDP(当前美元价值)"和"制造业增加值占GDP比重"。

(2) 计算指标。按如下公式计算2020年各国制造业增加值及其占比:

某国制造业增加值 = 某国GDP × 制造业增加值占GDP比重

某国制造业增加值占比 = 某国制造业增加值/全球制造业增加值

(3) 排序筛选。按照各国制造业增加值占比大小由高至低排序,以制造业增加值累计占比接近80%左右为限,统计出相应的国家。

(4) 比较研究需要。将中国周边的目前经济发展速度较快的越南列入,比较分析中国与这些国家的制造业竞争力变化。

按照上述方法共筛选出21个国家,这些国家2020年制造业增加值累计占比约78.9%。其中,排名在前五位的国家制造业增加值累计占比为58.7%(见表3-1)。

表3-1　　　　　　　21个国家2020年制造业增加值

序号	国家	增加值（亿美元）	增加值全球占比（%）
1	中国	38538	27.6
2	美国	22356	16.0
3	日本	10116	7.2
4	德国	6989	5.0
5	韩国	4064	2.9
6	印度	3484	2.5
7	意大利	2804	2.0
8	法国	2470	1.8
9	英国	2397	1.7
10	印度尼西亚	2104	1.5
11	俄罗斯	1966	1.4
12	墨西哥	1856	1.3
13	加拿大	1480	1.1
14	爱尔兰	1470	1.1
15	西班牙	1413	1.0
16	巴西	1411	1.0
17	土耳其	1377	1.0
18	瑞士	1365	1.0
19	泰国	1266	0.9
20	波兰	958	0.7
21	越南	453	0.3
	21国合计	110334	78.9
	世界	139823	100

注：日本、加拿大、美国"制造业增加值占GDP比重"采用估算值。

数据来源：世界银行。

二、竞争优势评价指标

本项研究从成本和进出口贸易两个角度研究各国制造业竞争优势。其中，基于成本视角的竞争优势研究主要针对制造业整体，不针对某个具体的制造业企业，也不针对制造业细分行业；基于进出口贸易视角的竞争优势研究主要针对制造业细分行业。

1. 成本竞争优势评价指标

在选取成本指标时，本项研究主要参考并借鉴《降低实体经济企业成本工作方案》（国发〔2016〕48号）（以下简称《工作方案》）和波士顿咨询公司报告的相关内容。《工作方案》明确提出从税费负担、融资成本、制度性交易成本、人工成本、能源成本、物流成本六方面着手，切实降低实体经济企业成本。BCG报告则将制造业成本分成人工工资、能源成本、原材料及其他三大类。本项研究依据易于获得、方便比较和各国通用三项原则，最终选取劳动力成本、用能成本、物流成本、融资成本、税负成本、制度性交易成本共六类指标构建成本评价指标体系。

在研究过程中，还尝试探索构建了原材料成本指标，但考虑到原材料成本指标构成的复杂性及最终结果的客观性，未将其纳入最终的评价指标体系（具体构建方式参见附录）。下面就各指标作简要说明。

（1）劳动力成本。采用"制造业工资"（Wages in Manufacturing）作为代表指标。制造业工资是指工作时间与非工作时间（如年假、其他类型的带薪休假等）内定期支付给雇员的现金报酬和实物报酬的总和。其中，"制造业工资"相关数据来源于全球经济指标数据网。

（2）能源使用成本。采用"工业用电价格""工业用气价格"作为代表指标。其中工业用电包括大工业用电和普通工业用电。这也是国际上衡量制造业企业能源成本的通用指标。"工业用电价格""工业用气价格"相关数据[①]主要来自欧盟统计局、各国国家统计局（或政府部门公开发布的信息）以及企业年报。

（3）税负成本。采用"税收利润比"作为代表指标，该指标即世界银行公布的"总税率"（Total Tax Rate），指企业应纳税款和强制性缴费（经部分抵扣后）占商业利润的比例。这也是影响一国营商环境的重要因素之一。

（4）融资成本。采用"名义借款利率"（Lending Rate）作为代表指标。该指标是指满足私人部门中短期需求（通常指1年以内）的银行利率。"名义借款利率"相关数据主要来自世界银行。

（5）物流成本。采用"国际物流绩效指数[②]"（International Logistics Performance Index，简称LPI）的倒数作为代表指标。LPI从海关和边境管理通关的效率、贸易和运输基础设施的质量、安排具有价格竞争力的货物运输的便利性、物流服务的能力和质量（运输、转发、报关）、跟踪和追溯货物的能力和发货频率（按时送达的时间）六个核心维度衡量一国物流整体水平，指数值越大表明一国的物流绩效水平越高，相应的物流综合成本就越低，以此为基础构造物流成本指数[③]。LPI相关数据主要来自世界银行。

（6）制度性交易成本。以世界银行公布的全球190个经济体营商环境评估（Doing Business）[④]的相关指标原始数据为基础，计算本研究涉及的20个国家或地区在2007年至2019年相应的营商环境得分，本研究选取报

---

① 对于不能直接获得的数据，需根据工业用电（气）量和用电（气）金额计算得出，如印度尼西亚、日本、泰国。

② LPI由世界银行与学术机构、国际商业机构、私营企业以及从事国际物流的个人合作开展的一项调查，该调查覆盖了近1000个国际货运代理公司，包含6000多份国家物流水平评估，目前为国际社会广泛认可并普遍采用。在该项调查中，受访者用从1（最坏）到5（最好）的数字从6个核心维度评估一国物流绩效水平，指数值越大表明一国的物流绩效水平越高。

③ 世界银行公布的LPI仅包括2007年、2010年、2012年、2014年、2016年、2018年的数据，本项研究采用算术平均的方法，补齐缺失年份数据。

④ 《营商环境报告》是世界银行对世界各地的营商法规及其执行情况进行客观评估的项目，项目启动于2002年，旨在对内资中小企业进行考察，评估在企业生命周期内的适用法规。《营商环境报告》首次发布于2003年，包括5项指标和133个经济体。2017年的报告包括11项指标和190个经济体。

告中列出的可用于比较的 9 项一级指标、33 项二级指标作为制度性交易成本衡量指标。这 9 项指标分别为：企业开办、施工许可办理、电力获得、财产登记、信贷获得、少数投资者权益保护、纳税、合同执行和破产办理。得分值越大表明一国的制度性交易成本水平越低，营商环境越好，以此为基础构造制度性交易成本指数。

此外，本项研究采用世界银行公布的年度"官方汇率"（Official Exchange Rate），将各成本指标单位转换为美元计价单位。但汇率因素并不参与综合成本指数的合成。

2. 贸易竞争优势评价指标

在研究制造业细分行业竞争力时，主要采用显示性竞争优势指数，贸易竞争优势评价指标构建主要分两步：

（1）进出口商品行业归类。依据世界海关组织发布的《商品名称及编码协调制度的国际公约》[①]（International Convention for Harmonized Commodity Description and Coding System，简称协调制度 Harmonized System，缩写为 HS），并参照《2017 年国民经济行业分类（GB/T 4754—2017）》，将 HS 编码中的有关商品一一归类至相关制造业行业。比如，HS 编码"8527"对应商品为"无线电广播接收设备，不论是否与声音的录制、重放装置或时钟组合在同一机壳内"，根据国民经济行业分类说明，将"8527"项下商品对应至"计算机、通信和其他电子设备制造业"（大类）——"广播电视设备制造"（中类）——"广播电视接收设备制造"（小类）。在归类汇总过程中，经常出现 HS 编码项下的多类商品对应同一个制造业中类或小类。

（2）数据汇总。依据 HS 编码与制造业细分行业对应关系，汇总 1992～2020 年[②]（共计 29 年）相关商品的进出口额，数据来自联合国贸易

[①] HS 编码"协调"涵盖了《海关合作理事会税则商品分类目录》（CCCN）和联合国的《国际贸易标准分类》（SITC）两大分类编码体系，是系统的、多用途的国际贸易商品分类体系。它除了用于海关税则和贸易统计外，在运输商品的计费、统计、计算机数据传递、国际贸易单证简化以及普遍优惠制税号的利用等方面，都提供了一套可使用的国际贸易商品分类体系。

[②] 部分国家 1992 年的统计数据缺失。

数据库（UN Comtrade Database）。

三、竞争优势测度方法

1. 成本竞争优势测度

本项研究采用前沿距离法对各分项成本指标进行指数计算，再通过对各分项成本指数进行加权得到综合成本竞争优势指数。前沿距离为某国某一指标距离所有国家中最优指标水平（即"前沿水平"）的差距。前沿距离分数在 0~100 的区间里，其中，0 分代表最差表现，100 分代表前沿水平。采用此种计算方法，任意国家的综合及分项成本指数在 2007 年至 2019 年均可直接进行对比，比较、分析更加直观。具体计算公式如下：

$$h = \frac{R_{\min} - R}{R_{\min} - R_{\max}}$$

其中，h 为指标前沿距离得分，R 为评估指标数据，$R_{\min}$ 为所有评价指标数据中的最小值，$R_{\max}$ 为所有评价指标数据中的最大值。

（1）分项成本竞争优势指数的计算。参照上述计算公式，各分项成本竞争优势指数如下：

$$\text{劳动力成本竞争优势指数} = \frac{\text{制造业工资最差值} - \text{某国制造业工资指标实际值}}{\text{制造业工资指标最差值} - \text{制造业工资指标最优值}} \times 100$$

$$\text{用电成本竞争优势指数} = \frac{\text{工业用电价格指标最差值} - \text{某国工业用电价格指标实际值}}{\text{工业用电价格指标最差值} - \text{工业用电价格指标最优值}} \times 100$$

$$\text{用气成本竞争优势指数} = \frac{\text{工业用气价格指标最差值} - \text{某国工业用气价格指标实际值}}{\text{工业用气价格指标最差值} - \text{工业用气价格指标最优值}} \times 100$$

$$\text{税负成本竞争优势指数} = \frac{\text{税收利润比指标最差值} - \text{某国税收利润比指标实际值}}{\text{税收利润比指标最差值} - \text{税收利润比指标最优值}}$$

$$融资成本竞争优势指数 = \frac{借款利率指标最差值 - 某国借款利率指标实际值}{借款利率指标最差值 - 借款利率指标最优值} \times 100$$

$$物流成本竞争优势指数 = \frac{国际物流绩效指数最差值 - 某国国际物流绩效指数实际值}{国际物流绩效指数最差值 - 国际物流绩效指数最优值} \times 100$$

制度性交易成本竞争优势指数因原始指标营商环境得分已直接采用前沿距离分数法计算，可直接使用，无须合成指数。

（2）确定分项成本竞争优势指数权重。依据成本工作实践经验，并通过专家咨询，将各分项指数权重的分配为：

劳动力成本（0.38）、用电成本（0.19）、用气成本（0.1425）、税负成本（0.095）、融资成本（0.0475）、物流成本（0.095）、制度交易性成本（0.05）。

（3）综合成本竞争优势指数的合成。将某一经济体的各分项成本竞争优势指数进行加权计算，得到该经济体的综合成本指数。

$$综合成本竞争优势指数 = \sum_{i=1}^{n=7} 分项成本竞争优势指数 \times 分项权重$$

2. 贸易竞争优势测度

（1）显示性比较优势指数（RCA）。RCA 计算公式如下：

$$RCA_{i,t} = \frac{\dfrac{E_{i,t}}{\sum_i E_{i,t}}}{\dfrac{WE_{i,t}}{\sum_i WE_{i,t}}}$$

其中，$E_{i,t}$ 表示某国 i 行业第 t 年的出口额，$\sum_i E_{i,t}$ 表示某国 t 年的总出口额，$WE_{i,t}$ 表示世界 i 行业第 t 年的出口额，$\sum_i WE_{i,t}$ 表示世界第 t 年的出口总额。当 RCA > 2.50 时，表示 i 行业具有很强的国际竞争力；当 1.25 < RCA < 2.50 时，表示 i 行业具有较强的国际竞争力；当 0.8 < RCA < 1.25

时，表示 i 行业具有平均国际竞争力；当 RCA<0.8 时，表示 i 行业缺乏国际竞争力。

（2）显示性竞争优势指数（CA）。由于显示性比较优势指数忽略了进口因素和国内市场部分，导致内需大国的产业国际竞争力被低估，而高估了加工贸易的产业国际竞争力。显示性竞争优势指数（CA）则对其进行了修正，加入了进口额，更接近于产业优势的实际状况，CA 计算公式如下：

$$CA_{i,t} = \frac{\dfrac{E_{i,t}}{\sum_i E_{i,t}}}{\dfrac{WE_{i,t}}{\sum_i WE_{i,t}}} - \frac{\dfrac{I_{i,t}}{\sum_i I_{i,t}}}{\dfrac{WI_{i,t}}{\sum_i WI_{i,t}}} = RCA_{i,t} - \frac{\dfrac{I_{i,t}}{\sum_i I_{i,t}}}{\dfrac{WI_{i,t}}{\sum_i WI_{i,t}}}$$

其中，$E_{i,t}$ 表示某国 i 行业第 t 年的出口额，$\sum_i E_{i,t}$ 表示某国 t 年的总出口额，$WE_{i,t}$ 表示世界 i 行业第 t 年的出口额，$\sum_i WE_{i,t}$ 表示世界第 t 年的出口总额。$I_{i,t}$ 表示某国 i 行业第 t 年的进口额，$\sum_i I_{i,t}$ 表示某国 t 年的总进口额，$WI_{i,t}$ 表示世界 i 行业第 t 年的进口额，$\sum_i WI_{i,t}$ 表示世界第 t 年的进口总额。当 CA>0 时，表示 i 行业具有竞争优势；当 CA<0 时，表示 i 行业缺乏竞争优势。

第四章 制造业整体竞争优势比较

影响制造业竞争优势的因素多种多样,而各种影响效应最终将体现在成本上。本项研究首先从成本视角分析制造业的整体竞争优势,并对各国制造业的综合成本、分项成本进行国际比较。

一、各国综合成本竞争优势比较

从各国综合成本竞争优势的总体排名情况看(见表4-1),2007~2019年,各国综合成本竞争优势的变化呈现以下特点:

表4-1　　　　　　　　各国综合成本竞争优势排名

排名	国家	2007年	国家	2012年	国家	2018年	国家	2019年
1	泰国	86.36	印度尼西亚	84.20	泰国	85.15	泰国	85.67
2	印度尼西亚	85.73	泰国	82.37	印度	85.05	印度	85.57
3	俄罗斯	83.51	印度	81.88	俄罗斯	84.59	俄罗斯	84.71
4	墨西哥	80.19	俄罗斯	80.62	印度尼西亚	83.38	印度尼西亚	83.96
5	越南	80.15	墨西哥	80.13	墨西哥	80.49	墨西哥	80.04
6	中国	79.06	中国	77.57	加拿大	79.58	中国	78.85
7	加拿大	76.95	土耳其	76.22	中国	76.64	加拿大	76.53
8	土耳其	76.80	越南	75.57	波兰	76.24	波兰	75.45
9	韩国	74.85	加拿大	75.06	越南	74.47	越南	74.96
10	印度	74.68	美国	72.87	美国	70.47	美国	71.04

续表

排名	国家	2007 年	国家	2012 年	国家	2018 年	国家	2019 年
11	波兰	74.35	波兰	71.86	巴西	69.00	巴西	70.10
12	美国	72.16	巴西	69.62	土耳其	67.67	土耳其	68.32
13	巴西	71.47	韩国	69.36	西班牙	66.87	韩国	65.12
14	西班牙	63.67	西班牙	64.57	韩国	65.66	西班牙	63.89
15	法国	60.61	英国	62.35	英国	65.09	英国	63.86
16	英国	60.33	爱尔兰	57.16	意大利	62.46	意大利	58.05
17	日本	58.37	意大利	53.99	法国	58.80	爱尔兰	56.73
18	爱尔兰	57.66	法国	53.94	爱尔兰	57.43	法国	56.52
19	意大利	56.71	德国	53.91	德国	53.94	日本	52.29
20	德国	54.82	瑞士	48.67	日本	50.45	瑞士	50.57
21	瑞士	52.88	日本	39.11	瑞士	49.99	德国	42.93

1. 中国的综合成本竞争优势略有下降但优势地位稳固

2019 年中国的综合成本竞争优势排名居第 6 位，比 2018 年前进 1 位；与 2007 年持平，但综合成本竞争优势指数值有所下降，表明我国的综合成本略有上升。与欧美发达国家相比，中国的综合成本竞争优势指数处于较高水平，综合成本竞争优势地位较稳固。

2. 发展中国家[①]的综合成本竞争优势普遍较强

2007～2019 年，印度尼西亚、泰国、俄罗斯、中国、墨西哥等发展中国家的综合成本竞争优势排名长期位居前列，而瑞士、德国、法国、意大利、爱尔兰、日本、英国等发达国家成本竞争优势排名相对靠后。发展中国家中，印度的综合成本竞争优势提升较快，排名从第 10 位上升到第 2 位；巴西则一直在较低位次波动，2019 排名为第 11 位，相较以往略有

---

① 根据国际货币基金组织（IMF）标准，本研究选取的国家中，发展中国家包括：中国、印度、巴西、墨西哥、印度尼西亚、俄罗斯、土耳其、泰国、波兰、越南，其余国家为发达国家。

上升。

3. 发达国家的综合成本竞争优势差异明显

2007~2019年，加拿大、美国、韩国具有一定的竞争力，特别是加拿大的综合成本竞争优势较强，位居发达国家前列。英国、意大利的综合成本竞争优势排名略有上升且其指数值也有所增加，表明其综合成本趋于下降。法国和德国的综合成本竞争优势排名及其指数值均有所下降，表明其综合成本出现一定程度上升。与2018年相比，2019年发达国家综合成本竞争优势指数值普遍有所下滑，这也与主要发达国家2019年经济增速回落情况有关。

从中国与部分国家综合成本竞争优势比较结果看，2007~2019年中国的综合成本竞争优势始终较为稳定，与主要发达国家相对优势一直存在。其中，韩国、美国的综合成本竞争优势与中国最为接近，但近年来与中国的差距呈现扩大的趋势；日本、德国的综合成本竞争优势近年来则有所提升，但仍与中国有较大的差距，特别是德国2019年的综合成本竞争优势比上年度有明显下降（见图4-1和图4-2）。

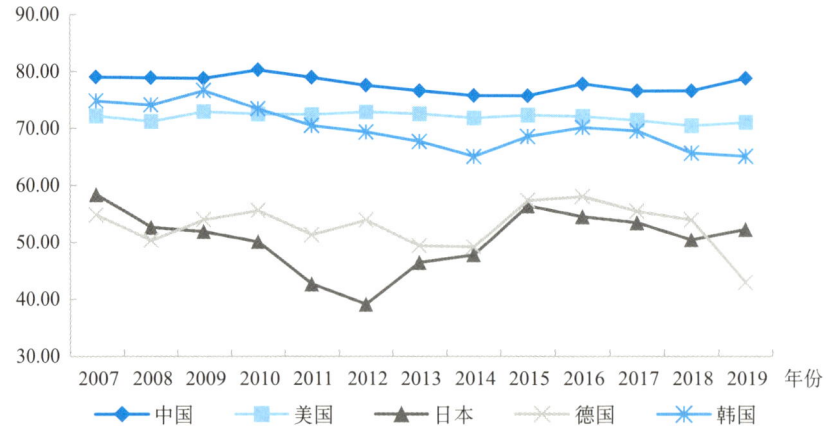

图4-1 中国与主要发达国家综合成本竞争优势对比

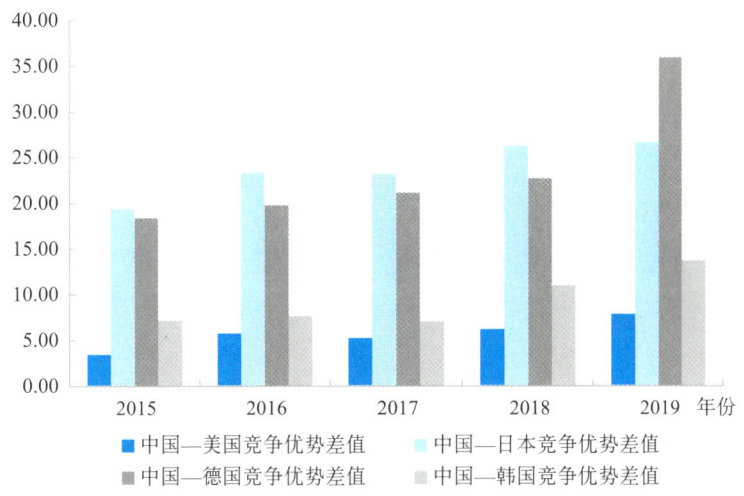

图 4-2 2015~2019 年中国与主要发达国家综合成本竞争优势差值

与主要发展中国家相比，2007~2019 年中国综合成本竞争优势略微下降，而泰国、印度尼西亚、印度的综合成本竞争优势则呈现逐渐上升趋势。2019 年中国与上述国家的差距有所缩小；越南综合成本竞争优势一直弱于中国，近两年差距有所扩大（见图 4-3 和图 4-4）。

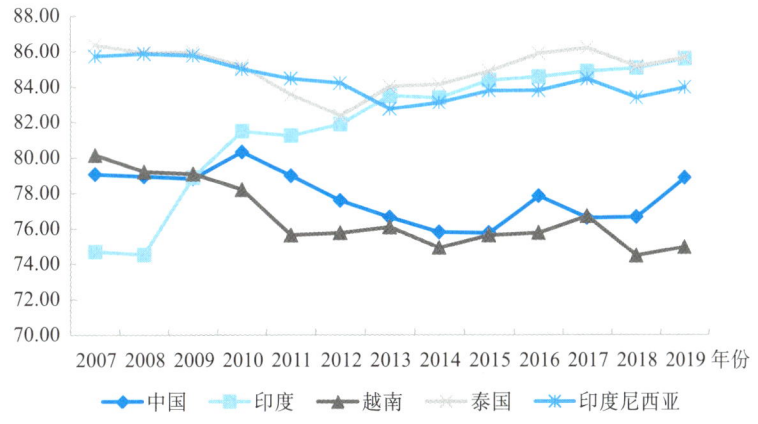

图 4-3 中国与周边发展中国家综合成本竞争优势对比

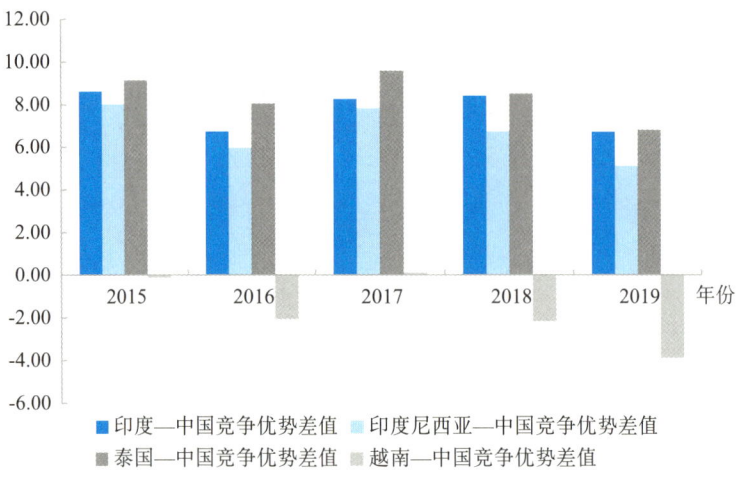

图 4-4　2015～2019 年中国与周边发展中国家综合成本竞争优势差值

二、各国分项成本竞争优势比较

1. 发展中国家的劳动力成本竞争优势普遍较强

从 2018 年、2019 年制造业工资对比结果来看（见表 4-2），各国劳动力成本呈如下特点。

表 4-2　　　　2018 年、2019 年各国制造业工资对比　　　　单位：美元/小时

排名	国家	2018 年	2019 年	2019 年较 2018 年变化	2018～2019 年变化幅度
1	印度	0.76	0.76	0①	0
2	越南	1.43	1.11	-0.32	-29.23%
3	印度尼西亚	1.05	1.12	0.07	6.68%
4	泰国	2.28	2.56	0.28	11.07%
5	墨西哥	2.52	2.73	0.21	7.65%

续表

排名	国家	2018年	2019年	2019年较2018年变化	2018~2019年变化幅度
6	巴西	3.49	3.61	0.12	3.33%
7	俄罗斯	3.69	4.08	0.39	9.57%
8	中国	5.22	5.66	0.44	7.71%
9	波兰	7.34	7.95	0.60	7.59%
10	土耳其	17.09	17.09	0	0
11	西班牙	14.49	17.75	3.26	18.38%
12	英国	20.05	19.64	-0.41	-2.07%
13	加拿大	17.02	19.69	2.67	13.56%
14	意大利	17.64	20.20	2.56	12.69%
15	韩国	21.47	21.76	0.29	1.33%
16	美国	21.54	22.15	0.61	2.77%
17	日本	22.07	23.48	1.41	6.01%
18	法国	23.94	26.10	2.16	8.29%
19	爱尔兰	25.79	27.30	1.51	5.52%
20	德国	25.20	32.30	7.10	21.99%
21	瑞士	37.20	37.20	0	0
	平均值	13.87	14.96		

注：①表示2018年、2019年数据无变化，下同。

数据来源：全球经济指标数据网。

（1）发展中国家较发达国家的劳动力成本优势明显。排名前10位均为发展中国家。发展中国家制造业工资均值为4.49美元/小时；发达国家制造业工资均值为22.40美元/小时，是发展中国家的5倍。同时，部分发达国家的劳动力成本仍在上升。与2018年相比，2019年主要发达国家的制造业工资均有上升，其中德国增幅最大，达到22.0%。

（2）中国的劳动力成本增长较快，但远低于发达国家。2019年中国的制造业工资为5.66美元/小时，同比增长7.7%。而在2015~2018年，中国的制造业工资同比增幅分别为5.8%、1.7%、6.5%和14.2%，劳动力成本高速增长态势较为明显。尽管2019年中国制造业工资排名第8位，高于印度、印度尼西亚、越南、泰国、墨西哥、巴西、俄罗斯七国，但仍远低于发达国家，仅为发达国家平均水平的24.4%。

从各国劳动力成本竞争优势排名来看（见表4-3），中国的排名较为靠前，但位次有所下降，这主要是因为制造业工资的逐渐增加，竞争优势指数值有所下降。发展中国家的劳动力成本竞争优势排名普遍位居前列，明显高于发达国家，特别是亚洲发展中国家的劳动力成本竞争优势最为明显。值得注意的是，发展中国家的制造业工资相对发达国家增速较快，这也意味着随着工业化进程推进、经济不断发展，发展中国家的劳动力成本将不可避免地出现刚性上涨。

表4-3　　　　　　　　各国劳动力成本竞争优势排名

排名	国家	2007年	排名	国家	2013年	排名	国家	2019年
1	印度	100.00	1	印度	99.61	1	印度	99.43
2	印度尼西亚	99.91	2	印度尼西亚	99.24	2	越南	98.60
3	越南	98.76	3	越南	98.67	3	印度尼西亚	98.58
4	泰国	98.47	4	泰国	96.29	4	泰国	95.16
5	中国	98.12	5	墨西哥	94.36	5	墨西哥	94.77
6	墨西哥	95.07	6	中国	92.65	6	巴西	92.67
7	俄罗斯	94.32	7	俄罗斯	89.72	7	俄罗斯	91.55
8	巴西	92.21	8	巴西	87.08	8	中国	87.80
9	土耳其	90.78	9	波兰	85.84	9	波兰	82.38
10	波兰	87.66	10	土耳其	80.71	10	土耳其	60.68
11	韩国	71.70	11	西班牙	63.83	11	西班牙	59.11
12	加拿大	67.64	12	韩国	59.22	12	英国	54.63
13	西班牙	63.07	13	意大利	56.94	13	加拿大	54.51
14	意大利	62.25	14	美国	55.45	14	意大利	53.30
15	美国	60.27	15	英国	50.75	15	韩国	49.60
16	法国	54.03	16	加拿大	50.44	16	美国	48.67
17	日本	53.64	17	日本	44.26	17	日本	45.51
18	德国	45.72	18	德国	41.13	18	法国	39.30
19	英国	44.81	19	法国	38.82	19	爱尔兰	36.45
20	爱尔兰	42.75	20	爱尔兰	38.63	20	德国	24.58
21	瑞士	6.36	21	瑞士	4.61	21	瑞士	12.96

从中国与部分国家劳动力成本竞争优势对比来看，与主要发达国家相比，中国的劳动力成本竞争优势趋于下降，但其优势地位仍较为稳固；美国、韩国的劳动力成本竞争优势大体相当且均呈下降态势，这两国的劳动

力成本优势总体略高于德国、日本；日本的劳动力成本竞争优势于 2012 年至 2016 年进入上升区间，之后逐渐下降；德国的劳动力成本竞争优势 2019 年则出现明显下降（见图 4-5）。

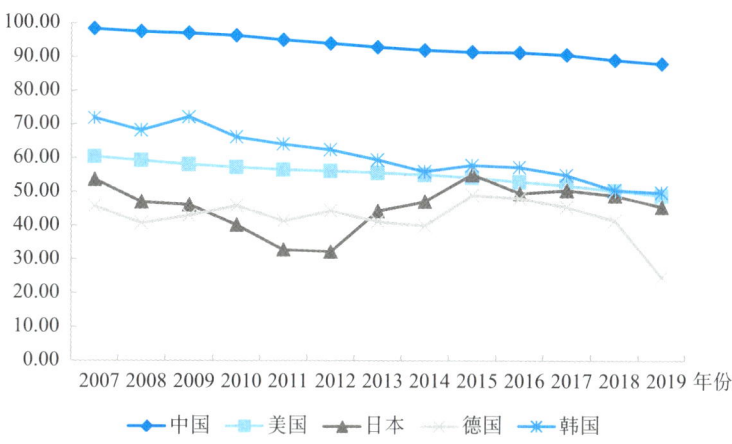

图 4-5　中国与主要发达国家劳动力成本竞争优势对比

与发展中国家相比，2007 年中国与周边发展中国家劳动力成本竞争优势基本接近。但随着时间的推移，各国的劳动力成本竞争优势均呈现不同程度下降。特别是中国的下降势头最为明显，已与其他发展中国家的差距逐渐拉大（见图 4-6）。

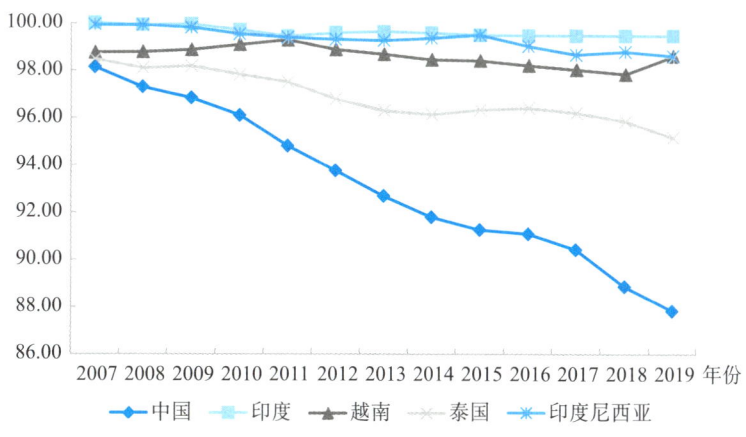

图 4-6　中国与周边发展中国家劳动力成本竞争优势对比

2. 发达国家用能成本竞争优势不及发展中国家

（1）用电成本比较。从2018年、2019年工业用电价格对比结果来看（见表4-4），各国工业用电价格变化呈如下特点。

表4-4　　　　2018年、2019年各国工业用电价格对比　　单位：美元/千瓦时

排名	国家	2018年	2019年	2019年较2018年变化	2018~2019年变化幅度
1	俄罗斯	0.0454	0.0424	-0.003	-6.61%
2	加拿大	0.0524	0.0510	-0.001	-2.67%
3	印度	0.0547	0.0526	-0.002	-3.84%
4	越南	0.0530	0.0530	0	0
5	美国	0.0693	0.0685	-0.0008	-1.15%
6	土耳其	0.0790	0.0742	-0.0048	-6.12%
7	中国	0.0996	0.0870	-0.0126	-12.61%
8	印度尼西亚	0.0942	0.0932	-0.001	-1.06%
9	韩国	0.0968	0.0948	-0.002	-2.11%
10	巴西	0.1168	0.1011	-0.015	-13.46%
11	泰国	0.1156	0.1064	-0.009	-7.96%
12	墨西哥	0.1304	0.1257	-0.005	-3.60%
13	法国	0.1226	0.1265	0.004	3.19%
14	波兰	0.1329	0.1299	-0.003	-2.27%
15	爱尔兰	0.1780	0.1636	-0.014	-8.09%
16	西班牙	0.1712	0.1711	-0.0001	-0.08%
17	意大利	0.1756	0.1929	0.0173	9.86%
18	瑞士	0.2106	0.2076	-0.003	-1.42%
19	英国	0.1905	0.2161	0.0256	13.43%
20	日本	0.2948	0.2757	-0.0191	-6.48%
21	德国	0.2205	0.2989	0.0784	35.57%
	平均值	0.1288	0.1301		

数据来源：欧盟统计局、各国国家统计局。

一是中国的用电成本处于中等水平。2019年中国工业用电价格排名第7位，高于俄罗斯等发展中国家，不及美国和加拿大低廉，但仍低于多数欧洲发达国家。与2018年相比，2019年我国工业用电价格降幅为12.6%，

主要受一般工商业电价下调的政策影响,工业用电成本出现了较大降幅。

二是多数发达国家用电成本较高。与 2019 年各国工业用电价格均值相比,11 个发达国家中,法国、日本、德国、瑞士、意大利、英国、爱尔兰、西班牙 8 个国家的用电价格高于平均水平,仅美国、加拿大的用电成本较低;俄罗斯、印度、越南、土耳其、中国、印度尼西亚、巴西、泰国、墨西哥、波兰 10 个发展中国家的用电价格全部低于平均水平。

从各国用电成本竞争优势排名来看(见表 4-5),中国的排名相对靠前,多数发展中国家的用电成本竞争优势排名位居前列,其竞争优势明显高于发达国家。其中,巴西作为水电丰富国家,其排名在 2007 年、2013 年均名列前茅,但因 2014 年干旱时间过长导致发电及购电成本大幅上涨,造成巴西的用电成本竞争优势明显下降。美国、加拿大的始终保持着较为明显的用电成本优势,其用电成本竞争优势指数明显高于其他发达国家,主要因两国的自然资源丰富,发电成本相对较低,使电价处于较低水平,如 2019 年美国的工业电价相当于日本的 24%、德国的 22.9%。

表 4-5　　　　　　各国用电成本竞争优势排名

排名	国家	2007 年	排名	国家	2013 年	排名	国家	2019 年
1	俄罗斯	98.08	1	印度	93.71	1	俄罗斯	97.11
2	巴西	97.57	2	加拿大	93.02	2	加拿大	94.29
3	加拿大	96.20	3	越南	92.8173	3	印度	93.77
4	越南	90.78	4	俄罗斯	88.88	4	越南	93.64
5	美国	90.06	5	美国	88.42	5	美国	88.55
6	印度尼西亚	88.70	6	巴西	86.93	6	土耳其	86.68
7	韩国	88.23	7	印度尼西亚	83.37	7	中国	82.49
8	中国	85.78	8	韩国	80.85	8	印度尼西亚	80.45
9	泰国	83.97	9	中国	74.01	9	韩国	79.93
10	土耳其	77.76	10	泰国	72.33	10	巴西	77.86
11	墨西哥	77.43	11	土耳其	68.94	11	泰国	76.12
12	法国	71.93	12	墨西哥	64.31	12	墨西哥	69.79
13	波兰	67.88	13	法国	63.80	13	法国	69.53
14	西班牙	66.31	14	波兰	61.86	14	波兰	68.42

续表

排名	国家	2007年	排名	国家	2013年	排名	国家	2019年
15	瑞士	66.21	15	英国	49.45	15	爱尔兰	57.36
16	英国	58.79	16	西班牙	47.66	16	西班牙	54.90
17	印度	58.54	17	爱尔兰	45.78	17	意大利	47.75
18	爱尔兰	49.47	18	瑞士	44.14	18	瑞士	42.93
19	日本	46.46	19	意大利	29.41	19	英国	40.14
20	德国	44.77	20	德国	26.14	20	日本	20.60
21	意大利	42.82	21	日本	11.11	21	德国	12.99

从中国与部分国家用电成本竞争优势对比来看，与主要发达国家相比，中国的用电成本竞争优势虽不如美国、韩国，但远高于德国、日本（见图4-7）。其中，2007~2015年，中国用电成本竞争优势因电价上涨而有所下降；2016年实体经济"降成本"政策出台后，电价有所下降，用电成本竞争优势有所提升，并超过韩国。

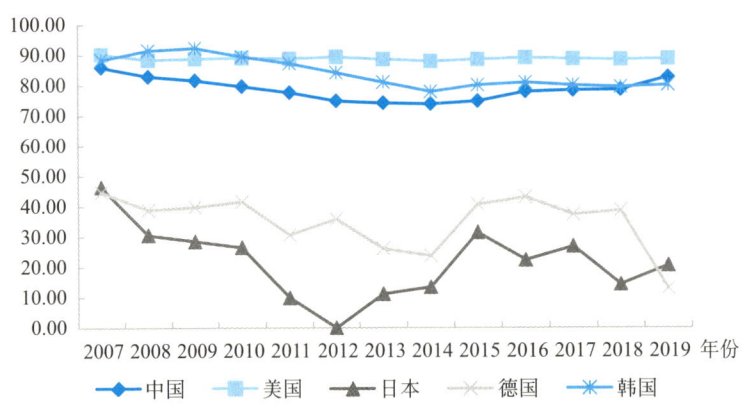

图4-7 中国与主要发达国家用电成本竞争优势对比

与周边发展中国家相比，中国的用电成本竞争优势较弱，用电成本竞争优势指数一直与泰国较为接近，但与印度、越南相比还有一定差距。印度的用电成本竞争优势自2009年以来快速上升，2013年之后与越南的优势基本持平（见图4-8）。

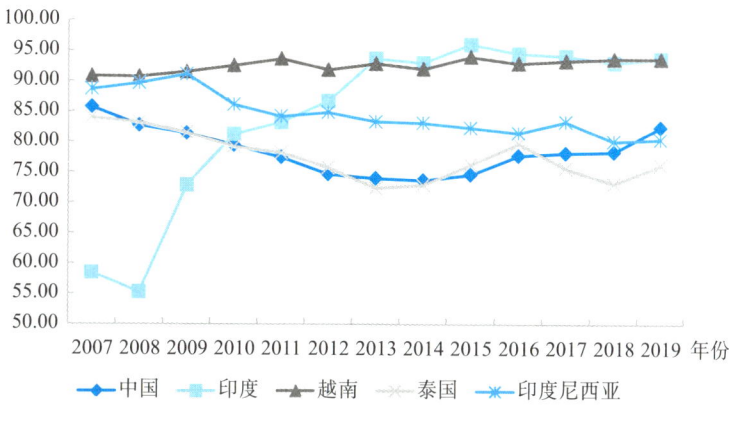

图 4-8　中国与周边发展中国家用电成本竞争优势对比

（2）用气成本比较。从 2018 年、2019 年工业用气价格的对比结果来看（见表 4-6），各国工业用气价格变化呈如下特点。

表 4-6　　　　2018 年、2019 年各国工业用气价格对比　　　　单位：美元/立方米

2019 年排名	国家	2018 年	2019 年	2019 年较 2018 年变化	2018~2019 年变化幅度
1	墨西哥	0.0619	0.0873	0.0254	41.03%
2	瑞士	0.1148	0.1068	-0.008	-6.97%
3	加拿大	0.0919	0.1157	0.0238	25.90%
4	俄罗斯	0.1143	0.1184	0.0041	3.59%
5	美国	0.1483	0.1456	-0.0027	-1.84%
6	土耳其	0.229	0.2139	-0.0159	-6.91%
7	印度	0.1929	0.2147	0.0218	11.30%
8	泰国	0.2221	0.2283	0.0062	2.79%
9	巴西	0.2696	0.2831	0.0135	5.00%
10	中国	0.3860	0.3066	-0.0794①	-20.57%
11	印度尼西亚	0.3887	0.3546	-0.0341	-8.77%
12	英国	0.3594	0.3627	0.0033	0.93%

① 中国数据来源于国家发展和改革委员会价格成本调查中心开展的城市燃气配气企业价格成本调查。

续表

2019年排名	国家	2018年	2019年	2019年较2018年变化	2018~2019年变化幅度
13	西班牙	0.4099	0.4173	0.0074	1.81%
14	德国	0.4281	0.4253	-0.0028	-0.66%
15	法国	0.4404	0.4427	0.0023	0.51%
16	波兰	0.4120	0.4467	0.0347	8.43%
17	意大利	0.4327	0.4536	0.020913	4.83%
18	爱尔兰	0.4545	0.4792	0.024702	5.44%
19	日本	0.6685	0.5216	-0.1469	-21.97%
20	韩国	0.565	0.6102	0.0452	8.00%
21	越南	1.39	1.39	0	0
	平均值	0.370515	0.367824		

数据来源：欧盟统计局、各国国家统计局、企业年报。

一是中国用气成本处于中等水平。2019年中国工业用气价格排名第10位，高于墨西哥、俄罗斯、巴西、土耳其等大多数发展中国家，也不及美国和加拿大低廉，但仍低于多数欧洲发达国家。与2018年相比，2019年我国工业用气价格降幅为20.1%。

二是发达国家的用气成本普遍偏高。与2019年各国工业用气价格均值相比，11个发达国家中，西班牙、德国、法国、意大利、爱尔兰、日本、韩国7个国家的用气价格高于平均水平，仅瑞士、美国、加拿大的用气价格较低；10个发展中国家中，墨西哥、俄罗斯、土耳其、印度、泰国、巴西、中国、印度尼西亚8个国家的用气价格低于平均水平，越南的工业用气价格在各国中最高。

从用气成本竞争优势排名来看，中国的优势下降较为明显，用气成本竞争优势指数值和排名分别从2007年的92.84和第5名下降到2019年的82.23和第10名。俄罗斯、墨西哥、加拿大、美国等天然气自然资源丰富的国家，始终保持着较强的成本竞争优势。除越南外，发展中国家的用气成本竞争优势排名均在中上游，明显领先于多数发达国家（见表4-7）。

表 4-7　　各国用气成本竞争优势排名

排名	国家	2007 年	排名	国家	2013 年	排名	国家	2019 年
1	俄罗斯	99.20	1	瑞士	96.45	1	墨西哥	98.88
2	瑞士	98.95	2	墨西哥	94.23	2	瑞士	97.40
3	印度	97.98	3	印度	93.89	3	加拿大	96.72
4	泰国	94.72	4	俄罗斯	93.69	4	俄罗斯	96.52
5	中国	92.84	5	加拿大	93.42	5	美国	94.45
6	印度尼西亚	90.36	6	美国	92.32	6	土耳其	89.27
7	墨西哥	89.82	7	泰国	86.02	7	印度	89.21
8	巴西	89.08	8	中国	82.54	8	泰国	88.18
9	加拿大	85.27	9	巴西	82.08	9	巴西	84.02
10	美国	84.24	10	印度尼西亚	73.44	10	中国	82.23
11	土耳其	76.31	11	土耳其	72.13	11	印度尼西亚	78.59
12	西班牙	75.42	12	英国	63.74	12	英国	77.97
13	波兰	74.02	13	波兰	63.04	13	西班牙	73.83
14	意大利	69.54	14	西班牙	60.11	14	德国	73.22
15	法国	68.82	15	意大利	59.40	15	法国	71.90
16	英国	67.18	16	法国	57.95	16	波兰	71.60
17	韩国	63.38	17	爱尔兰	57.74	17	意大利	71.07
18	爱尔兰	59.96	18	德国	57.50	18	爱尔兰	69.13
19	日本	59.59	19	韩国	51.26	19	日本	65.91
20	德国	59.59	20	日本	46.06	20	韩国	59.19
21	越南	56.26	21	越南	20.61	21	越南	16.01

从中国与部分国家用气成本竞争优势对比来看，与主要发达国家相比，除美国外，中国的用气成本竞争优势一度十分明显，但随着中国天然气市场供需持续偏紧，天然气价格上涨，用气成本竞争优势指数呈持续下降态势，用气成本竞争优势已不明显。德国、日本、韩国的用气成本竞争优势较弱，但 2014 年以来有所上升（见图 4-9）。

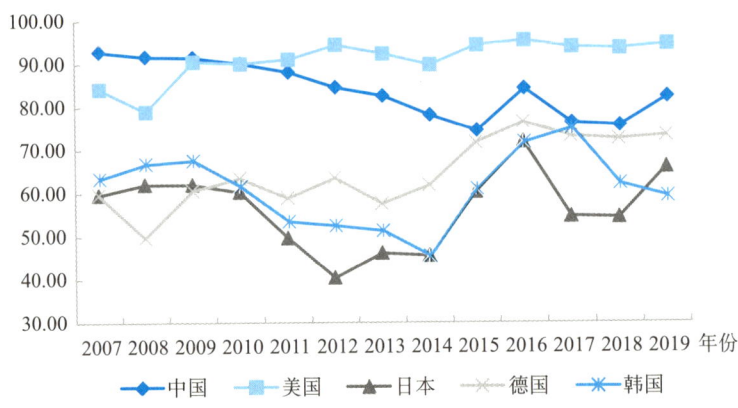

图 4-9　中国与主要发达国家用气成本竞争优势对比

与周边发展中国家相比,中国的用气成本竞争优势相对较弱,与印度尼西亚大体相当,明显落后于印度、泰国;越南天然气储量不高,且天然气管道等基础设施较为落后,其用气成本竞争优势最弱,远远落后于其他国家(见图 4-10)。

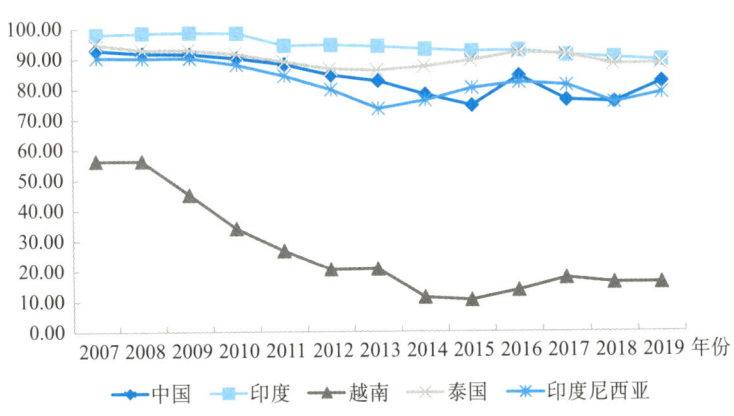

图 4-10　中国与周边发展中国家用气成本竞争优势对比

3. 发展中国家税负成本竞争优势相对较弱

从 2018 年、2019 年税收利润比变动情况来看(见表 4-8),各国税负成本呈现如下特点。

表4-8　　　　　　　2018年、2019年各国税收利润比对比　　　　　　　单位:%

2019年排名	国家	2018年	2019年	2019年较2018年变化	2018~2019年变化幅度
1	巴西	65.1	65.1	0	0
2	法国	60.4	60.7	0.3	0.50%
3	中国	64.9	59.2	-5.7	-8.78%
4	意大利	53.1	59.1	6.0	11.30%
5	墨西哥	53.0	55.1	2.1	3.96%
6	印度	52.1	49.7	-2.4	-4.61%
7	德国	49.0	48.8	-0.2	-0.41%
8	西班牙	47.0	47.0	0	0
9	日本	46.7	46.7	0	0
10	俄罗斯	46.3	46.2	-0.1	-0.22%
11	土耳其	40.9	42.3	1.4	3.42%
12	波兰	40.7	40.8	0.1	0.25%
13	越南	37.8	37.6	-0.2	-0.53%
14	美国	43.8	36.6	-7.2	-16.44%
15	韩国	33.1	33.2	0.1	0.30%
16	英国	30.0	30.6	0.6	2.00%
17	印度尼西亚	30.1	30.1	0	0
18	泰国	29.5	29.5	0	0
19	瑞士	28.8	28.8	0	0
20	爱尔兰	26.0	26.1	0.1	0.38%
21	加拿大	20.5	24.5	4.0	19.51%
	平均值	42.8	42.7		

数据来源:世界银行。

（1）中国税负成本明显偏高。2019年中国税收利润比为59.2%,比2018年略有下降,但总体水平仍然偏高,仅略低于巴西和法国,但却远高于俄罗斯、土耳其、波兰、越南、印度尼西亚、泰国等其他发展中国家。

（2）发达国家的税负成本呈两极分化态势。美国、德国、日本的税收利润比在36%~46%,基本相当于平均水平;法国的税收利润比较高,为60.7%;爱尔兰、加拿大、瑞士的税收利润比相对较低,均低于30.0%。

从税负成本竞争优势排名来看,发展中国家中,中国、巴西、印度的排名一直靠后,严重缺乏竞争优势;印度尼西亚的排名则一直位居前列,竞争优势较为明显;泰国的排名有所上升,2019年已超过印度尼西亚,位居第四。发达国家中,瑞士、爱尔兰等国的税负成本竞争优势排名始终名列前茅;加拿大的竞争优势最强,其排名自2012年后一直居第1位;日本、美国、德国等国家排名稳居中游;法国的竞争优势排名靠后且下降趋势明显(见表4-9)。

表4-9 各国税负成本竞争优势排名

排名	国家	2007年	排名	国家	2013年	排名	国家	2019年
1	爱尔兰	91.42	1	加拿大	100	1	加拿大	92.82
2	瑞士	87.52	2	爱尔兰	90.79	2	爱尔兰	90.32
3	印度尼西亚	82.22	3	瑞士	86.73	3	瑞士	86.11
4	韩国	81.75	4	泰国	85.49	4	泰国	85.02
5	英国	77.07	5	印度尼西亚	82.05	5	印度尼西亚	84.08
6	越南	68.80	6	韩国	79.09	6	英国	83.30
7	泰国	67.86	7	英国	76.91	7	韩国	79.25
8	波兰	63.34	8	土耳其	69.11	8	美国	73.90
9	加拿大	61.93	9	波兰	68.48	9	越南	72.38
10	土耳其	61.62	10	越南	67.39	10	波兰	67.39
11	美国	59.75	11	美国	62.71	11	土耳其	65.05
12	德国	54.60	12	俄罗斯	55.07	12	俄罗斯	58.97
13	俄罗斯	51.17	13	德国	54.44	13	日本	58.19
14	日本	50.39	14	日本	53.35	14	西班牙	57.72
15	墨西哥	49.45	15	墨西哥	50.39	15	德国	54.91
16	西班牙	36.35	16	西班牙	41.96	16	印度	53.51
17	法国	27.15	17	印度	36.19	17	墨西哥	45.08
18	巴西	23.09	18	意大利	28.70	18	意大利	38.84
19	印度	17.63	19	法国	25.89	19	中国	38.68
20	意大利	13.57	20	中国	23.86	20	法国	36.34
21	中国	12.9	21	巴西	23.08	21	巴西	29.48

从中国与部分国家税负成本竞争优势对比来看,与主要发达国家相比,2007年至2019年中国的税负成本竞争优势出现明显上升,但与美国、德国、日本、韩国仍存在较大差距;主要发达国家税负成本竞争优势变化不

大，韩国成本竞争优势最为突出，其成本竞争优势指数值始终高于美国、日本、德国（见图4-11）。

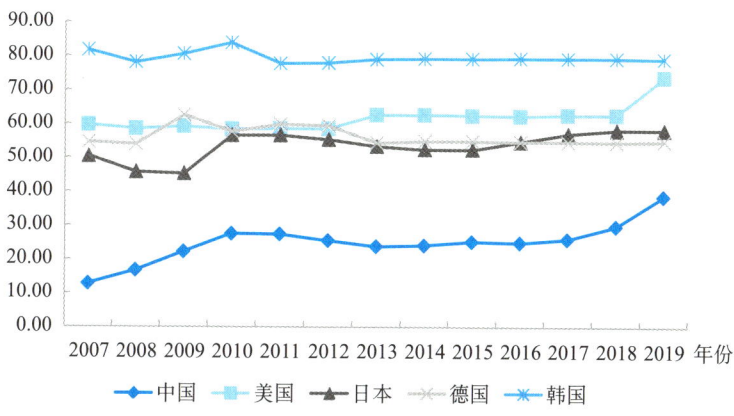

图4-11 中国与主要发达国家税负成本竞争优势对比

与周边发展中国家相比，中国的税负成本竞争优势最弱，尽管其成本竞争优势指数值有所上升，但仍远低于泰国、印度尼西亚和越南。印度的竞争优势与中国大体相当。泰国、印度尼西亚和越南的税负成本竞争优势最强，特别是泰国的税负成本竞争优势2013年出现明显跃升，一举超过越南（见图4-12），与印度尼西亚持平。

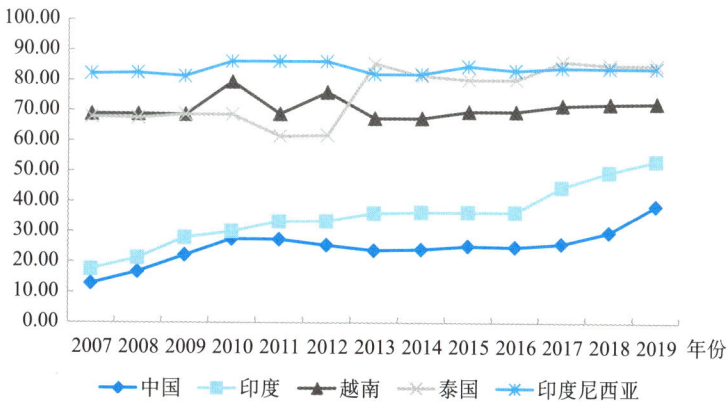

图4-12 中国与周边发展中国家税负成本竞争优势对比

4. 发达国家融资成本竞争优势普遍强于发展中国家

从2018年、2019年借款利率比变动情况来看（见表4-10），各国融资成本呈现如下特点。

表4-10　　　　　2018年、2019年各国借款利率对比

2019年排名	国家	2018年	2019年	2019年较2018年变化	2018~2019年变化幅度
1	英国	0.5	0.5	0	0
2	日本	1.0174	0.994	-0.0234	-2.26%
3	意大利	2.68	2.603	-0.077	-1.07%
4	瑞士	2.63	2.633	0.003	0.04%
5	加拿大	2.7	2.7	0	0
6	韩国	3.66	3.446	-0.214	-1.60%
7	波兰	3.52	3.52	0	0
8	泰国	4.15	4.084	-0.066	-0.38%
9	西班牙	3.8942	4.2	0.3058	2.02%
10	中国	4.35	4.35	0	0
11	美国	4.9	5.283	0.383	1.60%
12	法国	4.54	5.51	0.97	4.71%
13	德国	6.82	5.85	-0.97	-2.09%
14	越南	7.4	7.71	0.31	0.57%
15	墨西哥	8.08	8.429	0.349	0.53%
16	俄罗斯	8.87	8.753	-0.117	-0.15%
17	爱尔兰	8.05	8.89	0.84	1.30%
18	印度	9.45	9.466	0.016	0.02%
19	印度尼西亚	10.54	10.366	-0.174	-0.16%
20	土耳其	22.5	21.44	-1.06	-0.21%
21	巴西	39.08	37.475	-1.605	-0.11%
	中位数	4.54	5.283		

数据来源：世界银行。

(1) 中国融资成本位处于中等水平。2019 年中国借款利率为 4.35%，相比 2018 年未发生变化。中国的借款利率排名居第 10 位，借款利率属于平均水平，市场融资环境较好，且融资成本保持稳定。

(2) 发达国家融资成本普遍较低。与 2019 年各国借款利率中位数相比，11 个发达国家中，英国、日本、意大利、瑞士、加拿大、韩国、西班牙、美国 8 个国家的借款利率低于中位数；10 个发展中国家中除中国、泰国外，其余 8 个国家的借款利率均高于中位数，巴西的借款利率更是高达 37.475%。

从融资成本竞争优势排名来看（见表 4-11），中国的排名一直位于中间位次，但成本竞争优势指数值不断上升，说明随着国内金融市场不断完善，借款利率趋于下降，融资成本竞争优势不断提升。发展中国家中，巴西由于借款利率远高于其他国家，排名一直位列最后；除中国、泰国外，其余发展中国家的排名均靠后。印度、印度尼西亚等国虽然排名基本不变，但其成本竞争优势指数值上升较为明显，表明其融资成本竞争优势相对自身有所提升。发达国家中，英国、日本、瑞士的融资成本竞争优势始终较强，且其成本竞争优势指数值基本稳定；爱尔兰、法国的排名相对靠后，特别是爱尔兰的融资成本竞争优势指数值下降明显，排名也从 2007 年的第 7 位下滑到 2019 年的第 17 位。

表 4-11　　　　　　各国融资成本竞争优势排名

排名	国家	2007 年	排名	国家	2013 年	排名	国家	2019 年
1	日本	93.71	1	英国	100	1	英国	100
2	瑞士	87.95	2	日本	96.35	2	日本	97.75
3	英国	77.23	3	瑞士	90.05	3	意大利	90.44
4	德国	75.19	4	加拿大	88.64	4	瑞士	90.30
5	加拿大	74.53	5	美国	87.5	5	加拿大	90
6	意大利	73.48	6	土耳其	86.36	6	韩国	86.61
7	爱尔兰	72.63	7	墨西哥	82.96	7	波兰	86.27
8	韩国	72.49	8	韩国	81.17	8	泰国	83.71
9	泰国	70.23	9	意大利	78.89	9	西班牙	83.19
10	法国	69.18	10	德国	78.79	10	中国	82.50

续表

排名	国家	2007年	排名	国家	2013年	排名	国家	2019年
11	中国	68.32	11	法国	75.84	11	美国	78.26
12	墨西哥	67.91	12	中国	75	12	法国	77.23
13	美国	65.68	13	爱尔兰	72.02	13	德国	75.68
14	西班牙	57.30	14	西班牙	71.55	14	越南	67.23
15	俄罗斯	56.67	15	泰国	70.64	15	墨西哥	63.96
16	波兰	56.59	16	俄罗斯	59.24	16	俄罗斯	62.48
17	越南	51.45	17	波兰	59	17	爱尔兰	61.86
18	印度	43.09	18	越南	58.5	18	印度	59.24
19	印度尼西亚	39.27	19	印度	55.49	19	印度尼西亚	55.15
20	土耳其	29.73	20	印度尼西亚	49.28	20	土耳其	4.82
21	巴西	0	21	巴西	0	21	巴西	0

注：巴西因融资成本明显畸高，在计算各国融资成本竞争优势指数时未将巴西作为最低值计入，直接计为0。

从中国与部分国家融资成本竞争优势对比来看，与发达国家相比，2010~2014年，中国融资成本竞争优势明显弱于美国、德国、韩国、日本，主要因国内货币政策有所收紧所致。随着国内货币政策适度放宽，融资成本竞争优势也随之提高，2018年以来这种优势已明显超过美国、德国，与韩国较为接近，但与日本的差距仍然较大（见图4-13）。

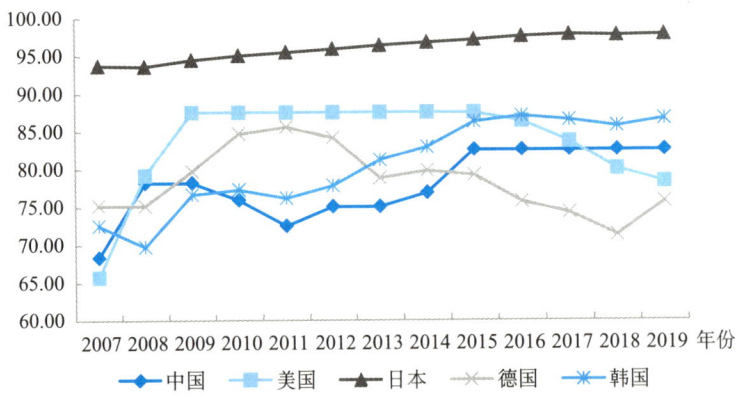

图4-13 中国与主要发达国家融资成本竞争优势对比

与周边发展中国家相比,2007~2019年,中国的融资成本竞争优势较为明显,泰国的优势与中国大体相当。受金融危机的影响,越南、印度、印度尼西亚的融资成本竞争优势指数值波动较为明显,2011年后,越南的竞争优势提升明显,印度、印度尼西亚的竞争优势相对较稳定(见图4-14)。

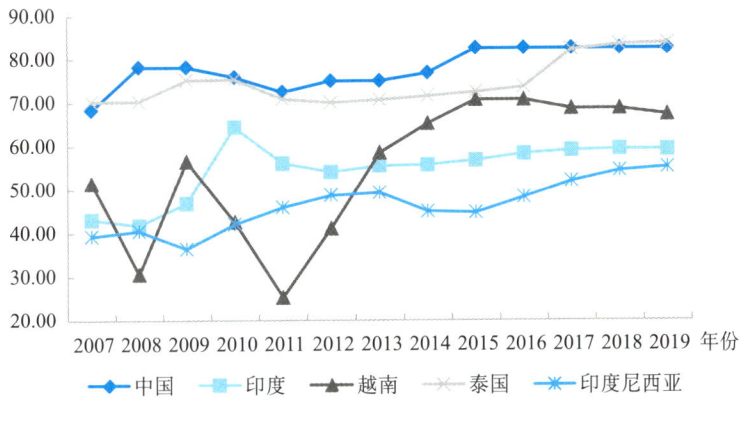

图4-14 中国与周边发展中国家融资成本竞争优势对比

5. 发展中国家物流成本[①]竞争优势明显较弱

从2017年、2018年国际物流绩效指数变动情况来看(见表4-12),与2017年相比,2018年共有14个国家的国际物流绩效指数有所下降,反映出在全球贸易的大环境中物流成本有所上升。各国物流成本呈以下特点。

表4-12 2017年、2018年国际物流绩效指数对比

2018年排名	国家	2017年	2018年	2018年较2017年变化	2016~2017年变化幅度	2017~2018年变化幅度
1	德国	4.21	4.20	-0.01	-0.38%	-0.24%
2	日本	3.98	4.03	0.05	0.24%	1.26%
3	英国	4.04	3.99	-0.05	-0.73%	-1.24%

---

① 因世界银行"国际物流绩效指数"未及时进行更新,2019年度暂时使用2018年数据进行指数计算。

续表

2018年排名	国家	2017年	2018年	2018年较2017年变化	2016~2017年变化幅度	2017~2018年变化幅度
4	瑞士	3.95	3.90	-0.05	-0.93%	-1.27%
5	美国	3.96	3.89	-0.07	-0.81%	-1.77%
6	法国	3.88	3.84	-0.04	-0.54%	-1.03%
7	西班牙	3.76	3.83	0.07	0.87%	1.86%
8	意大利	3.75	3.74	-0.01	-0.14%	-0.27%
9	加拿大	3.87	3.73	-0.14	-1.54%	-3.62%
10	中国	3.63	3.61	-0.02	-0.85%	-0.55%
11	韩国	3.69	3.61	-0.08	-0.73%	-2.17%
12	波兰	3.47	3.54	0.07	1.29%	2.02%
13	爱尔兰	3.71	3.51	-0.20	-2.24%	-5.39%
14	泰国	3.31	3.41	0.10	1.69%	3.02%
15	越南	3.07	3.27	0.20	3.12%	6.51%
16	印度	3.23	3.18	-0.05	-5.56%	-1.55%
17	印度尼西亚	3.03	3.15	0.12	1.52%	3.96%
18	土耳其	3.36	3.15	-0.21	-1.86%	-6.25%
19	墨西哥	3.10	3.05	-0.05	-0.45%	-1.61%
20	巴西	3.06	2.99	-0.07	-0.91%	-2.29%
21	俄罗斯	2.63	2.76	0.13	2.30%	4.94%
	平均值	3.56	3.54			

数据来源：世界银行。

（1）中国在发展中国家中物流成本最低。2018年中国物流绩效指数为3.61，相比2017年略有下降。中国的物流绩效排名居第10位，物流绩效指数略高于平均水平，处于中等位置，领先于其他发展中国家，但与德国、英国、日本等发达国家相比尚有一定差距，还有提升空间。

（2）发达国家物流成本普遍较低。国际物流绩效指数排名前10位的国家中，除中国外其余9个国家均为发达国家，这也反映出发达国家物流设施较为完善，服务质量好，清关效率高，物流成本相对较低。国际物流绩效指数排名后10位国家中，除爱尔兰外，其余9个国家均为发展中国家，反映出大部分发展中国家目前物流成本仍然较高。

从物流成本竞争优势排名来看（见表4-13），2018年中国的排名上升至第10位，且成本竞争优势指数值不断提高，说明物流设施不断完善，物流效率逐渐提高，中国的物流成本竞争优势有所提升。发展中国家的排名位整体靠后，但其成本竞争优势指数值趋于上升，特别是越南的升势明显，这也意味着与自身相比，多数发展中国家的物流成本优势有所提升。发达国家物流成本竞争优势排名整体位居前列，其中德国、日本、英国、美国等国的物流成本竞争优势较强。

表4-13　　　　　　　各国物流成本竞争优势排名

排名	国家	2007年	排名	国家	2013年	排名	国家	2019年
1	德国	81.97	1	德国	80.65	1	德国	84.00
2	日本	80.47	2	日本	78.66	2	日本	80.60
3	瑞士	80.32	3	美国	78.60	3	英国	79.80
4	英国	79.87	4	英国	77.97	4	瑞士	78.00
5	加拿大	78.44	5	法国	77.03	5	美国	77.80
6	爱尔兰	78.28	6	加拿大	76.93	6	法国	76.80
7	美国	76.87	7	瑞士	76.06	7	西班牙	76.60
8	法国	75.24	8	西班牙	73.99	8	意大利	74.80
9	意大利	71.50	9	韩国	73.91	9	加拿大	74.60
10	韩国	70.40	10	意大利	73.41	10	中国	72.20
11	西班牙	70.38	11	爱尔兰	70.40	11	韩国	72.20
12	中国	66.44	12	中国	70.34	12	波兰	70.80
13	泰国	66.23	13	土耳其	70.19	13	爱尔兰	70.20
14	土耳其	63.09	14	波兰	68.63	14	泰国	68.20
15	印度	61.42	15	泰国	63.52	15	越南	65.40
16	波兰	60.76	16	巴西	62.62	16	印度	63.60
17	印度尼西亚	60.19	17	印度	61.52	17	印度尼西亚	63.00
18	越南	57.80	18	墨西哥	61.25	18	土耳其	63.00
19	墨西哥	57.36	19	越南	60.00	19	墨西哥	61.00
20	巴西	55.01	20	印度尼西亚	58.90	20	巴西	59.80
21	俄罗斯	47.37	21	俄罗斯	51.70	21	俄罗斯	55.20

从中国与部分国家物流成本竞争优势比较来看,与发达国家相比,中国的物流成本竞争优势差距有所缩小,2019年已与韩国大体相当;但与美国、日本、德国等尚有一定差距(见图4-15),德国的物流成本竞争优势最强,美国和日本的优势相近。

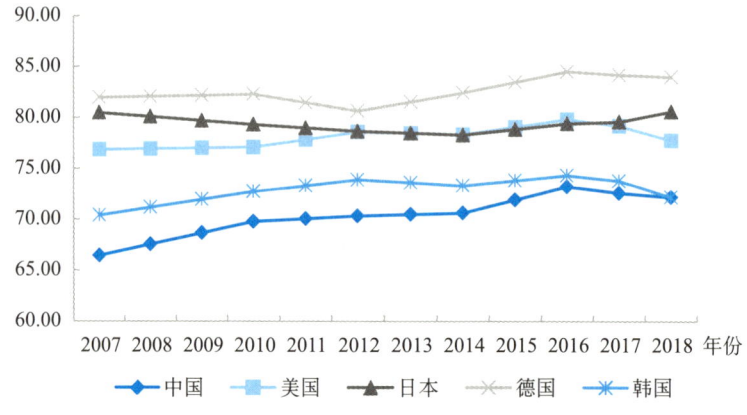

图4-15 中国与主要发达国家物流成本竞争优势对比

与周边发展中国家相比,中国物流成本竞争优势较为明显,且呈上升趋势。泰国、印度、越南、印度尼西亚等国家的物流成本竞争优势指数值波动中略有上升,但上升幅度不大,竞争优势的提升十分有限(见图4-16)。

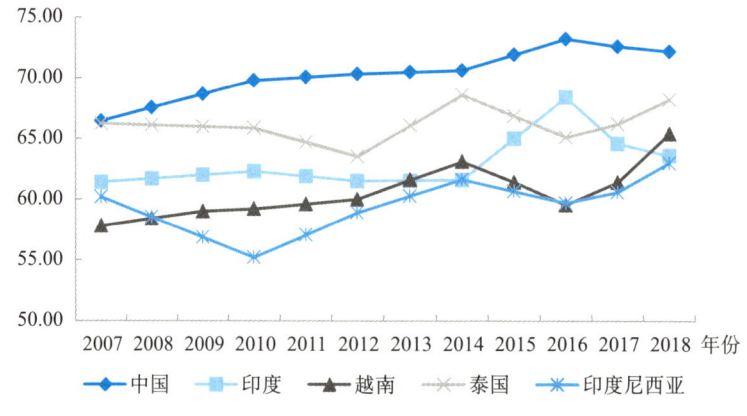

图4-16 中国与周边发展中国家物流成本竞争优势对比

6. 发达国家制度性交易成本竞争优势明显

从 2018 年、2019 年营商环境得分来看（见表 4-14），各国制度性交易成本呈现如下特点。

表 4-14   2018 年、2019 年各国营商环境得分

2019 年排名	国家	2018 年	2019 年	2019 年较 2018 年变化	2018~2019 年变化幅度
1	韩国	83.51	83.00	-0.51	-0.61%
2	美国	83.47	82.63	-0.84	-1.01%
3	英国	81.78	82.41	0.63	0.77%
4	泰国	75.95	78.94	3.00	3.94%
5	爱尔兰	75.87	78.73	2.87	3.78%
6	加拿大	78.52	78.72	0.20	0.25%
7	俄罗斯	74.33	78.02	3.69	4.97%
8	德国	79.33	77.97	-1.37	-1.72%
9	日本	71.81	77.13	5.33	7.42%
10	西班牙	74.97	75.22	0.25	0.34%
11	瑞士	70.71	74.47	3.75	5.31%
12	波兰	76.88	74.38	-2.50	-3.25%
13	法国	72.13	74.20	2.07	2.87%
14	土耳其	72.54	73.44	0.90	1.24%
15	中国	72.27	72.90	0.63	0.87%
16	墨西哥	71.34	71.22	-0.12	-0.17%
17	意大利	70.08	70.04	-0.04	-0.06%
18	印度尼西亚	66.64	68.37	1.72	2.58%
19	越南	63.63	68.32	4.69	7.37%
20	印度	62.97	66.40	3.43	5.45%
21	巴西	58.83	57.34	-1.49	-2.53%
	平均值	73.22	74.47		1.80%

数据来源：世界银行。

（1）中国制度性交易成本基本不变，排名略有下滑。2019 年中国营商环境得分为 72.90，较 2018 年略有上升。中国的营商环境得分排名居第 15 位，与韩国、美国、英国等多数发达国家相比仍存在一定差距；与发展中

国家相比，落后于泰国、俄罗斯、波兰、土耳其，领先于墨西哥、越南、印度尼西亚、巴西等国家，处于发展中国家的中档水平。

（2）发达国家的制度性交易成本明显低于发展中国家。与2019年各国营商环境得分均值相比，11个发达国家中有9个国家营商环境得分超过世界平均水平，韩国、美国、英国优势突出；10个发展中国家中，仅泰国、俄罗斯营商环境得分超过世界平均水平，其余8个国家的营商环境得分均低于世界平均水平。但与2018年相比，发展中国家（巴西除外）的营商环境得分均有所提高，这也说明发展中国家在努力改善营商环境，制度性交易成本有所下降。

从制度性交易成本竞争优势排名来看（见表4-15），中国的排名有所上升，且得分明显提升，说明营商环境的改善已取得成效，但与发达国家平均水平相比还有差距，未来还有一定提升空间。发展中国家的制度性交易成本竞争优势与发达国家差距进一步缩小。中国、印度、俄罗斯、巴西、墨西哥、波兰、印度尼西亚等国的得分增加均在10分以上，而发达国家得分的变化均在5分以内，变化幅度不及发展中国家。印度、俄罗斯、中国的制度性交易成本竞争优势指数值增幅较大，年均增长率高于其他国家，意味着其制度性交易成本下降较为显著。这也说明以金砖国家为代表的发展中国家正在加快提升营商环境的软实力，力求缩小与发达国家的差距。

表4-15　　　　各国制度性交易成本竞争优势排名

排名	国家	2007年	排名	国家	2013年	排名	国家	2019年
1	美国	80.86	1	韩国	83.19	1	韩国	83.00
2	英国	79.67	2	英国	82.36	2	美国	82.63
3	加拿大	78.95	3	加拿大	79.87	3	英国	82.41
4	韩国	78.28	4	爱尔兰	79.22	4	泰国	78.94
5	德国	78.11	5	美国	79.00	5	爱尔兰	78.73
6	爱尔兰	78.08	6	德国	78.25	6	加拿大	78.72
7	日本	75.69	7	日本	76.68	7	俄罗斯	78.02
8	瑞士	73.24	8	泰国	73.72	8	德国	77.97
9	法国	71.88	9	俄罗斯	73.52	9	日本	77.13
10	西班牙	69.84	10	瑞士	73.28	10	西班牙	75.22

续表

排名	国家	2007年	排名	国家	2013年	排名	国家	2019年
11	意大利	68.82	11	波兰	73.21	11	瑞士	74.47
12	泰国	68.34	12	法国	72.91	12	波兰	74.38
13	土耳其	67.89	13	西班牙	71.37	13	法国	74.20
14	墨西哥	63.64	14	土耳其	71.10	14	土耳其	73.44
15	波兰	62.35	15	意大利	70.97	15	中国	72.90
16	越南	57.78	16	墨西哥	69.20	16	墨西哥	71.22
17	俄罗斯	56.99	17	中国	61.50	17	意大利	70.04
18	中国	53.80	18	越南	59.86	18	印度尼西亚	68.37
19	印度尼西亚	52.73	19	印度尼西亚	57.18	19	越南	68.32
20	巴西	47.11	20	印度	50.65	20	印度	66.40
21	印度	40.82	21	巴西	50.16	21	巴西	57.34

从中国与部分国家制度性交易成本竞争优势对比来看，与发达国家相比，中国的制度性交易成本竞争优势虽然在不断提升，但仍有一定的差距（见图4-17）。与周边发展中国家相比，中国的制度性交易成本竞争优势明显弱于泰国，一直与印度尼西亚、越南大体相当，但2018年一跃超过这两个国家；印度的制度性交易成本竞争优势上升较快，目前与越南基本持平（见图4-18）。

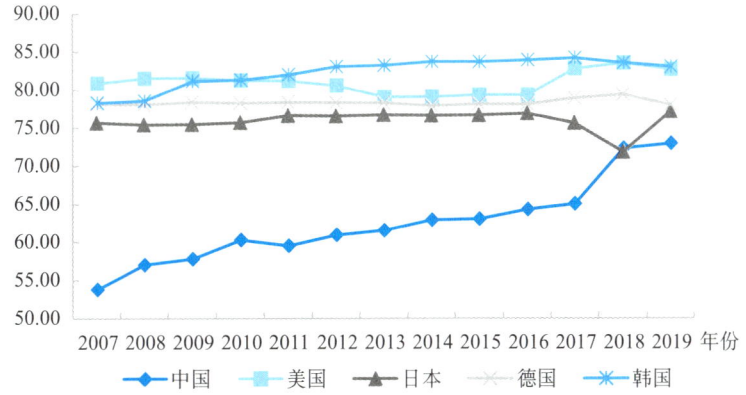

图4-17 中国与主要发达国家制度性交易成本竞争优势对比

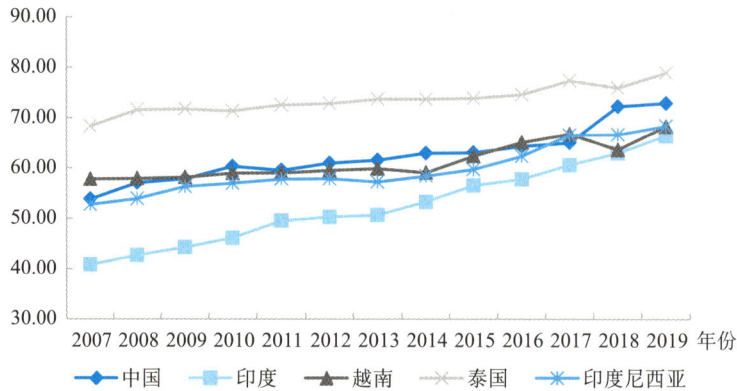

图 4-18 中国与周边发展中国家制度性交易成本竞争优势对比

第五章 制造业细分行业竞争优势比较

成本竞争优势反映了一国制造业的整体优势,这种优势最终将体现在对外贸易中。接下来,本书从贸易视角分析制造业各细分行业的竞争优势,特别是我国制造业优势几十年来的变化趋势,并对部分典型行业优势进行国际比较。

一、中国制造业细分行业竞争优势变化趋势

按照制造业中各行业的要素密集程度,本书将28个制造业大类分为劳动密集型产业、资本密集型产业和技术密集型产业。劳动密集型产业包括农副食品加工业、食品制造业、酒饮料和精制茶制造业、烟草制品业、纺织业、纺织服装服饰业、皮革毛皮羽毛及其制品和制鞋业、木材加工和木竹藤棕草制品业、家具制造业、造纸和纸制品业、文教工美体育和娱乐用品制造业以及非金属矿物制品业12个行业大类。资本密集型产业包括印刷和记录媒介复制业、石油煤炭及其他燃料加工业、化学原料和化学制品制造业、化学纤维制造业、橡胶和塑料制品业、黑色金属冶炼和压延加工业、有色金属冶炼和压延加工业以及金属制品业8个行业大类。技术密集型产业包括医药制造业、通用设备制造业、专用设备制造业、汽车制造业、铁路船舶航空航天和其他运输设备制造业、电气机械和器材制造业、计算机通信和其他电子设备制造业以及仪器仪表制造业8个行业大类。

1. 劳动密集型产业的竞争优势稳中有降

从显示性竞争优势指数看，12个劳动密集型产业中有7个行业的指数值呈下降趋势。从行业大类看，1992~2020年，纺织服装服饰业、皮革毛皮羽毛及其制品和制鞋业、文教工美体育和娱乐用品制造业、家具制造业和非金属矿物制品业5个行业始终保持着竞争优势。其中，纺织服装服饰业、皮革毛皮羽毛及其制品和制鞋业、文教工美体育和娱乐用品制造业的显示性竞争优势指数近30年来虽然持续下降，但目前其指数值均在3.0左右，依然具有很强的竞争优势；纺织业、家具制造业、非金属矿物制品业的竞争优势较强且趋于上升，纺织业上升最快、竞争优势最为突出；农副食品加工业、食品制造业、酒饮料和精制茶制造业、烟草制品业、木材加工和木竹藤棕草制品业的竞争优势逐渐变为竞争劣势。造纸和纸制品业虽长期缺乏竞争优势，但其显示性竞争优势指数不断上升且逐渐接近于0（见图5-1）。

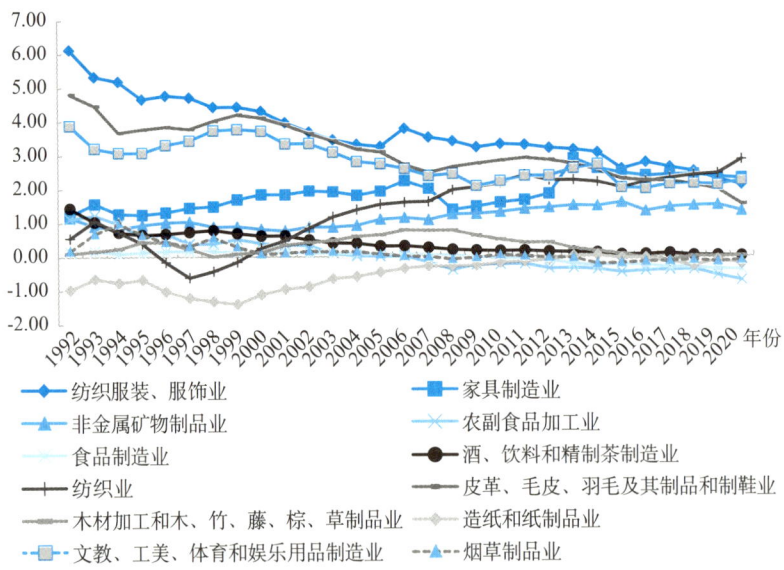

图5-1　1992~2020年劳动密集型产业显示性竞争优势指数走势

（1）农副食品加工业近16年来始终处于竞争劣势。从行业中类、小类看，农副食品加工业细分行业竞争优势的变化呈现以下特点。一是水产品加工、蔬菜菌类水果和坚果加工仍具备一定优势。这两个细分行业显示性竞争优势指数近30年来始终为正值且均呈持续下降态势，分别由1992年的1.3和1.5下降至2020年的0.09和0.23。在蔬菜、菌类、水果和坚果加工中，食用菌加工领域的优势最突出，尽管其指数值从9.0的高位回落，但2011年之后基本稳定在4.0左右；蔬菜加工领域的竞争优势自1993年以来逐渐趋弱，2009年之后其指数值基本在0.8左右。在水产品加工中，鱼糜制品及水产品干腌制加工领域曾长期具备优势，但近两年来其指数值由正转负，传统优势消失；水产品冷冻加工、鱼油提取及制品制造领域则长期缺乏竞争优势。二是饲料加工竞争优势较弱。近20年来，该细分行业显示性竞争优势指数一直略大于0，竞争优势始终较弱。三是谷物磨制、植物油加工、屠宰及肉类加工及其他农副食品加工整体不具备竞争优势。上述细分行业显示性竞争优势指数值长期小于0，整体缺乏竞争优势，但在小麦加工、肉制品及副产品加工、蛋品加工方面仍然具有一定竞争优势（见图5-2）。

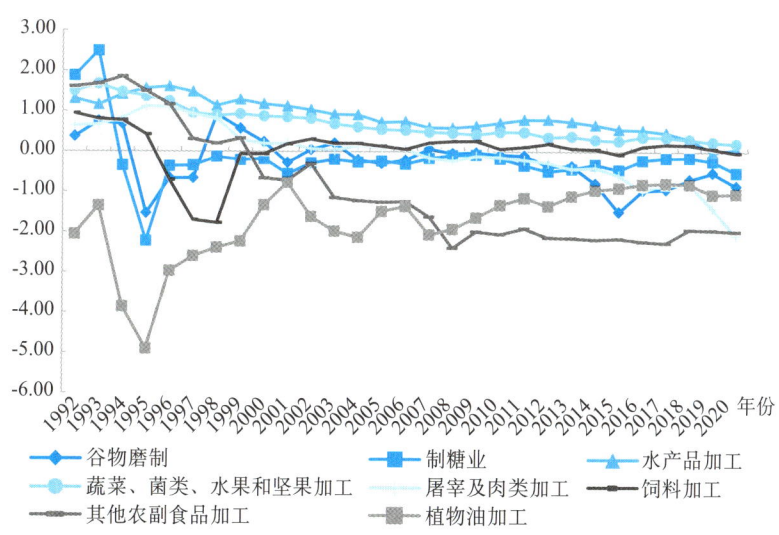

图5-2　1992~2020年农副食品加工业显示性竞争优势指数走势

（2）食品制造业自2009年起竞争优势不再。从行业中类、小类看，食品制造业细分行业竞争优势的变化呈现以下特点。一是糖果巧克力及蜜饯制造、调味品发酵制品制造、方便食品制造领域始终保持优势。自1992年以来，这三个细分行业显示性竞争优势指数始终为正值。其中，调味品发酵制品制造的优势明显上升，但酱油、食醋及类似制品制造领域的竞争优势下滑较快，2008年之后其指数值基本在0.08左右，优势微乎其微；糖果巧克力及蜜饯制造的竞争优势总体较为稳定，蜜饯制造领域的竞争优势快速下降，其指数值从1992年的8.9回落至2020年的1.2；米、面制品等方便食品制造的优势下降明显，其指数值从1992年的5.13回落至2020年的0.27，竞争优势由强转弱。二是焙烤食品制造和罐头食品制造的竞争优势转为劣势。2014年前后，这两个细分行业显示性竞争优势指数由正转负，保持了近23年的传统优势消失。三是乳制品制造竞争劣势明显。无论是液体乳制造还是其他乳制品制造，其显示性竞争优势指数值始终小于0，而且呈持续下滑态势，具有明显劣势（见图5-3）。

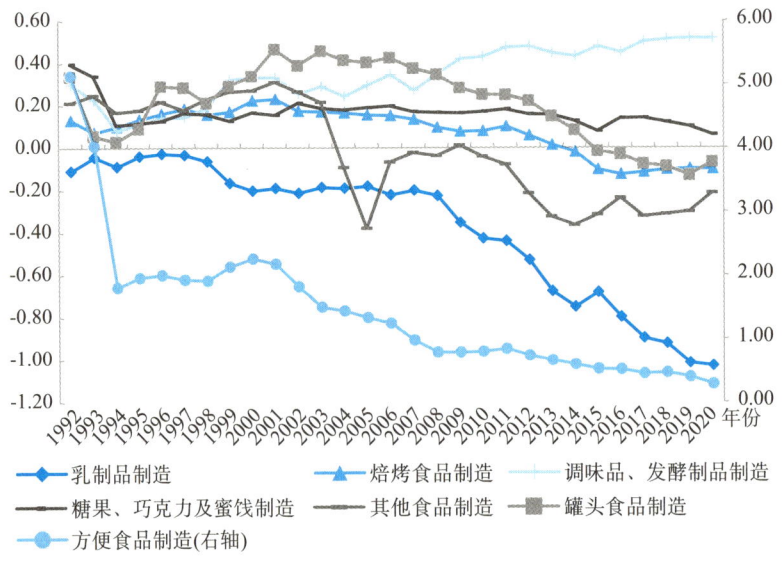

图5-3 1992~2020年食品制造业显示性竞争优势指数走势

(3) 酒、饮料和精制茶制造业竞争优势日渐削弱，烟草制品业自2017年起不再具备竞争优势。从行业中类、小类看，烟草、酒、饮料和精制茶制造业各细分行业竞争优势的变化呈现以下特点。一是精制茶加工始终保持竞争优势，但这种优势不断下滑。近30年来，该细分行业显示性竞争优势指数持续下降，由1992年的6.0下降至2020年的1.4，传统优势明显削弱。二是饮料制造曾长期具备竞争优势。2019年起该细分行业显示性竞争优势指数由正转负，保持了近27年的传统优势不再。特别是瓶（罐）装饮用水制造领域指数值自1992年以来大幅下降，2008年之后逐渐趋稳并维持在1.2左右；果菜汁及果菜汁饮料制造、茶饮料及其他饮料制造领域优势十分微弱。三是烟酒制造的优势转为劣势。白酒制造、烟叶复烤领域竞争优势于21世纪初就已消失，酒精制造、卷烟制造竞争优势一直维持到2014年前后（见图5–4）。

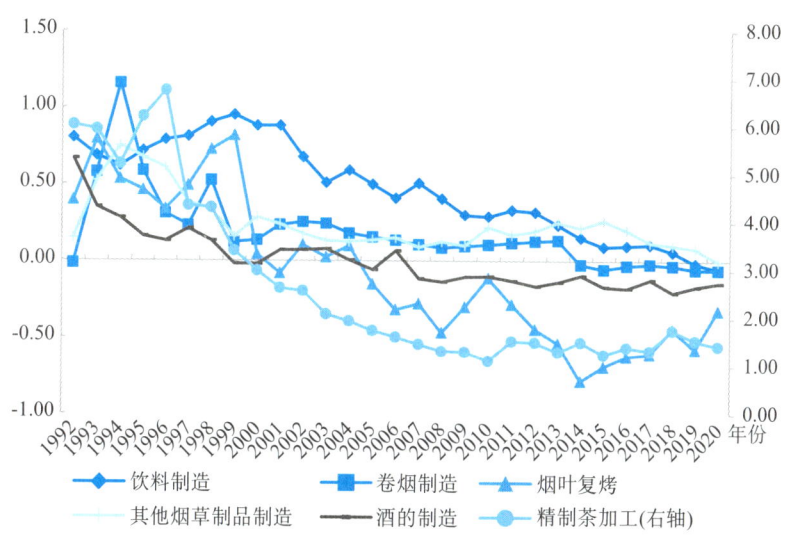

图5–4 1992~2020年酒、饮料和精制茶制造业以及烟草制品业显示性竞争优势指数走势

(4) 纺织业竞争优势上升较快且在劳动密集型产业中最具优势。从行业中类、小类看，纺织业细分行业竞争优势的变化呈现以下特点。一是丝绢纺织及印染精加工、家用纺织制成品制造、麻纺织及染整精加工具有较强的竞争优势。自1992年起，这三个细分行业显示性竞争优势指数始终为

正，且近5年来指数值均保持在2.6~4.0，竞争优势显著。其中，丝绸纺织及印染精加工竞争优势趋于下降，缫丝加工、绢纺和丝织加工领域指数值分别由1992年的8.1、8.8下降至2020年的1.9、2.4；家用纺织制成品制造的优势基本稳定，毛巾类制品制造、窗帘布艺类产品制造领域指数值由负转正后小幅上升，并于2006年起趋于平稳，这两个领域近5年指数均值为2.1和2.3；麻纺织及染整精加工的竞争优势2005年以来有所上升，麻纤维纺前加工和纺纱、麻织造加工领域指数值由2005年的1.9、1.7上升至2.1、3.0。二是棉纺织及印染精加工、毛纺织及染整精加工竞争优势较弱。这两个细分行业显示性竞争优势指数自2004年以来基本维持在0.4~1.0，但棉织造加工领域的指数值持续上升后稳定在3.0左右，竞争优势显著。三是化纤织及印染精加工、针织或钩针编织物及其制品制造、产业用纺织制成品制造赶超优势明显。这三个细分行业显示性竞争优势指数于21世纪初由负转正，之后持续上升，目前基本在2.8~3.0之间。特别是非织造布制造、篷帆布制造领域竞争优势最为显著，其指数值自1997年以来一降一升，2011年后趋于平稳，基本保持在3.0和4.2之间（见图5-5）。

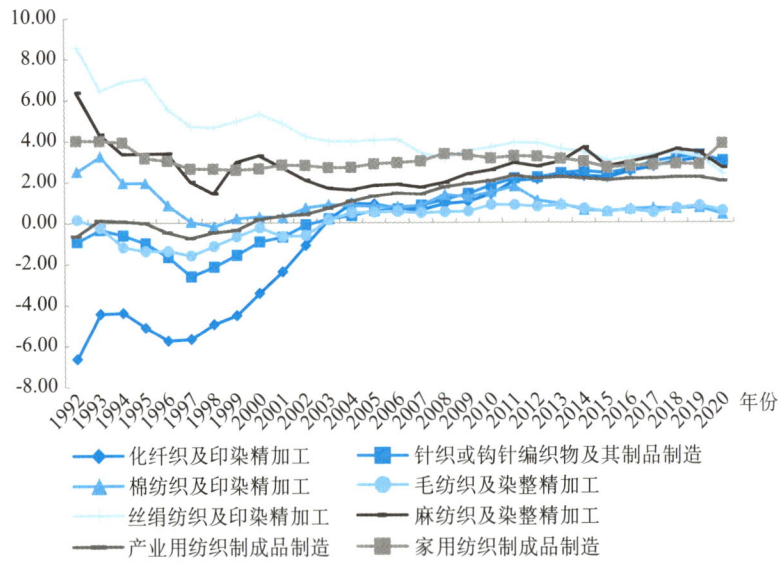

图5-5　1992~2020年纺织业显示性竞争优势指数走势

(5) 纺织服装服饰业竞争优势持续下降，但优势地位依旧稳固。从行业中类、小类看，纺织服装服饰业细分行业竞争优势的变化呈现以下特点。一是机织服装制造、针织或钩针编织服装制造的竞争优势下降趋势明显。这两个细分行业显示性竞争优势指数分别由1992年的7.2和4.9下降至2020年的2.0和1.9，下滑势头明显。二是服饰制造的竞争优势先升后降。该细分行业显示性竞争优势指数自1996年起企稳以来持续回升，2013年之后虽有所下降，但仍高于机织服装制造业、针织或钩针编织服装制造，仍具备一定的竞争优势（见图5-6）。

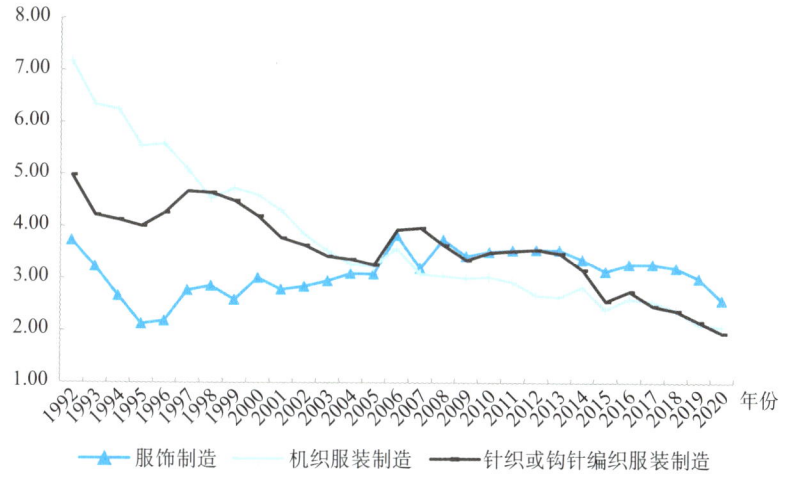

图5-6 1992~2020年纺织服装、服饰业显示性竞争优势指数走势

（6）皮革、毛皮、羽毛及其制品和制鞋业竞争优势整体趋于下降。从行业中类、小类看，皮革、毛皮、羽毛及其制品和制鞋业细分行业竞争优势的变化呈现以下特点。一是羽毛（绒）加工及制品制造、皮革制品制造、制鞋业竞争优势下降明显。这三个细分行业显示性竞争优势指数自1993年以来始终为正值且呈持续下降态势。其中，羽毛（绒）制品加工、橡胶鞋制造领域指数值由1992年的17.3、13.4下降至2020年的3.7、3.3，虽经大幅回落但仍具备一定优势；皮箱包（袋）制造、皮革服装制造、纺织面料鞋制造、皮鞋制造领域的优势也经历了持续下降，目前其指数值基本稳定在1.4~1.6。二是毛皮鞣制及制品加工的竞争优势自2010年以来趋于稳定。该细分行业的显示性竞争优势指数值自2010年以来基本维

持在3.1左右。其中，毛皮服装加工领域近5年指数均值为5.4，优势最为明显；与此相反，毛皮鞣制加工领域近5年来则一直处于竞争劣势。三是皮革鞣制加工始终缺乏竞争。该行业显示性竞争优势指数虽呈上升趋势，但指数值始终为负值，竞争劣势较为显著（见图5-7）。

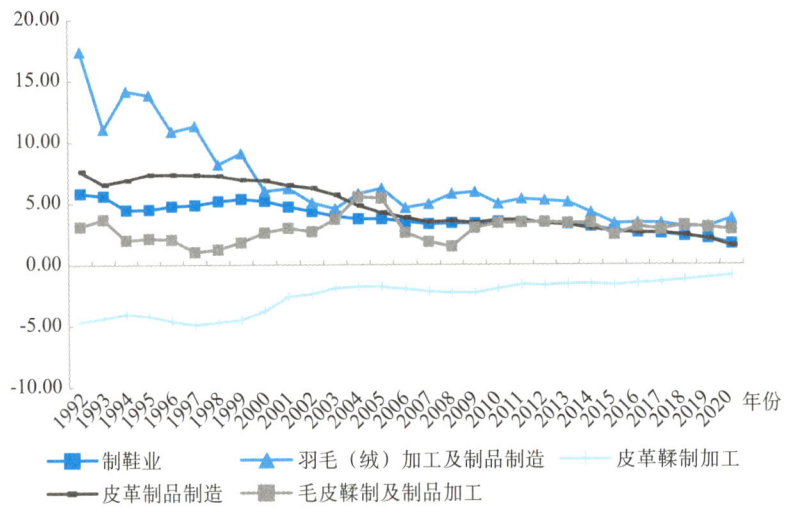

图5-7　1992~2020年皮革、毛皮、羽毛及其制品和制鞋业显示性竞争优势指数走势

（7）家具制造业和木材加工业竞争优势分化明显，造纸和纸制品业竞争劣势较为突出。从行业中类、小类看，各细分行业竞争优势的变化呈现以下特点。一是竹藤棕草等制品制造、家具制造、木质制品制造始终保持着明显的竞争优势。这三个细分行业显示性竞争优势指数近30年来始终为正，其中竹藤棕草等制品制造的指数值虽由1992年的19.9持续回落至2020年的3.9，但仍明显高于家具制造、木质制品制造的指数值，竞争优势十分突出。二是纸制品制造、人造板制造、造纸的竞争劣势逐渐转为竞争优势。这三个细分行业显示性竞争优势指数于2001年、2004年、2011年由正转负后走势分化。其中，人造板制造的优势先升后降，胶合板制造领域指数值快速上升后于2006年企稳，近14年来基本保持在2.5左右，优势较明显，而纤维板制造、刨花板制造优势则十分微弱；纸和纸板容器等纸制品制造竞争优势呈持续上升态势，由1993年的0.06上升至2020年的 1.2；造纸领域微弱优势维持了不到 10 年便再度消失。三是木材加工、纸浆制造的竞争劣势显著。这两个细分行业显示性竞争优势指数值长期小于 0 且持续下降，特别是锯材加工、木片加工、木竹浆制造的竞争劣势非常明显，而单板加工自 2006 年开始具备优势且不断上升（见图 5-8）。

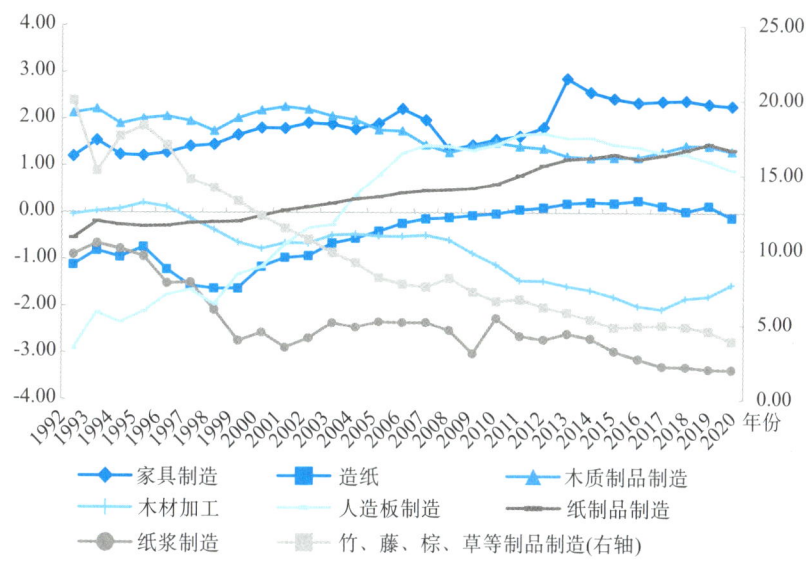

图 5-8　1992~2020 年家具制造业、木材加工业、造纸业显示性竞争
优势指数走势

（8）文教、工美、体育和娱乐用品制造业竞争优势依然较强。从行业中类、小类看，文教、工美、体育和娱乐用品制造业细分行业近 30 年来均保持着竞争优势并呈现以下特点。一是玩具制造竞争优势地位稳固。该行业特别是童车类产品制造显示性竞争优势指数虽由 1992 年的 9.9 回落至 2020 年的 3.9，但仍明显高于文教工美体育和娱乐用品制造业中大多数细分行业指数值，竞争优势凸显。二是体育用品制造竞争优势较为稳定。专项运动器材及配件领域指数值近 30 年来基本稳定在 2.5~3.5，变化不大且优势较为明显。三是游艺器材及娱乐用品制造、乐器制造、文教办公用品制造的竞争优势先升后降。这三个细分行业显示性竞争优势指数先后于 2004 年、2009 年、2014 年前后开始下降。其中，在文教办公用品制造中，教学用模型及教具制造领域指数值经历近 6 年的下降后 2014 年企稳，之后

基本保持在 4.3 左右，其优势在行业大类中最为突出；在乐器制造中，中乐器制造、西乐器制造、电子乐器制造领域指数值均出现不同程度下降，目前仅中乐器制造、电子乐器制造仍具有较为明显的优势；在游艺器材及娱乐用品制造中，游艺用品及室内游艺器材制造领域指数值变化不大，近10 年基本保持在 2.9，优势较明显，而露天游乐场所游乐设备制造领域则明显缺乏优势（见图 5 – 9）。

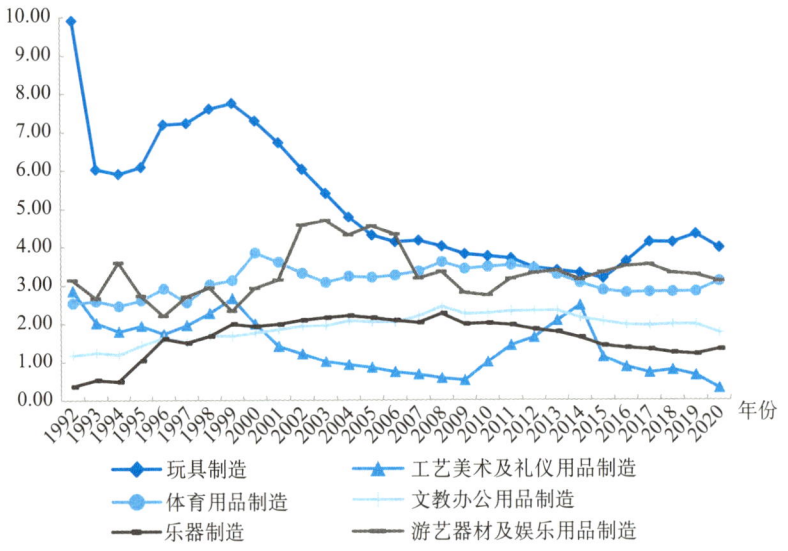

图 5 – 9　1992 ~ 2020 年文教、工美、体育和娱乐用品制造业显示性竞争优势指数走势

（9）非金属矿物制品业竞争优势依然较强。从行业中类、小类看，非金属矿物制品业细分行业竞争优势自 2016 年以来均出现明显下降，同时呈现以下特点。一是砖瓦石材等建筑材料制造、陶瓷制品制造始终保持着竞争优势。这两个细分行业显示性竞争优势指数自 1992 年以来始终为正值，陶瓷制品制造竞争优势整体强于砖瓦石材等建筑材料制造。其中，卫生陶瓷制品制造竞争优势上升较快，与日用陶瓷制品制造、陈设艺术陶瓷制造大体相当（显示性竞争优势指数约 4.4）。二是玻璃制造与玻璃制品制造、石膏水泥制造与石膏水泥制品制造的竞争优势均出现明显分化。玻璃制造、水泥石灰和石膏制造的竞争优势自 2008 年之后开始下降并最终失去优势，

与此同时,玻璃制品制造、石膏水泥制品制造竞争优势则不断上升。其中,在玻璃制造中,仅特种玻璃制造仍能保持一定的优势,其指数值自1992年起不断上升,2012年之后保持在1.5左右;在玻璃制品制造中,技术玻璃制品、日用玻璃制品制造的竞争优势较明显,其指数值均经历了较长时间的上升,2015年以来趋于平稳,基本保持在3.7和2.5;在水泥、石灰和石膏制造中,石灰和石膏制造领域竞争优势始终较为微弱,水泥制造领域曾保持了长达26年的优势,但2018年之后这种优势已转为劣势;在石膏水泥制品制造中,砼结构构件制造领域近10年来优势上升最快,由2011年的1.2上升至2020年的2.1,整体优势也最为突出。三是耐火材料制品制造、石墨及其他非金属矿物制品制造竞争优势上升态势明显。这两个细分行业的显示性竞争指数先后于1998年、2006年由负转正并持续上升,但石墨及其他非金属矿物制品制造竞争优势整体弱于耐火材料制品制造。其中,特别是耐火陶瓷制品及其他耐火材料制造领域指数值上升后逐渐企稳,2011年以来保持在1.9左右,2020年出现明显下降;石墨及碳素制品制造领域指数值近30年来呈波动上升,由1992年的0.2上升至2018年的2.5,2019年后出现明显下降(见图5-10)。

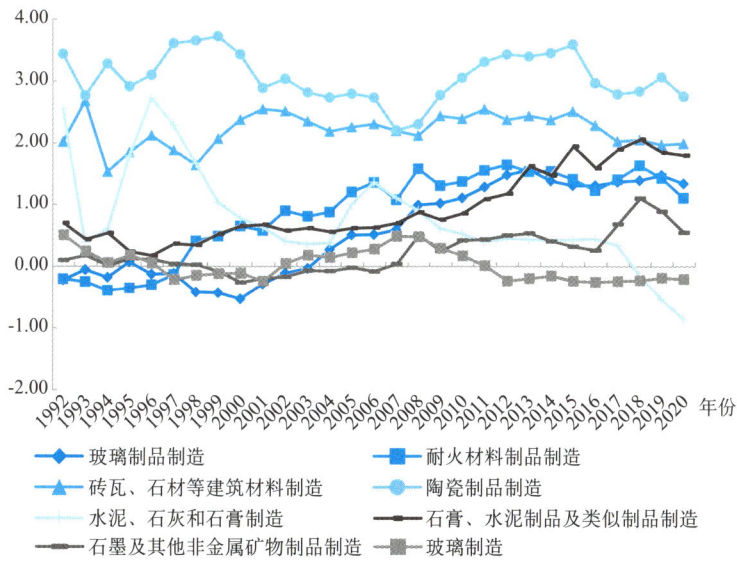

图5-10 1992~2020年非金属矿物制品业显示性竞争优势指数走势

2. 资本密集型产业的竞争优势较为稳定

从显示性竞争优势指数来看，8个资本密集型产业中有5个行业的指数值基本保持在一定区间小幅震荡，变化不大。从行业大类看，1992~2020年，仅有金属制品业、橡胶和塑料制品业、印刷和记录媒介复制业3个行业始终保持着竞争优势，但其显示性竞争优势指数一直低于1.5，整体竞争力不强；黑色金属冶炼和压延加工业、化学纤维制造业自2008年起开始具备竞争优势，且这种优势上升较快。化学原料和化学制品制造业、有色金属冶炼和压延加工业、石油煤炭及其他燃料加工业3个行业长期缺乏竞争优势（见图5-11）。

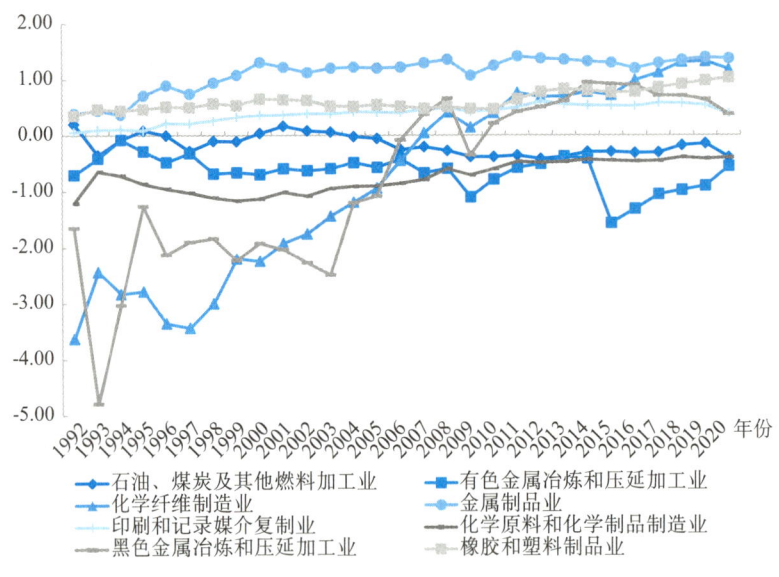

图5-11 1992~2020年资本密集型产业显示性竞争优势指数走势

（1）印刷业、橡胶和塑料制品业竞争优势上升较缓且总体偏弱。从行业中类、小类看，各细分行业竞争优势的变化呈现以下特点。一是印刷业竞争优势总体趋于上升，但近两年出现明显下降。该细分行业显示性竞争优势指数从0.05上升至0.53，耗时25年，2018年以来快速下降，目前与2003年的水平相当。其中，本册印制领域竞争优势较强，其指数值基本在

2.0~2.8，远高于印刷业平均水平。二是塑料制品业竞争优势呈"V"形变化，2017年以来上升较快。该细分行业中的日用塑料制品制造领域最具竞争优势，其显示性竞争优势指数近5年均值为3.6，且该指数值维持在3.0~4.0长达24年；而塑料丝绳及编织品制造、塑料包装箱及容器制造竞争优势明显偏弱，特别是塑料板、管、型材制造近5年来才开始具备优势。三是橡胶制品业竞争优势上升较为缓慢。该细分行业显示性竞争优势指数近30年来波动式上升，但涨势缓慢，仅从0.21上升至0.64。其中，轮胎制造领域的竞争优势较为明显，其指数值不仅始终为正值，且近10年来基本稳定在1.3；日用及医用橡胶制品制造的竞争优势虽不及轮胎制造，但近5年来也呈现出明显的上升势头；再生橡胶制造领域曾在较长时间内具备一定优势，但随着其指数值2018年由正转负，这种优势也随之消失；橡胶板、管、带制造领域则长期缺乏竞争优势（见图5-12）。

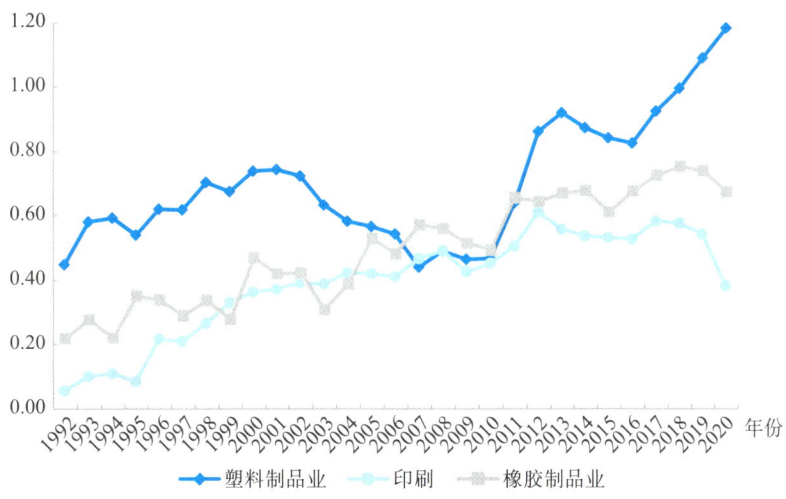

图5-12　1992~2020年印刷业、橡胶和塑料制品业显示性竞争优势指数走势

（2）石油煤炭加工缺乏竞争优势，化学纤维制造后来居上。从行业中类、小类看，各细分行业竞争优势的变化呈现以下特点。一是煤炭加工的竞争优势逐渐转为竞争劣势。1992~2008年的17年间，该细分行业显示性竞争优势指数先升后降，但始终为正值，2009年起该指数值由正转负且一直小于0，竞争优势转为劣势。值得注意的是，炼焦领域的竞争优势经历了快速上升和下降，前后历时20年，2009年之后其指数值基本稳定在1.9左右，仍具备一定优势，2020年骤然跌至0.3；同样是自2009年起，煤制品制造不再具备竞争优势。二是精炼石油产品制造长期缺乏竞争优势。近30年来该细分行业始终不具备竞争优势，但原油加工及石油制品制造的显示性竞争优势指数近20年来持续上升，并于2017年由负转正，初步具备微弱优势。三是纤维素纤维原料及纤维制造、合成纤维制造的劣势逐渐转为优势。2007年之前，这两个细分行业始终缺乏竞争优势，但其显示性竞争优势指数却持续上涨；这之后合成纤维制造领域的指数值由负转正并延续上升势头，而人造纤维（纤维素纤维）制造的指数值则在0附近徘徊，并于2014年之后快速上升，目前这两个领域的竞争优势大体相当，指数值均在1.1左右（见图5-13）。

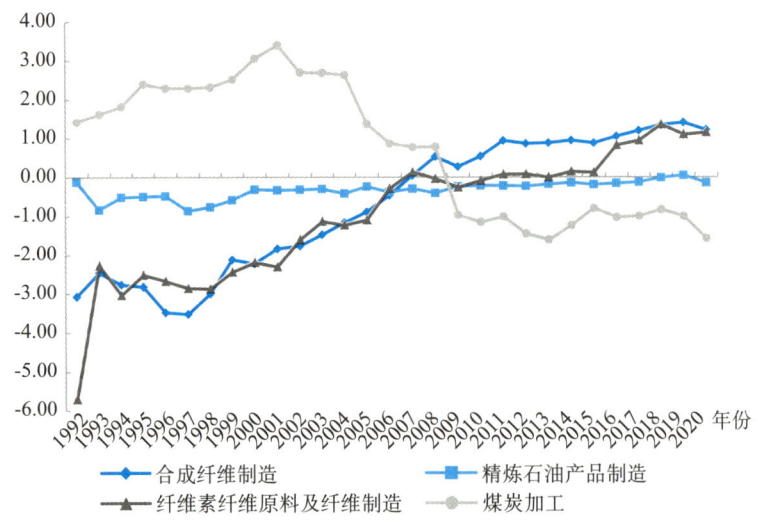

图5-13　1992~2020年石油煤炭及其他燃料加工业、化学纤维制造业显示性竞争优势指数走势

（3）化学原料和化学制品制造业长期缺乏竞争优势。从行业中类、小类看，化学原料和化学制品制造业细分行业竞争优势的变化呈现以下特点。一是炸药、火工及焰火产品制造竞争优势较强。该细分行业显示性竞争优势指数从2000年的10.7持续回落，2010年之后基本稳定在2.8左右，仍具有较为明显的竞争优势。特别是焰火、鞭炮产品制造领域的指数值5年

平均为4.6，优势十分突出。二是农药制造、日用化学产品制造竞争优势微弱。这两个细分行业竞争优势的持续时间均超过20年，但整体优势偏弱，其显示性竞争优势指数始终低于1.0。特别是日用化学产品制造竞争优势持续下降，其指数值自2015年起由正转负，传统优势消失。其中，口腔清洁用品制造领域近30年来一直具有优势，肥皂及洗涤剂制造领域2006年起初具优势，2020年这两个领域的指数值均为0.2；化妆品制造领域指数值自2013年由正转负后加速下降，竞争劣势凸显，香料、香精制造领域始终缺乏竞争优势。三是基础化学原料制造、专用化学产品制造、合成材料制造长期缺乏竞争优势。这三个细分行业的显示性竞争优势指数长期小于0，特别是合成材料制造的竞争劣势更为明显。其中，无机酸制造、无机盐制造领域的优势一升一降，目前这两个领域优势相当（指数值0.5左右），无机碱制造领域的优势微弱，有机化学原料制造长期缺乏竞争优势；林产化学产品制造领域指数值曾一度高达5.2，经历了近30年的持续下降后，目前仅与动物胶制造相当（指数值0.4），优势微弱，化学试剂和助剂制造、专项化学用品制造、文化用信息化学品制造则长期缺乏优势。四是肥料制造、涂料油墨颜料及类似产品制造的劣势转为微弱优势。这两个细分行业的显示性竞争优势指数先后于2007年、2011年由负转正且走势趋稳，近5年指数均值分别为0.5和0.1。值得注意的是，在肥料制造中，磷肥制造领域指数值近20年来基本稳定在2.2，优势较为显著；氮肥、复合肥料制造领域近10年来优势大体相当，指数值基本稳定在1.0左右；有机肥料及微生物农药制造领域的竞争优势由1997年的1.9持续下降至2020年的0.06，优势微乎其微；而钾肥制造领域则长期严重缺乏优势。在涂料油墨颜料及类似产品制造中，工艺美术颜料制造领域的指数值长期位于2.0~2.9，竞争优势凸显；染料制造领域指数值近10年基本稳定在0.8左右，优势较弱；涂料制造、油墨及类似产品制造、密封用填料及其制品制造领域长期缺乏竞争优势（见图5-14）。

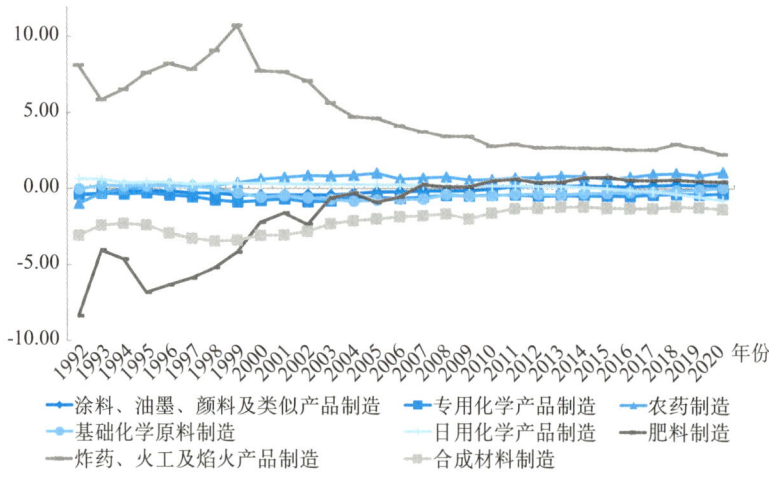

图 5-14　1992~2020 年化学原料和化学制品制造业显示性竞争优势指数走势

（4）黑色金属冶炼和压延加工业初具优势，有色金属冶炼和压延加工业竞争劣势突出。从行业中类、小类看，各细分行业竞争优势的变化呈现以下特点。一是铁合金冶炼、有色金属压延加工的竞争劣势转为优势。这两个细分行业显示性竞争优势指数于 2010 年由负转正并延续上升势头，特别是铝压延加工领域的竞争优势明显上升，由 2006 年的 0.02 上升至 2020 年的 1.0。二是常用有色金属冶炼、贵金属冶炼竞争劣势明显。近 10 年来，铜冶炼、铅锌冶炼、镍钴冶炼、锡冶炼领域均不具备竞争优势，仅有铝冶炼略具优势。银冶炼的竞争优势经历快速上升和下降，目前仅具备微弱优势（见图 5-15）。

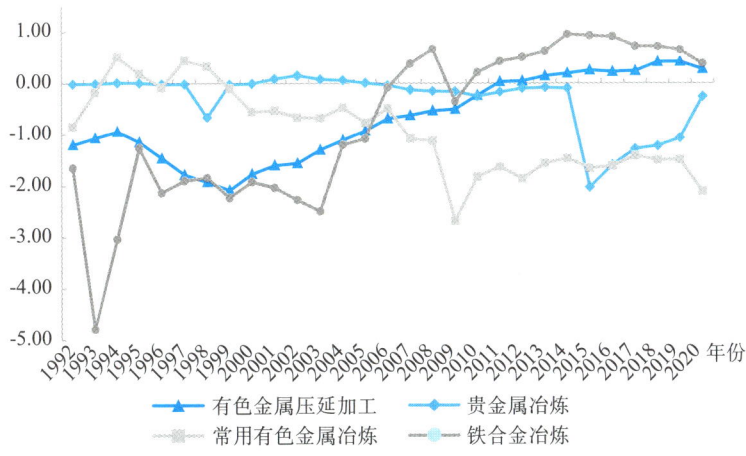

图 5-15 1992~2020年黑色及有色金属冶炼和压延加工业显示性
竞争优势指数走势

（5）金属制品业长期保持着一定竞争优势。从行业中类、小类看，金属制品业细分行业竞争优势的变化呈现以下特点。一是金属制日用品制造的竞争优势较为突出。该行业显示性竞争优势指数近30年来基本都在2.0以上，特别是2000年以来基本保持在3.5左右，优势十分明显。其中，金属制餐具和器皿制造的竞争优势最显著，其指数值自2002年回落后逐渐趋稳，近10年来基本保持在4.2，高于行业平均水平；金属制卫生器具制造的竞争优势明显上升，其指数值自1999年的0.5上升至2020年的3.5；金属制厨房用器具制造领域竞争优势自2008年以来趋于稳定，其指数值基本维持在2.8左右。二是建筑安全用金属制品制造、集装箱及金属包装容器制造、金属工具制造、铸造及其他金属制品制造长期保持一定优势。这四个细分行业显示性竞争优势指数近30年来始终为正值，但变化特征各有不同。集装箱及金属包装容器制造的整体竞争优势下降态势明显，其中集装箱制造领域的指数值虽经大幅回落，但近10年来仍保持在5.0~7.6的较高水平，其竞争优势在整个行业大类中最为突出；金属压力容器制造、金属包装容器及材料制造、金属丝绳及其制品制造竞争优势较弱，但总体仍保持上升态势。建筑安全用金属制品制造的竞争优势上升较为明显，其中建筑、家具用金属配件制造领域长期保持较为稳定的优势，安全、消防用金属制品制造领域竞争优势经快速上升后逐渐趋稳,近10年来这两个领域的指数基本维持在1.9和2.7左右。金属工具制造竞争优势先升后降,其中农用及园林用金属工具制造领域指数值近30年来下降趋势明显,2015年后逐渐趋于平稳并保持在2.8左右,竞争优势依旧明显;手工具制造、刀剪及类似日用金属工具制造的竞争优势大体相当,且十几年来变化不大。铸造及其他金属制品制造竞争优势偏弱但较为稳定,其指数值基本保持在0.6~0.9。三是结构性金属制品制造由劣势转为竞争优势。该细分行业显示性竞争优势指数自1999年起由负转正并快速上升,2010年已趋于稳定并维持在1.3左右(见图5-16)。

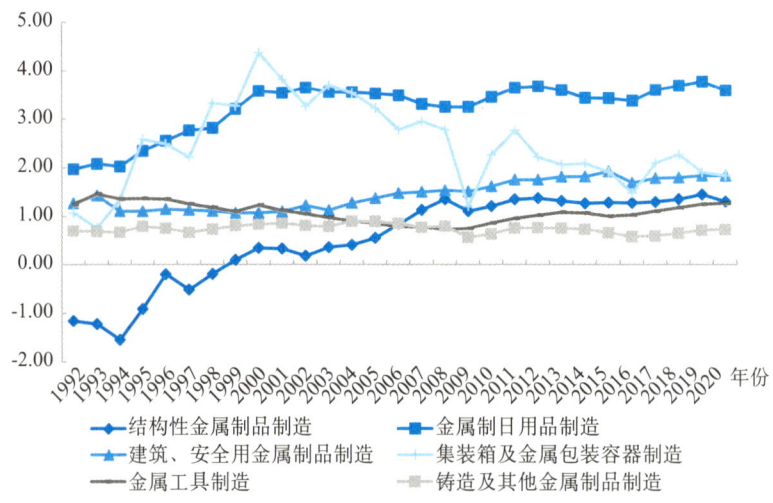

图5-16 1992~2020年金属制品业显示性竞争优势指数走势

3. 技术密集型产业的竞争优势趋于上升

从显示性竞争优势指数看,8个技术密集型产业中有5个行业的指数值呈上升态势。从行业大类看,1992~2020年,仅有电气机械和器材制造业始终保持着竞争优势,但其显示性竞争优势指数也一直低于1.2,整体竞争优势较弱。通用设备制造业、铁路船舶航空航天和其他运输设备制造业实现了由劣势向优势的转变;计算机通信和其他电子设备制造业、汽车制造业、专用设备制造业、仪器仪表制造业则长期缺乏竞争优势，计算机通信和其他电子设备制造业、专用设备制造业的显示性竞争优势指数虽曾一度由负转正，但也基本在0附近波动，优势并不稳固；医药制造业竞争优势微弱且自1995年起不断下降，其显示性竞争优势指数2010年由正转负且不断下降，竞争劣势越发明显（见图5-17）。

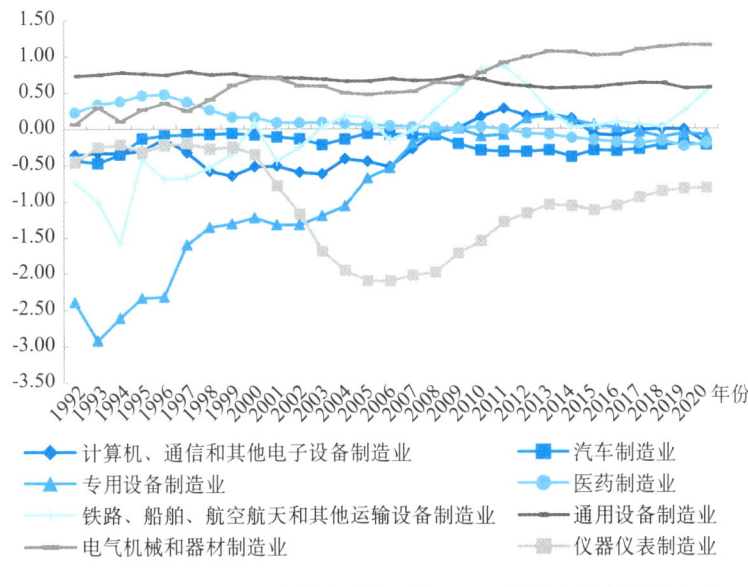

图5-17 1992~2020年技术密集型产业显示性竞争优势指数走势

（1）电气机械和器材制造业长期保持竞争优势。从行业中类、小类看，电气机械和器材制造业各细分行业竞争优势的变化呈现以下特点。一是家用电力器具制造、照明器具制造、电池制造长期具备竞争优势。这三个细分行业的显示性竞争优势指数自1992年以来始终为正值，特别是家用电力器具制造、照明器具制造的指数值近23年来一直大于2.2，明显高于电池制造。其中，照明器具制造的竞争优势最明显，其显示性竞争优势指数波动式上升，2011年以来基本稳定在3.8，特别是电光源制造的竞争优势上升较快，其显示性竞争优势指数2020年已达3.6；家用电力器具制造竞争优势自2002年以来缓慢下降，其显示性竞争优势指数近7年来明显低于照明器具制造，但仍能维持在3.0左右；电池制造的竞争优势虽也有上升,但整体优势依然较弱。二是电线电缆光缆及电工器械制造、电机制造、输配电及控制设备制造由劣势转为优势。这三个细分行业的显示性竞争优势指数先后于2000年、2006年、2011年由负转正,其中电线、电缆、光纤、光缆制造领域优势上升较缓,其指数值由0上升至0.98经历了近20年;变压器、整流器和电感器制造领域竞争优势较稳定,其指数值基本维持在0.6~1.0;配电开关控制设备制造、绝缘制品制造则长期缺乏竞争优势(见图5-18)。

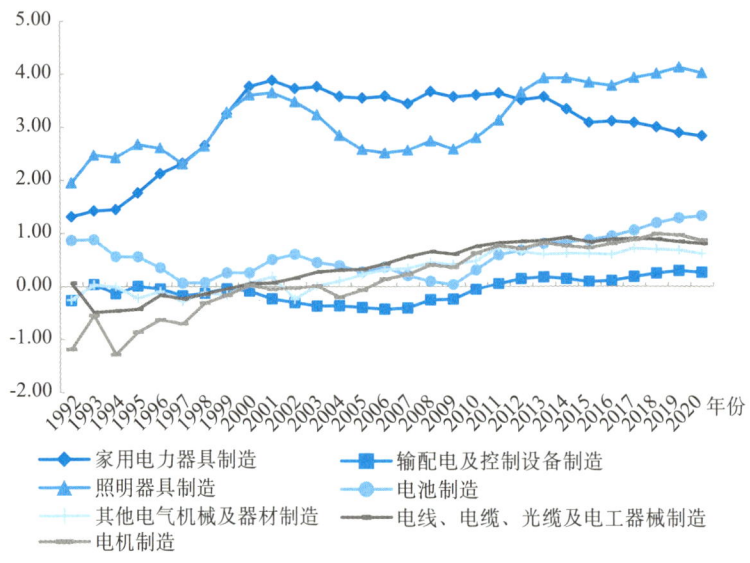

图5-18 1992~2020年电气机械和器材制造业显示性竞争优势指数走势

(2)通用设备制造业竞争优势上升态势明显。从行业中类、小类看,通用设备制造业细分行业竞争优势的变化呈现以下特点。一是文化、办公用机械制造的竞争优势较为明显。该细分行业显示性竞争优势指数自1993年起持续上升并一直延续至2010年,2011年以来有所回落,但在行业大类中仍最具优势。特别是计算器及货币专用设备制造竞争优势十分明显,其显示性竞争优势指数近5年均值达2.3,高于行业平均水平。二是烘炉风机包装等设备制造、物料搬运设备制造、泵阀门压缩机及类似机械制造、通用零部件制造领域已初具微弱优势。这四个细分行业显示性竞争优势指数于21世纪初由负转正，并呈缓慢上升态势，但竞争优势整体偏弱。烘炉、风机、包装等设备制造中，风机风扇制造、风动和电动工具制造领域的竞争优势上升较快，其指数值2006年以来基本稳定在2.6和2.4左右，明显高于制冷、空调设备制造（1.2）以及喷枪及类似器具制造（0.5）；物料搬运设备制造中，轻小型起重设备制造近30年始终保持着一定优势，其指数值基本保持在1.0~2.0；生产专用起重机制造竞争优势上升较快，目前与轻小型起重设备制造的优势大体相当；生产专用车辆制造、连续搬运设备制造领域的竞争优势较弱，其指数值近10多年来均在0.9以下。泵、阀门、压缩机及类似机械制造中，泵及真空设备制造领域的竞争优势自2010年以来上升势头强劲，阀门和旋塞制造领域的竞争优势近20年来变化不大，指数值基本保持在0.3~0.6。通用零部件制造中，机械零部件加工领域的竞争优势上升较快，金属密封件制造领域则始终缺乏竞争优势。三是锅炉及原动设备制造、金属加工机械制造、轴承齿轮和传动部件制造长期缺乏竞争优势。前两个细分行业显示性竞争优势指数始终为负值，金属加工机械制造的劣势更为明显；轴承齿轮和传动部件制造的显示性竞争优势指数则长期在0附近波动，优势微弱。值得注意的是，锅炉及原动设备制造中，水轮机及辅机制造领域的竞争优势较为明显，近10年指数均值为1.5，明显高于锅炉及辅助设备制造、汽轮机及辅机制造领域的相应指数值，内燃机及配件制造则长期处于劣势地位；金属加工机械制造中，仅金属切割及焊接设备制造目前具备微弱优势，金属切削机床制造、金属成形机床制造等均不具备优势，但这些制造领域的指数值近30年来一直保持呈持续上升态势（见图5-19）。

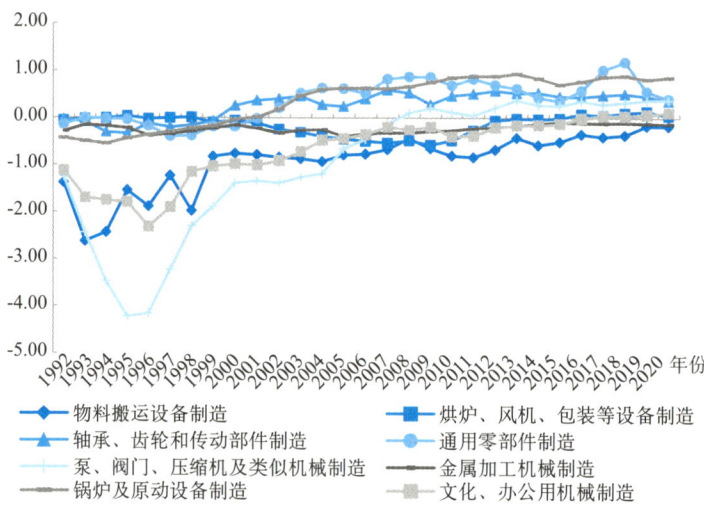

图 5-19　1992~2020 年通用设备制造业显示性竞争优势指数走势

（3）专用设备制造业整体优势偏弱。从行业中类、小类看，专用设备制造业细分行业竞争优势的变化呈现以下特点。一是纺织服装和皮革加工专用设备制造、采矿冶金建筑专用设备制造、环保邮政社会公共服务及其他专用设备制造、印刷制药日化及日用品生产专用设备制造、食品饮料烟草及饲料生产专用设备制造、农林牧渔专用机械制造细分行业近 10 多年来已初具优势。这六个细分行业的显示性竞争优势指数在 21 世纪前 10 年间先后由负转正且上涨缓慢，近 10 年来指数值均在 1.0 以下。纺织、服装和皮革加工专用设备制造、农林牧渔专用机械制造、食品饮料烟草及饲料生产专用设备制造的竞争优势趋于上升。其中，纺织、服装和皮革加工专用设备制造优势上升快且优势较为明显，洗涤机械制造领域长期保持优势，皮革毛皮及其制品加工专用设备制造的优势后来居上，这三个领域 2016 年以来优势大体相当，指数值大致保持在 1.7~2.0；农林牧渔专用机械制造、食品饮料烟草及饲料生产专用设备制造的优势较弱且上升缓慢，2016 年以来农副食品加工专用设备制造领域指数值基本保持在 1.3 左右，具备一定优势，而拖拉机制造、食品酒饮料及茶生产专用设备制造、机械化农业及园艺机具制造领域指数值在 0.2~0.5。采矿、冶金、建筑专用设备制造近 8 年来竞争优势变化不大，矿山机械制造领域的指数值 2006 年以来基本稳定在0.8～1.2，而建筑工程用机械制造、建筑材料生产专用机械制造领域的优势上升态势明显。印刷制药日化及日用品生产专用设备制造、环保邮政社会公共服务及其他专用设备制造的竞争优势近5年来有所下降，但其细分领域中制浆和造纸专用设备制造、商业饮食服务专用设备制造的竞争优势上升势头明显。二是医疗仪器设备及器械制造、化工木材非金属加工专用设备制造、电子和电工机械专用设备制造不具备竞争优势。医疗仪器设备及器械制造的显示性竞争优势指数始终在0附近徘徊，但眼镜制造、机械治疗及病床护理设备制造这两个领域长期保持优势，其指数值基本保持在1.5～2.0和1.0～1.5，特别是后者的优势在2020年已超过前者；医疗诊断、监护及治疗设备制造的竞争劣势十分明显。化工、木材、非金属加工专用设备制造的显示性竞争优势指数虽始终为负，但其持续上升态势明显且已接近于0，特别是橡胶塑料木竹材加工专用设备制造、模具制造这两个细分领域指数值上涨较快且已初具优势。以半导体器件专用设备制造为代表的电子和电工机械专用设备制造的竞争劣势十分突出，其指数值近14年来均在-3～-2.2波动（见图5-20）。

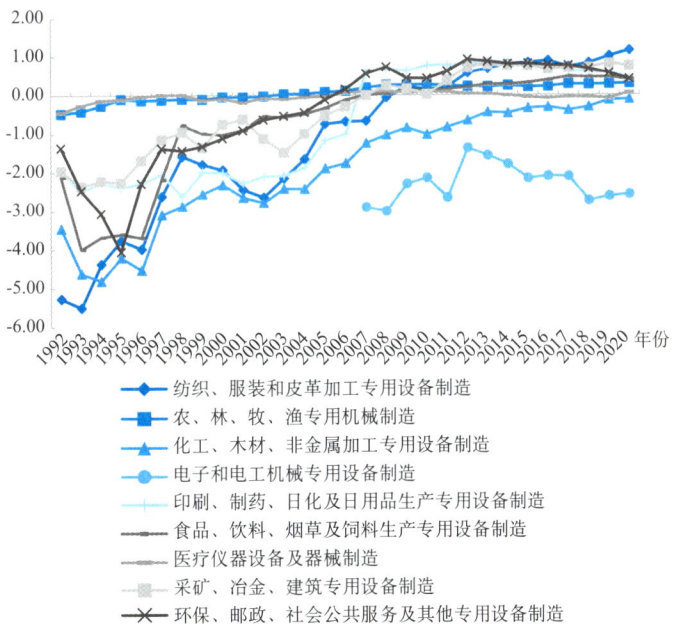

图5-20　1992～2020年专用设备制造业显示性竞争优势指数走势

（4）铁路、船舶、航空航天和其他运输设备制造业竞争优势有所上升。从行业中类、小类看，铁路、船舶、航空航天和其他运输设备制造业细分行业竞争优势的变化呈现以下特点。一是自行车和残疾人座车制造的竞争优势较为突出。该细分行业的显示性竞争优势指数从1992年的10.1持续下降，2016年以来逐渐趋稳并维持在2.5左右，其竞争优势在行业大类中最为明显，特别是残疾人座车制造领域的竞争优势上升较快。二是摩托车制造、船舶及相关装置制造的竞争优势先升后降。这两个细分行业的显示性竞争优势指数先后于1995年、1996年由负转正并持续上升，2012年以来趋于下降，特别是船舶及相关装置制造的竞争优势下降更为明显。其中，摩托车整车制造竞争优势有所下降，摩托车零部件及配件制造竞争优势则较为稳定，这两个领域的指数值目前均维持在2.0左右；金属及非金属船舶制造、航标器材及其他相关装置制造领域的竞争优势一降一升，近8年指数均值分别为1.6、0.7。三是铁路运输设备制造初具优势。该行业显示性竞争优势指数自2011年起由负转正，小幅上升后基本稳定在0.4左右，整体优势较弱。但高铁车组等车辆制造这一领域的指数值基本维持在1.1左右，竞争优势较为明显。四是航空、航天器及设备制造长期缺乏竞争优势。无论是飞机、航天器及运载火箭制造还是航空相关设备制造，其显示性竞争优势指数均始终为负值，且几十年来变化不大（见图5-21）。

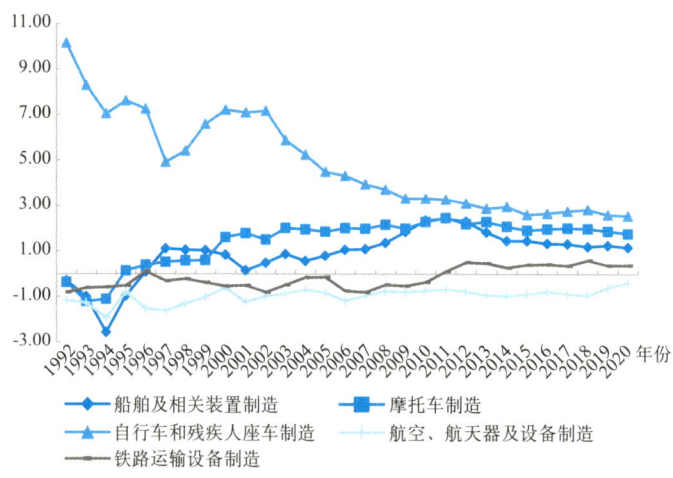

图5-21　1992~2020年铁路、船舶、航空航天和其他运输设备制造业显示性竞争优势指数走势

（5）计算机、通信和其他电子设备制造业竞争优势整体不强。从行业中类、小类看，计算机、通信和其他电子设备制造业细分行业竞争优势的变化呈现以下特点。一是广播电视设备制造长期具备竞争优势。该细分行业的显示性竞争优势指数近30年来始终为正值，经历了"上升—下降—回升"三个阶段。其中，广播电视接收设备制造、专业音响设备制造领域的竞争优势显著且近10年来变化不大，其指数均值分别为2.1和2.4；广播电视专用配件制造领域的竞争优势快速上升，其近10年指数均值达2.9，在行业大类中最具优势。二是非专业视听设备制造、通信设备制造、雷达及配套设备制造、电子元件及电子专用材料制造的劣势已转化为优势。这四个细分行业的显示性竞争优势指数先后于2001年、2002年、2005年和2012年由负转正，持续上升后趋于稳定。其中，通信设备制造领域优势上升最快，其指数值2007年超过广播电视设备制造，之后基本稳定在2.3左右，2019年以来有所下降；非专业视听设备制造、雷达及配套设备制造的竞争优势趋于下降，其指数值由2007年的1.5和1.0下降至2020年的0.8和0.4；电子元件及电子专用材料制造的竞争优势微弱，但电声器件及零件制造领域却始终保持着明显优势，其指数值自1998年以来基本在2.3~2.8波动，而电阻电容电感元件制造、电子电路制造领域始终缺乏竞争优势。三是电子器件制造长期缺乏竞争优势。该行业显示性竞争优势指数近30年来始终为负值，竞争劣势较为明显。其中电子真空器件制造、光电子器件制造曾在较短时间内具备微弱优势，而集成电路制造领域的竞争劣势最为突出（见图5-22）。

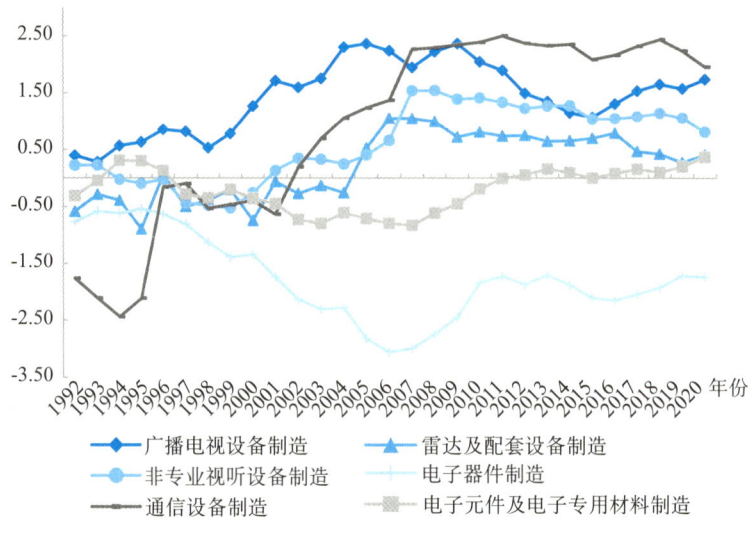

**图 5-22　1992~2020 年计算机、通信和其他电子设备制造业显示性
竞争优势指数走势**

(6) 仪器仪表制造业竞争劣势较为明显。从行业中类、小类看，仪器仪表制造业细分行业竞争优势的变化呈现以下特点。一是衡器制造长期具备竞争优势。该细分行业显示性竞争优势指数近 30 年来始终为正值，且 2005 年以来基本保持在 2.1，其竞争优势在行业大类中最突出且 2020 年有所上升。二是钟表与计时仪器制造的竞争优势逐渐转为劣势。该细分行业显示性竞争优势指数自 1999 年开始回落，2008 年后基本稳定在 0.1 左右，2019 年由正转负，不再具备竞争优势。三是通用仪器仪表制造、专用仪器仪表制造、光学仪器制造长期缺乏竞争优势。这三个细分行业显示性竞争优势指数 20 多年来始终为负值，通用仪器仪表制造和专用仪器仪表制造的劣势相当且变化不大，光学仪器制造的竞争劣势更为明显。但值得注意的是，在通用仪器仪表制造中，绘图计算及测量仪器制造、供应用仪器仪表制造领域的竞争优势保持了近 30 年，2011 年以来两者的指数值基本保持在 2.0 和 1.3 左右，而实验分析仪器制造、试验机制造领域则始终不具备优势；专用仪器仪表制造中，教学专用仪器制造领域的竞争优势上升较明显，其指数值自 2004 年由负转正后逐渐上升至 2020 年的 1.3，而导航测绘气象及海洋专用仪器制造、核子及核辐射测量仪器制造领域具有明显的劣势（见图 5-23）。

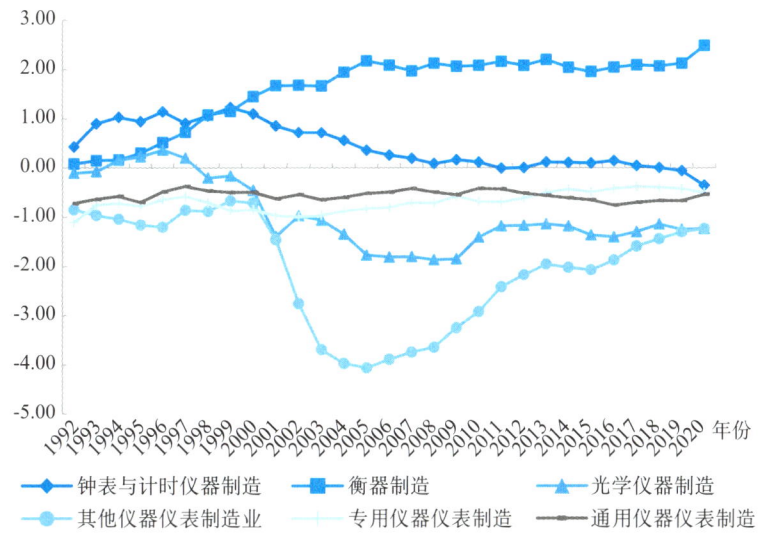

图 5-23 1992~2020 年仪器仪表制造业显示性竞争优势指数走势

(7) 医药制造业和汽车制造业整体优势微弱。从行业中类、小类看，医药制造业、汽车制造业各细分行业竞争优势的变化呈现以下特点。一是卫生材料及医药用品制造竞争优势长期较弱。该细分行业显示性竞争优势指数近 30 年来持续缓慢下降，由 1992 年的 1.4 下降至 2020 年的 0.4，竞争优势偏弱。二是汽车车身、挂车制造竞争优势较稳定。该细分行业显示性竞争优势指数自 2009 年以来基本稳定在 1.0 左右，变化不大。三是化学药品原料药及化学药品制剂制造的微弱优势转为劣势。该细分行业显示性竞争优势指数自 1995 年 0.4 逐渐回落至 0，并自 2011 年起由正转负，且劣势持续扩大。四是汽车整车制造、生物药品制品制造、汽车零部件及配件制造长期缺乏竞争优势。这三个细分行业显示性竞争优势指数几十年来一直为负值，特别汽车整车制造、生物药品制品制造的指数值有下降趋势，而汽车零部件及配件制造的指数值则呈上升态势，并于 2018 年由负转正（见图 5-24）。

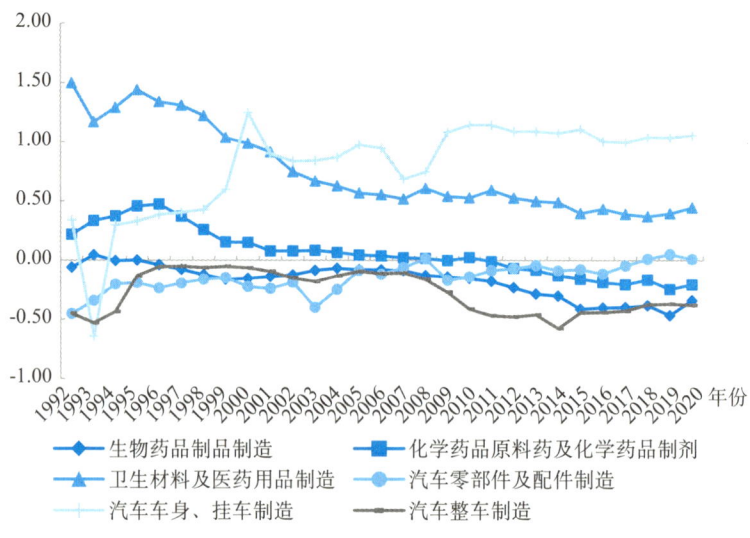

图 5-24 1992~2020 年医药制造业和汽车制造业显示性竞争优势指数走势

二、制造业细分行业竞争优势国际比较

本书选取制造业中的纺织服装服饰业、石油煤炭及其他燃料加工业以及计算机通信和其他电子设备制造业作为劳动密集型、资本密集型、技术密集型产业中的典型代表,计算这三个行业大类及其所属的行业中类、小类显示性竞争优势指数,并将指数值在中国、美国、日本、德国等 21 个国家间进行对比。

1. 巴西、印度尼西亚的农副食品加工业竞争优势逐年上升,优势显著

从行业大类看,近 30 年来,巴西的优势持续保持上升态势,其指数值自 1991 年的 2.4 上升至 2020 年的 5.8;越南、泰国、土耳其、印度、中国的优势持续下降。其中,越南下降最为迅速,其指数由 2000 年的 5.7 下降至 2020 年的 0.5;泰国、土耳其、印度下降较为平缓,自 1992 年的 2.0~4.5 下

降至 2020 年的 0.7～1.2，保持偏弱的优势；中国竞争优势近 30 年逐渐下降，其指数自 1992 年的 1.1 逐渐下降，自 2006 年优势不再，到 2020 年已降至 −0.7。墨西哥和波兰近 30 年基本保持稳定，没有明显的优势与劣势，其指数维持在 0 左右。印度尼西亚和俄罗斯呈"V"形发展，以 1999 年为分界先降后升，但俄罗斯一直处于竞争劣势地位，而波兰则基本保持竞争优势地位，其指数在 2020 年已升至 2.2。与发展中国家相比，发达国家中仅有西班牙、美国、加拿大始终保持着偏弱的优势，其指数值近 10 年来基本保持在 1.0 以下；其他发达国家均处于竞争劣势地位（见图 5−25 和图 5−26）。

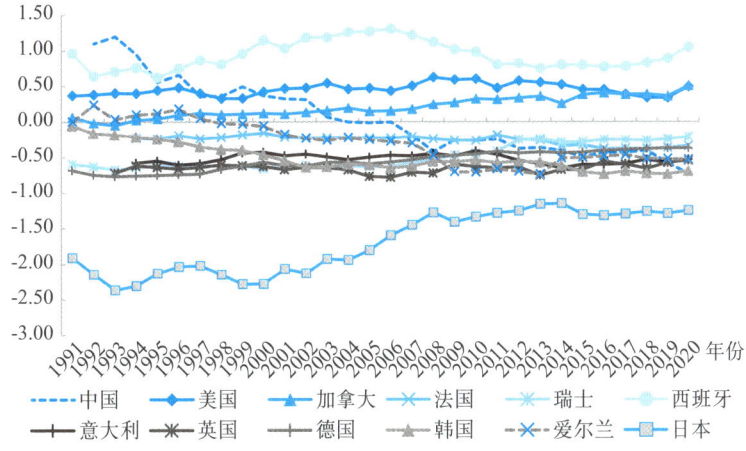

图 5−25　中国与发达国家农副食品加工业显示性竞争优势指数比较

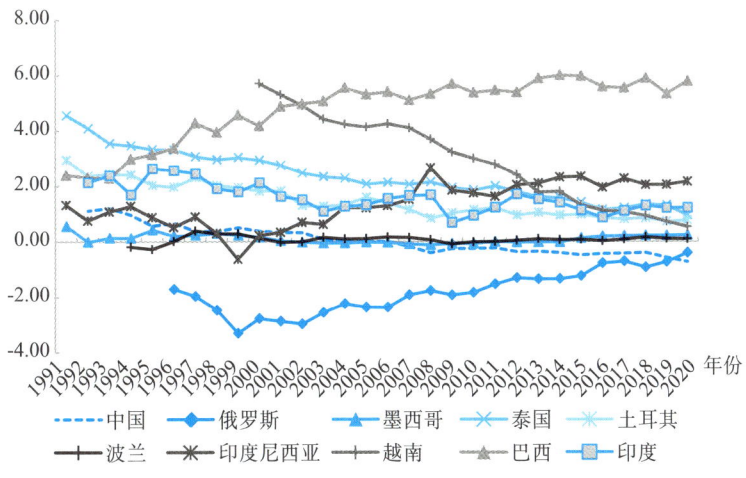

图 5−26　中国与发展中国家农副食品加工业显示性竞争优势指数比较

从行业中类、小类看,几十年来各国竞争优势的变化呈现以下特点。

(1) 印度、泰国的谷物磨制优势明显。过去30年,印度、泰国在谷物磨制领域的优势明显,其指数基本持续保持在5.0以上。越南在2000年是该领域最具竞争优势的国家,但其优势逐年下降,至2020年其指数已降至3.0。土耳其、中国、俄罗斯、波兰较为平稳,其指数基本保持在0左右。巴西、印度尼西亚、墨西哥则保持竞争劣势地位。发达国家中,法国、加拿大、美国、意大利一直保持微弱的竞争优势。西班牙、德国、英国竞争优势有所下降甚至转为竞争劣势。日本、瑞士、韩国、爱尔兰则基本一直维持竞争劣势状态(见图5-27和图5-28)。

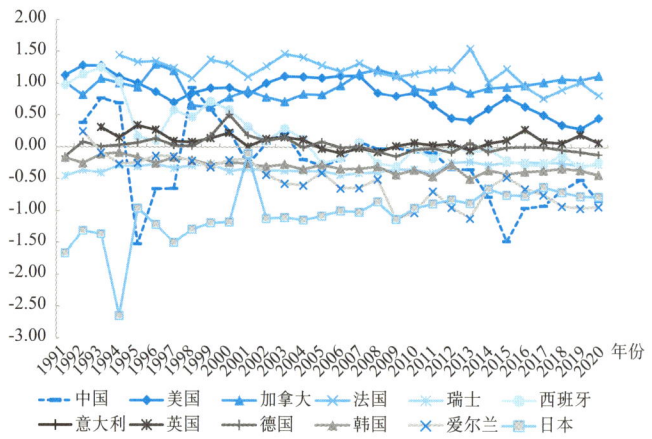

图5-27 中国与发达国家谷物磨制显示性竞争优势指数比较

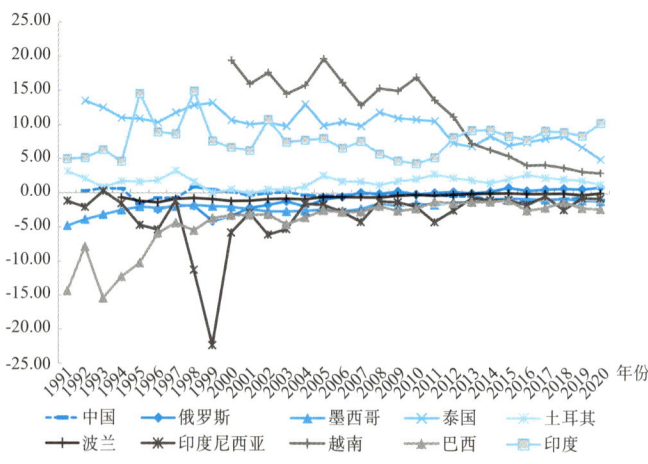

图5-28 中国与发展中国家谷物磨制显示性竞争优势指数比较

（2）巴西、印度和美国的饲料加工优势明显，其他国家基本维持竞争劣势状态或有微弱的竞争优势。发展中国家中巴西、印度竞争优势明显，巴西的竞争优势突出，其指标基本维持在6.0以上；印度竞争优势指标从1991年的5.1逐渐下降至2020年的0.79，仅保持微弱的竞争优势。中国的竞争优势指标基本保持在0左右，其他发展中国家一直处于竞争劣势状态。发达国家中只有美国一直保持较为稳定的竞争优势状态，其指标近30年保持在1.2~1.7。加拿大、法国竞争优势有所提高，从竞争劣势转为微弱的竞争优势，其他国家基本保持竞争劣势状态（见图5-29和图5-30）。

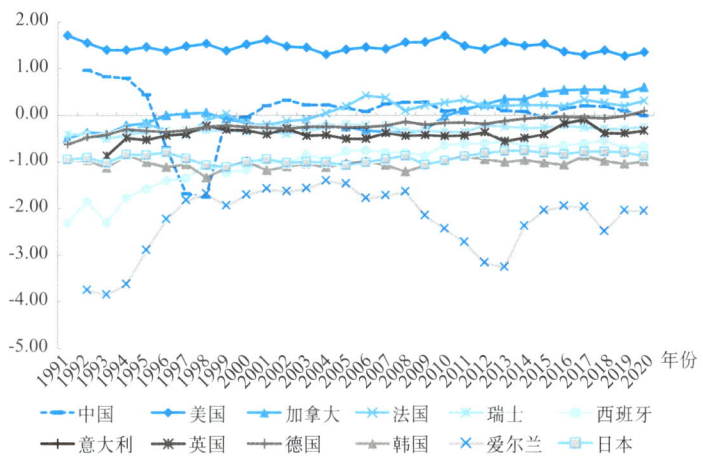

图5-29 中国与发达国家饲料加工业显示性竞争优势指数比较

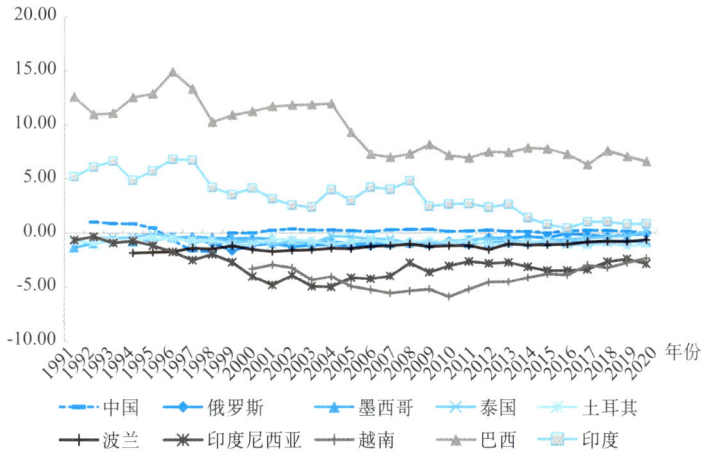

图5-30 中国与发展中国家饲料加工业显示性竞争优势指数比较

（3）印度尼西亚的植物油加工业优势迅速提高且优势突出。发展中国家中，仅有印度尼西亚和巴西基本一直维持竞争优势地位，其中印度尼西亚的竞争优势迅速提高，其指数从1991年的3.8上升至2020年的24.5；西班牙的竞争优势则有所下降，从1995年的4.7逐年下降至2020年的-0.2。中国、印度等其他发展中国家的竞争优势指标基本维持在0附近，或持续为负。发达国家中，仅西班牙和加拿大一直维持竞争优势地位，其中西班牙的竞争优势指标一直维持在1.0以上，加拿大的竞争优势逐年提高，于2020年达到1.4。意大利、日本等其他发达国家的竞争优势指标则维持在0附近，或持续为负（见图5-31和图5-32）。

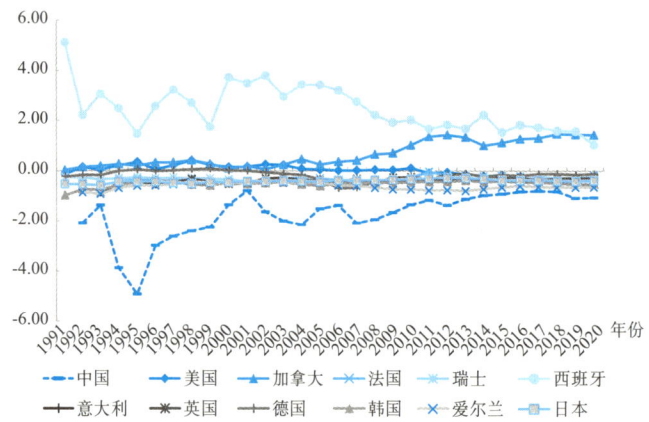

图5-31　中国与发达国家植物油加工业显示性竞争优势指数比较

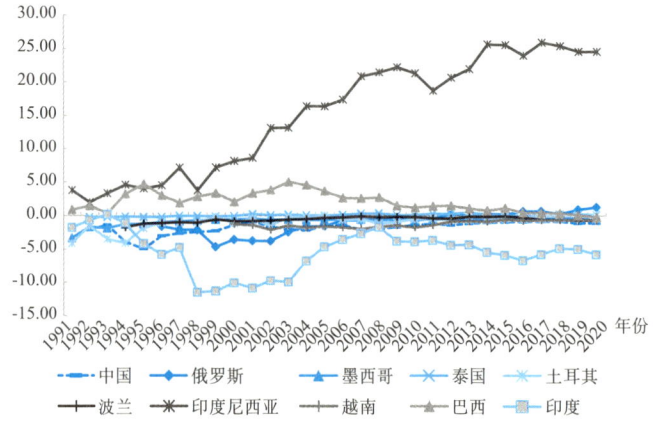

图5-32　中国与发展中国家植物油加工显示性竞争优势指数比较

(4)巴西、泰国等发展中国家的制糖业优势明显。巴西在该领域的优势自1991年逐年上升且优势突出,近10年其指数基本保持在16.0以上,优势显著。泰国在该领域一直具有平稳的竞争优势,其指数较为稳定地保持在5.0以上。印度、土耳其、波兰、中国、墨西哥等国家的竞争指数则围绕0附近上下波动,其中印度波动较大,其他国家仅具有微弱的竞争优势或劣势。俄罗斯和印度尼西亚则一直保持竞争劣势。发达国家中,只有法国一直保持竞争优势,但其优势逐年下降,至2020年其指数降至0.8,仅保持微弱竞争优势。德国曾具有微弱的竞争优势,但在2002年后优势不再,其他发达国家基本保持竞争劣势地位(见图5-33和图5-34)。

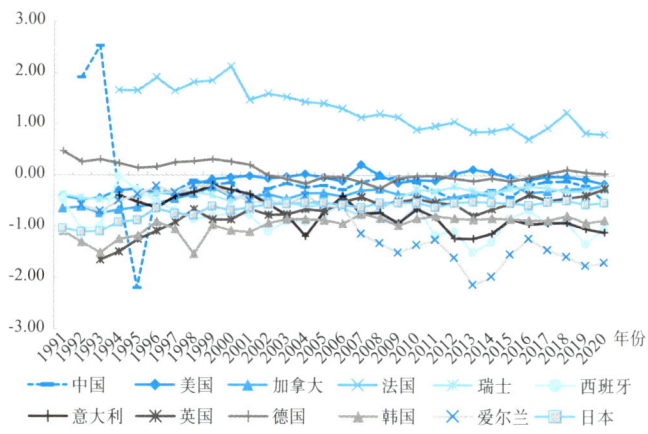

图5-33 中国与发达国家制糖业显示性竞争优势指数比较

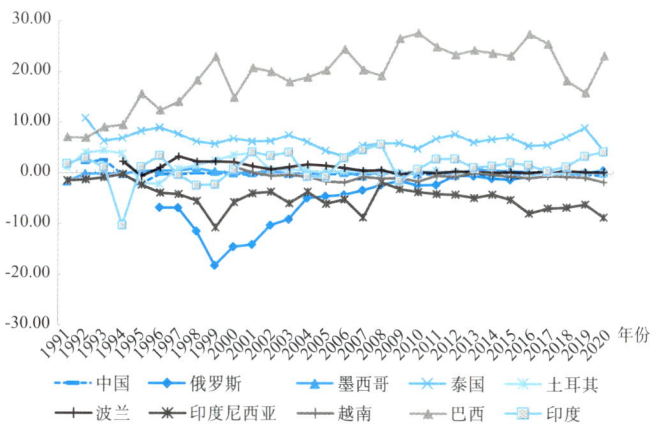

图5-34 中国与发展中国家制糖业显示性竞争优势指数比较

（5）巴西的屠宰及肉类加工业优势明显，西班牙呈显著上升趋势。巴西在该领域的优势自1991年逐年上升且优势突出，近10年其指数基本保持在9.0以上，优势显著。泰国、印度、波兰、土耳其等发展中国家一直保持微弱的竞争优势；中国、越南、印度尼西亚则从微弱的竞争优势转为微弱的竞争劣势；墨西哥和俄罗斯则一直保持竞争劣势地位。发达国家中，西班牙竞争优势显著上升，其指数从1991年的-0.5上升至2020年的3.9；美国、加拿大则保持平稳但微弱的竞争优势；爱尔兰呈"V"形发展，其指数从1991年的3.5下降至2009年的-0.3，又上升至2020年的0.5。其他发达国家近20年来基本一直保持竞争劣势（见图5-35和图5-36）。

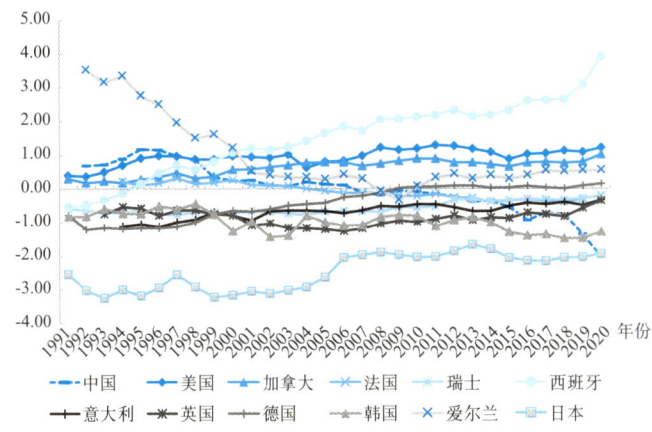

图5-35 中国与发达国家屠宰及肉类加工业显示性竞争优势指数比较

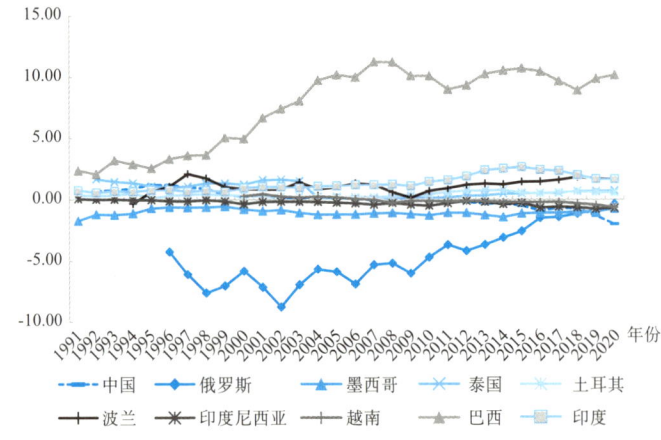

图5-36 中国与发展中国家屠宰及肉类加工业显示性竞争优势指数比较

（6）越南、泰国水产品加工业优势明显但呈下降趋势。越南、泰国在水产品加工领域优势显著但呈下降趋势。越南的竞争优势指数从2000年的12.7下降至2020年的2.9，泰国则从1991年的7.2下降到2020年的0.7。中国、印度竞争优势明显且发展较为稳定，其指数基本保持在2.0以上，其他发展中国家则具有微弱的竞争优势或处于竞争劣势地位。发达国家中，只有加拿大和爱尔兰具有微弱的竞争优势，其指数基本保持在1.0以下。韩国曾具有微弱的竞争优势，但在2000年后优势不再，其他发达国家则一直保持在竞争劣势地位（见图5-37和图5-38）。

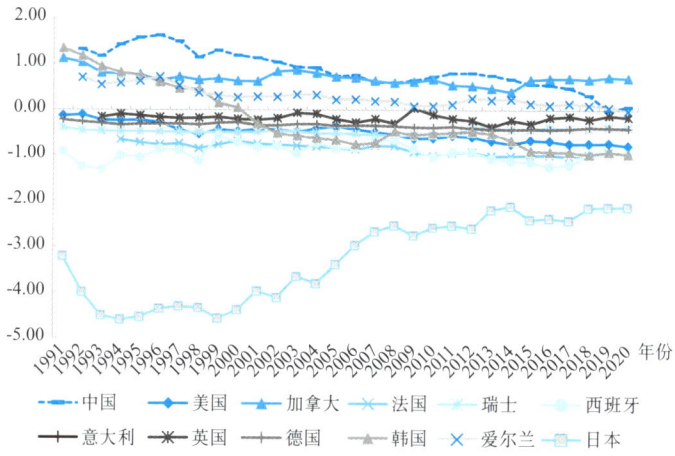

图5-37 中国与发达国家水产品加工业显示性竞争优势指数比较

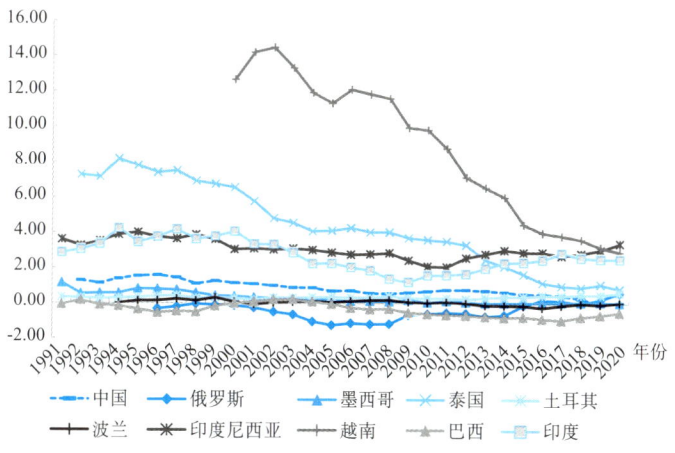

图5-38 中国与发展中国家水产品加工业显示性竞争优势指数比较

(7) 土耳其、越南等发展中国家和西班牙的蔬菜、菌类、水果和坚果加工业优势明显。土耳其的竞争优势指数从 1991 年的 9.4 下降到 2020 年的 2.3，越南则从 2000 年的 5.8 下降至 2020 年的 0.9。巴西、墨西哥也具有显著的竞争优势且发展较为平稳，其指数基本保持在 2.0 以上。除俄罗斯保持竞争劣势地位外，其他发展中国家均基本保持微弱的竞争优势。发达国家西班牙优势显著，其指数基本保持在 3.0 以上，其他国家则基本保持竞争劣势或仅存在微弱的竞争优势（见图 5-39 和图 5-40）。

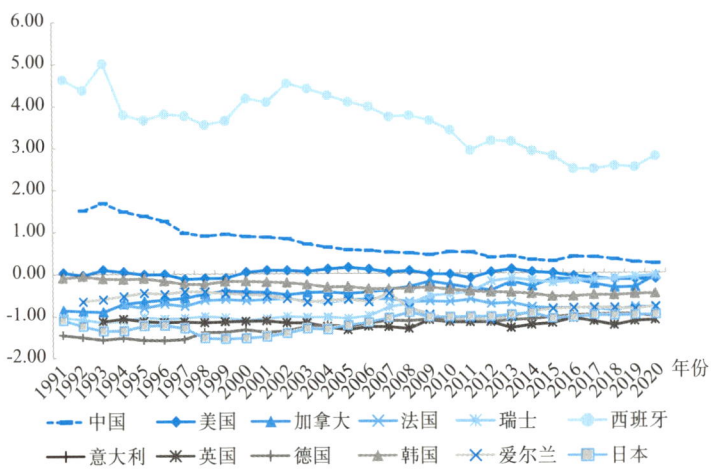

图 5-39　中国与发达国家蔬菜、菌类、水果和坚果加工业显示性竞争优势指数比较

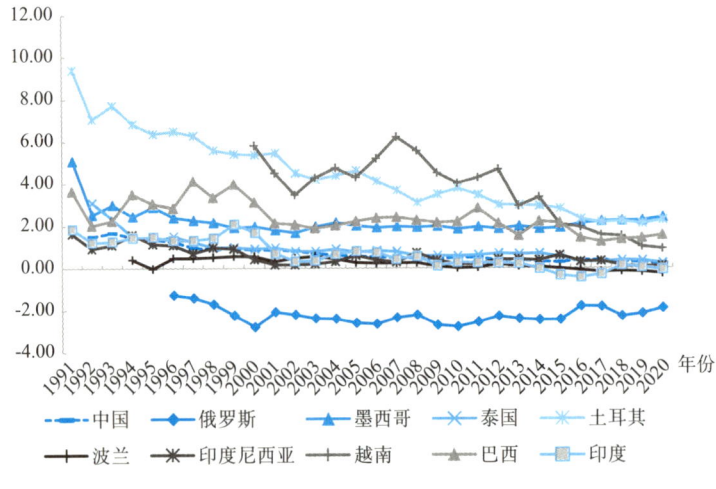

图 5-40　中国与发展中国家蔬菜、菌类、水果和坚果加工业显示性竞争优势指数比较

（8）巴西的其他农副食品加工业优势显著。巴西的其他农副产品加工业优势显著且逐年上升，其指数从1991年的3.9上升至2020年的14.8。土耳其、越南、印度、泰国等发展中国家竞争优势微弱，基本保持在2.0以下。近20年来，中国、墨西哥、俄罗斯和波兰则基本保持竞争劣势地位或有微弱的竞争优势。发达国家中，仅美国一直在其他农副食品加工业保持竞争优势地位，其指数基本保持在1.0~2.0。加拿大自2008年之后开始具有微弱的竞争优势，其指数基本保持在0.5以下。其他发达国家则基本一直保持竞争劣势地位（见图5-41和图5-42）。

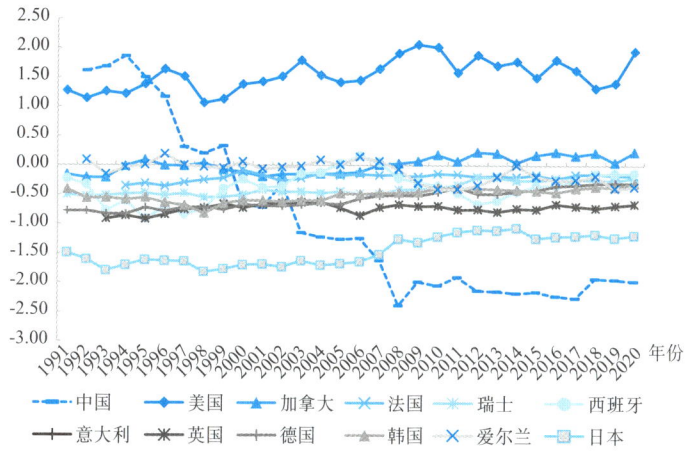

图5-41　中国与发达国家其他农副产品加工业显示性竞争优势指数比较

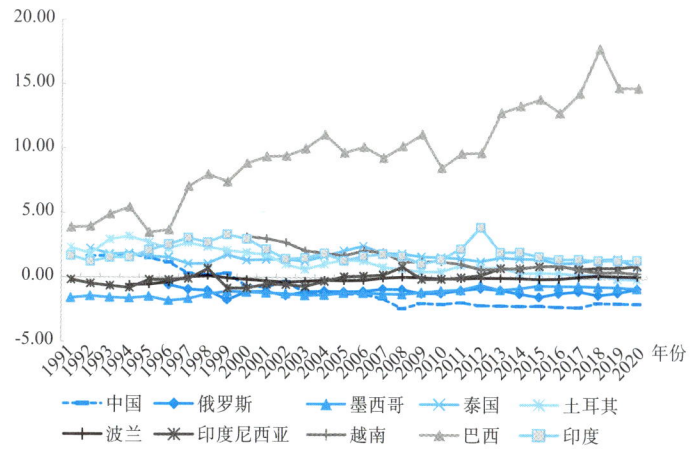

图5-42　中国与发展中国家其他农副产品加工业显示性竞争优势指数比较

2. 爱尔兰的食品制造业竞争优势显著但逐年下降

从行业大类看,爱尔兰曾在食品加工业具有显著优势,其显示性竞争优势指数曾在 1992 年达到 7.3,后逐渐下降至 2020 年的 0.2。其他发达国家中,只有法国、美国和瑞士一直保持微弱的竞争优势,其指数基本保持在 1.0 以下。意大利的竞争优势不断提高,自 2000 年后开始一直保持竞争优势地位,其指数在 2020 年达到 1.1。其他发达国家则基本保持竞争劣势。发展中国家中,只有土耳其和波兰一直保持竞争优势状态,其指数基本保持在 1.0~2.0。泰国和印度的竞争优势逐渐上升,自 2000 年后保持竞争优势状态,其指数于 2020 年分别上升至 0.6 和 0.4。其他发展中国家则基本处于竞争劣势或仅具有微弱的竞争优势(见图 5-43 和图 5-44)。

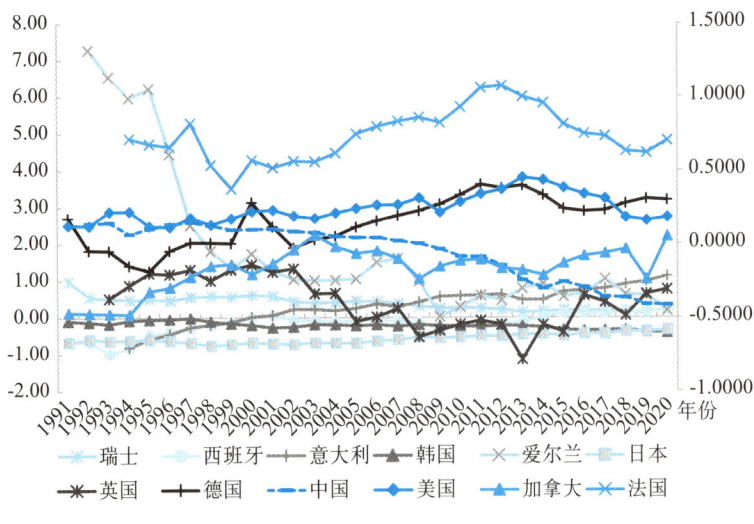

图 5-43 中国与发达国家食品制造业显示性竞争优势指数比较

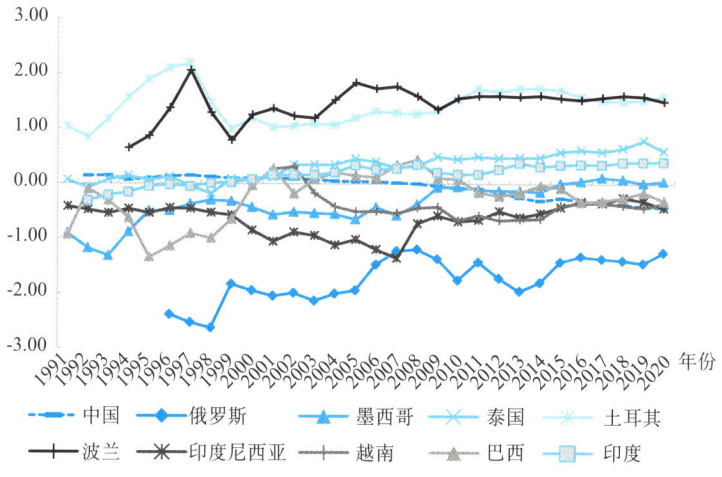

图 5-44 中国与发展中国家食品制造业显示性竞争优势指数比较

从行业中类、小类看，几十年来各国竞争优势的变化呈现以下特点。

（1）土耳其等发展中国家的焙烤食品制造业竞争优势最为突出。土耳其和波兰的焙烤食品制造业竞争优势突出，其指数基本保持在 2.0 以上。俄罗斯在食品制造业基本保持竞争劣势，其他发展中国家则基本保持微弱的竞争优势，其指数基本保持在 1.0 以下。发达国家中，仅有意大利、西班牙、德国、加拿大和法国一直保持微弱的竞争优势，其他国家基本处于竞争劣势状态（见图 5-45 和图 5-46）。

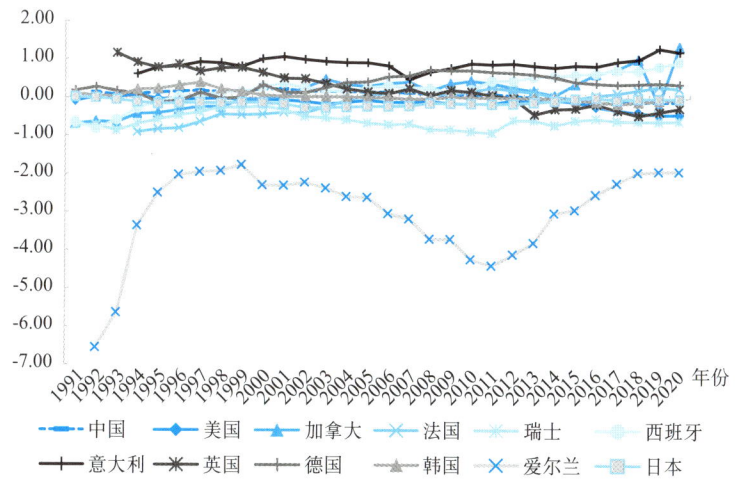

图 5-45 中国与发达国家焙烤制造业显示性竞争优势指数比较

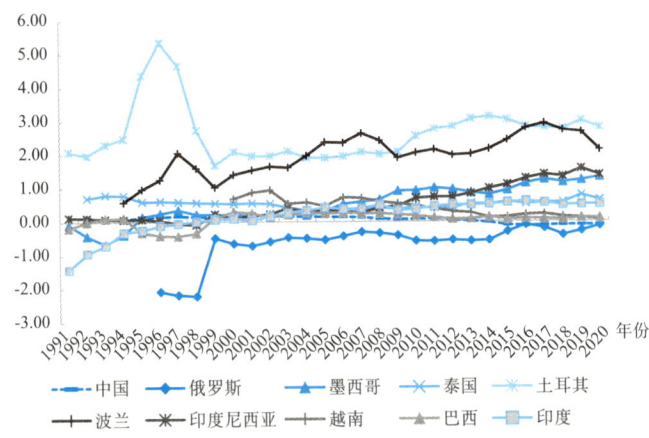

图 5-46　中国与发展中国家焙烤制造业显示性竞争优势指数比较

（2）土耳其、波兰和瑞士的糖果、巧克力及蜜饯制造业优势明显。发展中国家中，土耳其、波兰、泰国一直保持稳定的竞争优势，其中土耳其和巴西的指数基本保持在 1.0 以上，泰国的竞争优势指数则基本保持在 1.0 以下。墨西哥的竞争优势有所上升，自 1991 年的 -0.9 逐渐上升至 2020 年的 1.0。巴西的竞争优势先上升后下降，其指数曾于 2003 年达到 1.3，后逐渐下降至 2020 年的 0.1。发达国家中，瑞士、意大利、德国、西班牙、加拿大在近 20 年保持竞争优势地位，但其中只有瑞士和意大利的竞争优势指数基本保持在 1.0 附近，其他国家仅具有微弱的竞争优势。其他发达国家则基本保持在竞争劣势地位（见图 5-47 和图 5-48）。

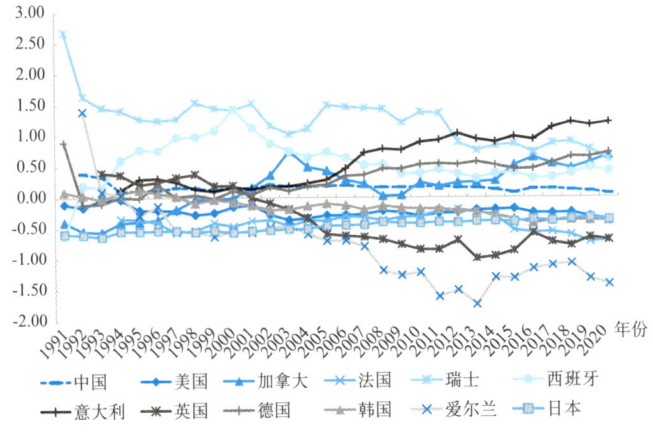

图 5-47　中国与发达国家糖果、巧克力及蜜饯制造业显示性竞争优势指数比较

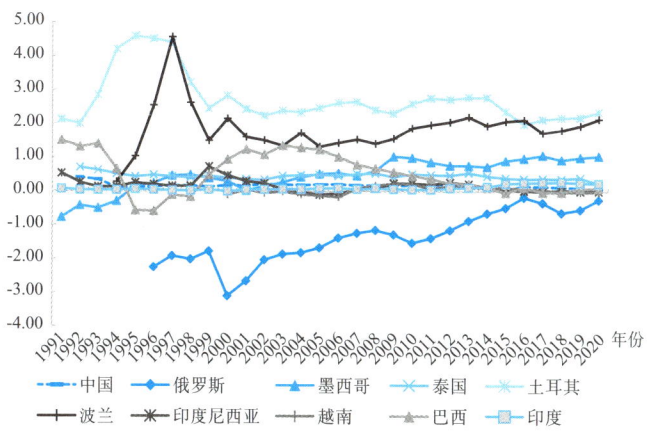

图 5-48　中国与发展中国家糖果、巧克力及蜜饯制造业显示性竞争优势指数比较

（3）意大利的方便食品制造业竞争优势显著。发达国家中，意大利的食品制造业优势突出，其指数一直保持在 9.0 以上。韩国一直保持微弱的竞争优势，其指数基本保持在 1.0 附近，其他发达国家则一直处于竞争劣势地位。发展中国家中，土耳其呈 "V" 形发展，其指数从 1991 年的 8.7 下降至 1999 年的 0.7，后又上升至 2020 年的 6.4。中国、越南呈下降趋势，其指数分别从 2000 年的 2.0 和 6.0 下降至 2020 年的 0.1 和 1.5。印度尼西亚和泰国的竞争优势呈上升趋势，其指数分别从 1994 年的 1.3 和 0.4 上升至 2020 年的 2.4 和 3.3。其他发展中国家则基本保持竞争劣势地位或仅具有微弱的竞争优势（见图 5-49 和图 5-50）。

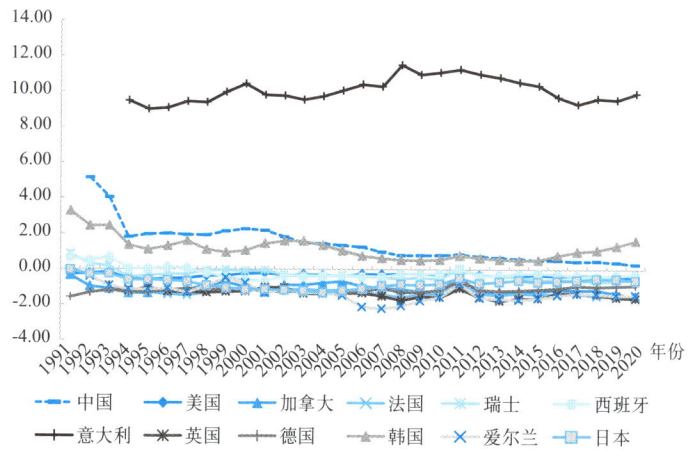

图 5-49　中国与发达国家方便食品制造业显示性竞争优势指数比较

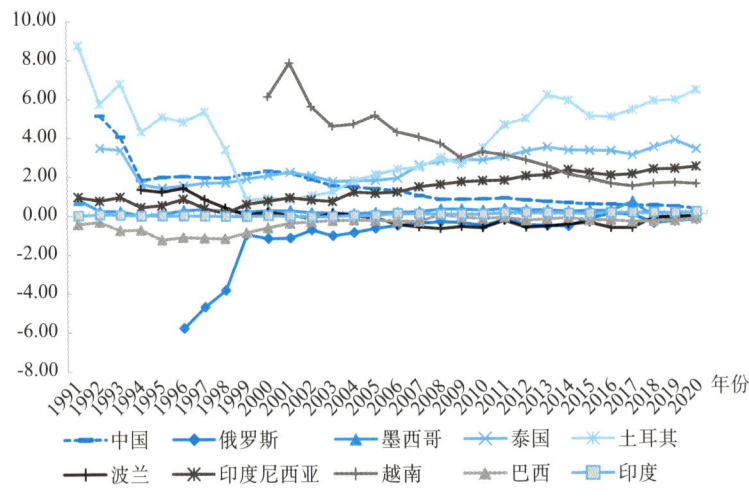

图 5-50　中国与发展中国家方便食品制造业显示性竞争优势指数比较

（4）爱尔兰的乳制品制造业竞争优势最为突出。发达国家中，爱尔兰的竞争优势显著，自 1991 年开始有所下降后基本保持平稳，其指数从 1992 年的 8.5 下降至 1999 年的 2.2 后基本保持在 2.0～4.0。法国具有平稳的竞争优势，其指数基本保持在 1.0～2.0。其他发达国家则基本保持竞争劣势地位或具有微弱的竞争优势。发展中国家中，仅有波兰具有显著的竞争优势，其指数基本保持在 1.0 以上。其他发展中国家则基本保持竞争劣势或仅具有微弱的竞争优势（见图 5-51 和图 5-52）。

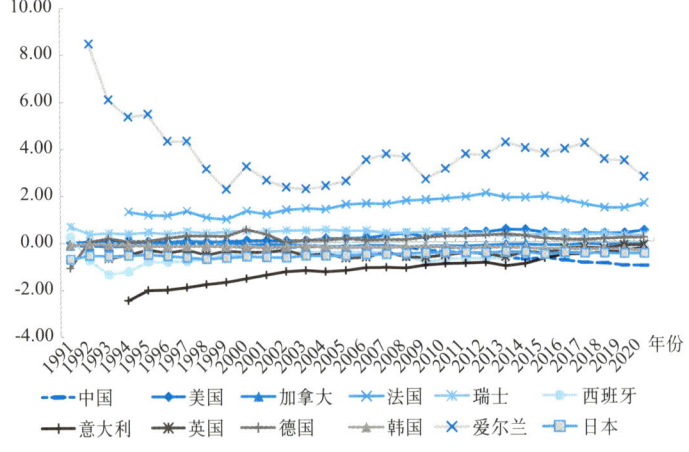

图 5-51　中国与发达国家乳制品制造业显示性竞争优势指数比较

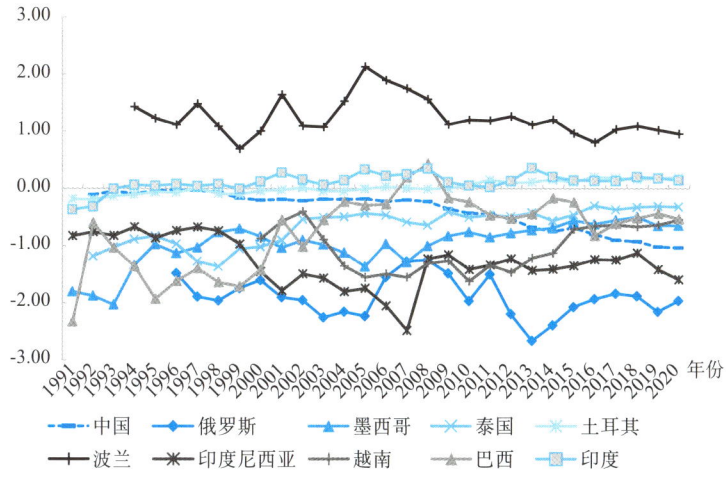

图 5-52　中国与发展中国家乳制品制造业显示性竞争优势指数比较

（5）土耳其的罐头食品制造业优势明显。发展中国家中，土耳其竞争优势显著，其指数基本保持在 6.0 以上。泰国的竞争优势呈上升趋势，其指数从 2000 年的 1.0 上升至 2020 年的 2.4。其他发展中国家则基本保持竞争劣势或具有微弱的竞争优势。发达国家中，意大利、法国、西班牙的竞争优势逐年上升，其指数分别从 2003 年的 1.0、1.2、0.1 上升至 2020 年的 2.3、2.3 和 1.0。其他发达国家则基本处于竞争劣势或具有微弱的竞争优势（见图 5-53 和图 5-54）。

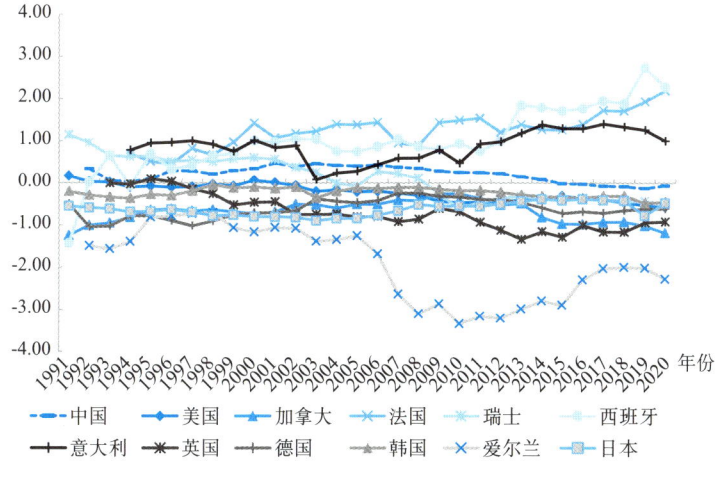

图 5-53　中国与发达国家罐头食品制造业显示性竞争优势指数比较

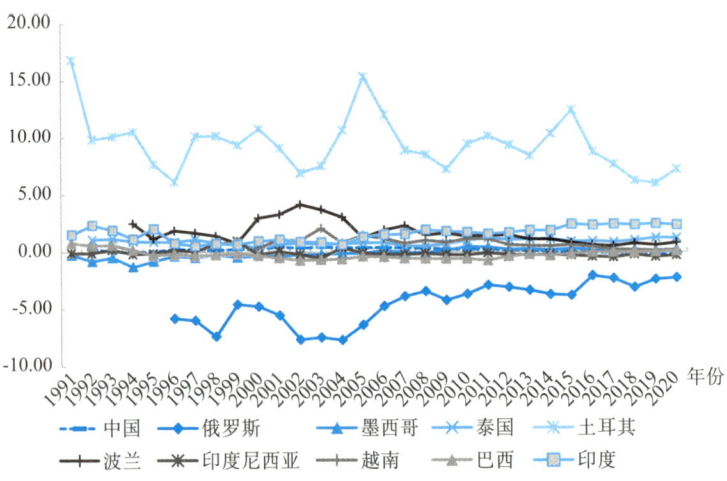

图 5-54 中国与发展中国家罐头食品制造业显示性竞争优势指数比较

（6）土耳其、泰国的调味品、发酵制品制造业竞争优势显著。发展中国家中，近 20 年只有土耳其、波兰、泰国一直保持明显的竞争优势，其中土耳其优势逐渐下降，其指数从 2000 年的 3.9 下降至 2020 年的 1.3；波兰的竞争优势指数从 2000 年的 0.1 先上升至 2011 年的 1.8，后又下降至 2020 年的 1.0；泰国的竞争优势相对稳定，其指数保持在 2.0~3.0。其他发展中国家基本处于竞争劣势或仅具有微弱的竞争优势。发达国家中，意大利、西班牙、美国在调味品、发酵制品制造业的竞争优势发展较为平稳，其中西班牙和意大利优势较为突出，其指数基本维持在 1.0~2.0；美国仅保持微弱的竞争优势，其指数基本保持在 1.0 以下。瑞士曾具有突出的竞争优势，但其优势逐渐下降，其指数从 1991 年的 2.3 逐渐下降至 2005 年的 0.1，之后优势不再。其他发达国家则一直保持竞争劣势地位或仅具有微弱的竞争优势（见图 5-55 和图 5-56）。

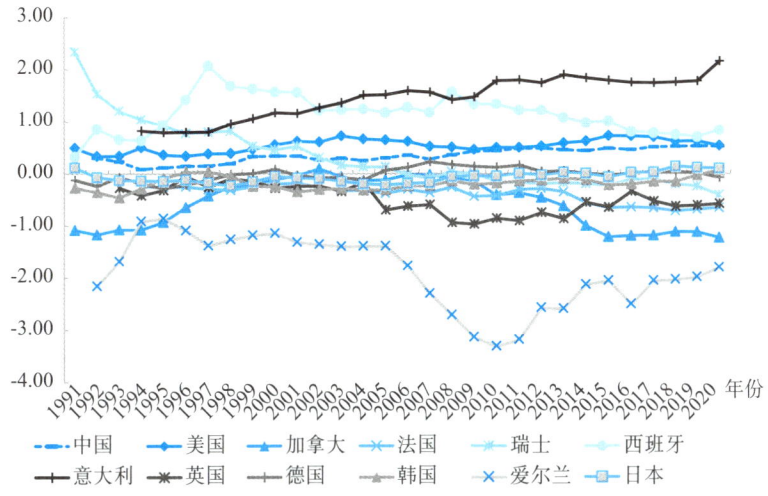

图 5-55 中国与发达国家调味品、发酵制品制造业显示性竞争优势指数比较

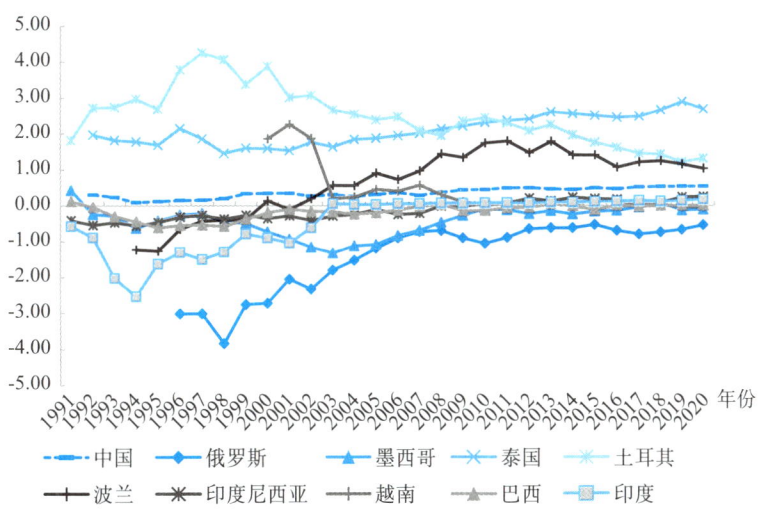

图 5-56 中国与发展中国家调味品、发酵制品制造业显示性竞争优势指数比较

（7）爱尔兰的其他食品制造业竞争优势曾非常突出，但迅速下降并转为竞争劣势。爱尔兰在其他食品制造业的竞争优势曾十分突出，其指数在 1993 年高达 126.6，随后急剧下降至 1997 年的 28.6 并在 2007 年前基本保持稳定；2008 年，爱尔兰竞争优势再次下降，2017 年后转为竞争劣势。法国、美国和瑞士也具有显著的竞争优势，且发展较为平稳。其他发达国家仅具有微弱的竞争优势或处于竞争劣势。发展中国家中，泰国、波兰、印

91

度、土耳其总体呈上升趋势。其中土耳其开始处于竞争劣势地位，2006年后转为竞争优势地位；泰国、波兰、印度则一直保持竞争优势地位，其中泰国、波兰近10年的竞争优势指数基本保持在5.0以上，印度基本保持在1.0以上。巴西呈先上升后下降的趋势，其指数从1991年的0上升至2000年的14.5，后下降至2020年的-1.8（见图5-57和图5-58）。

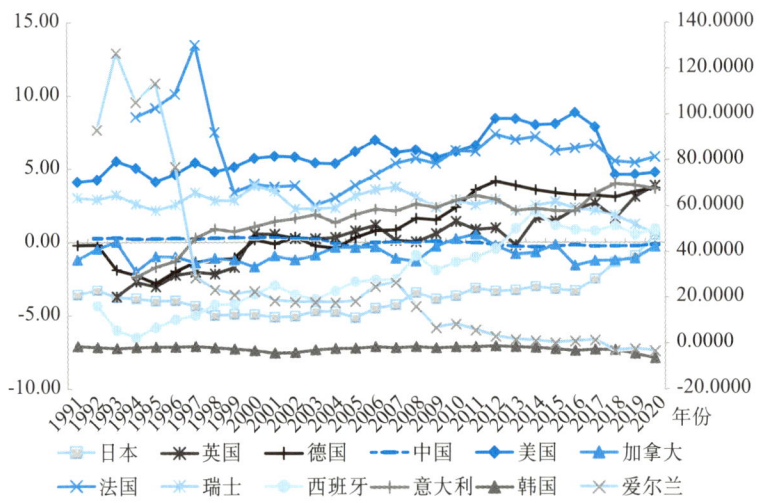

图5-57 中国与发达国家其他食品制造业显示性竞争优势指数比较

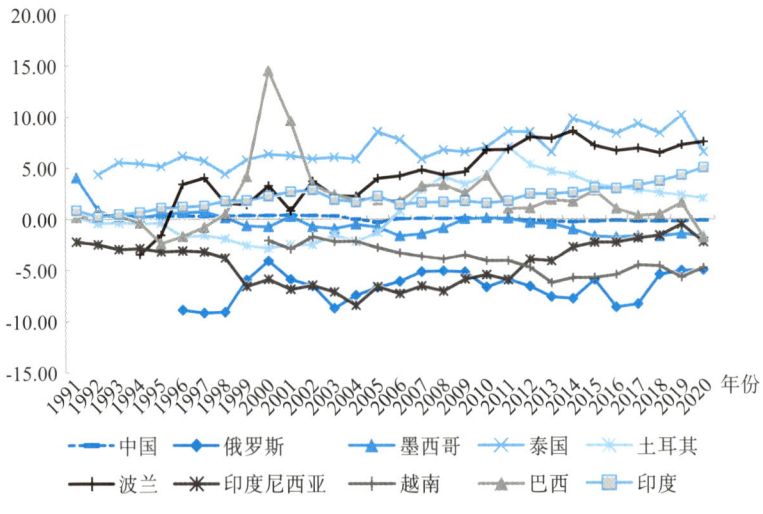

图5-58 中国与发展中国家其他食品制造业显示性竞争优势指数比较

3. 巴西等发展中国家的酒、饮料和精制茶制造业竞争优势显著

从行业大类看，巴西等发展中国家的酒、饮料和精制茶制造业竞争优势显著，其指数基本保持在 1.8 以上。印度也具有显著竞争优势，但优势有所下降，其指数从 1991 年的 6.1 下降至 2020 年的 0.4。墨西哥竞争优势呈上升趋势，其指数从 1993 年的 0.8 逐渐上升至 2020 年的 2.7。除俄罗斯一直保持显著的竞争劣势外，其他发展中国家基本保持微弱的竞争优势。发达国家中，英国、法国优势显著，其指数基本保持在 1.0 以上。瑞士竞争优势呈上升趋势，其指数从 1991 年的 -0.1 逐渐上升至 2020 年的 0.4。爱尔兰竞争优势呈波动下降的趋势，其指数从 1992 年的 2.0 逐渐下降至 2020 年的 -0.3。其他发达国家则基本保持竞争劣势地位或仅有微弱的竞争优势（见图 5-59 和图 5-60）。

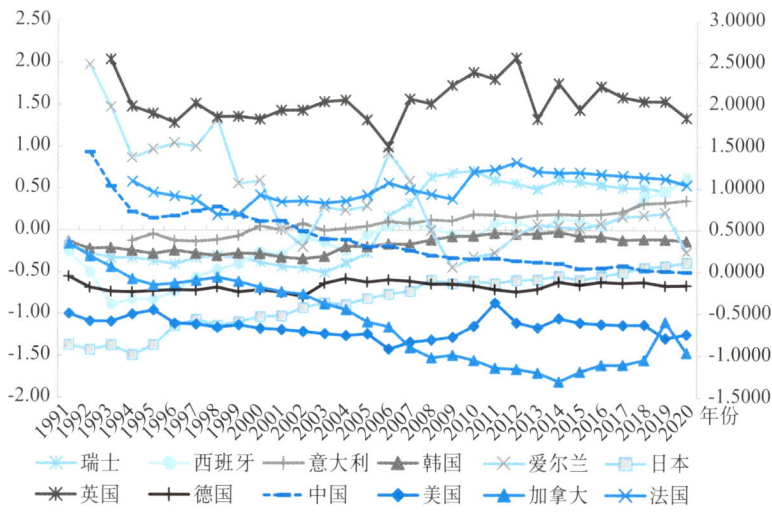

图 5-59　中国与发达国家酒、饮料和精制茶制造业显示性竞争优势指数比较

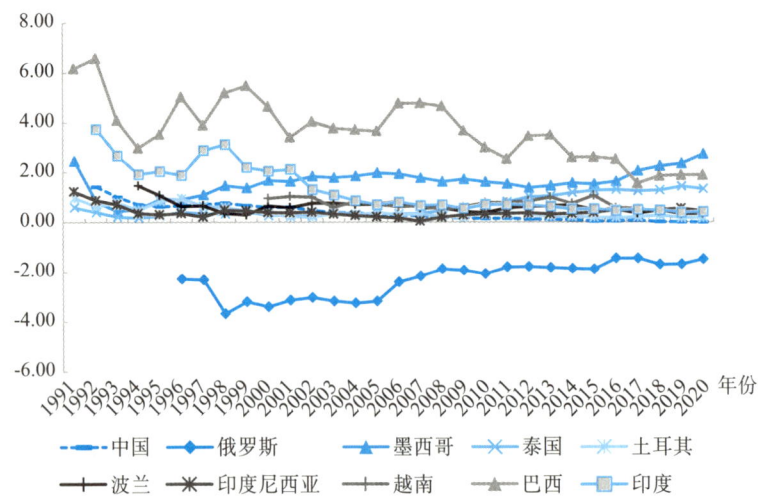

图 5-60 中国与发展中国家酒、饮料和精制茶制造业显示性竞争优势指数比较

从行业中类、小类看，几十年来各国竞争优势的变化呈现以下特点。

(1) 发达国家的英国、法国、爱尔兰和发展中国家的巴西、墨西哥在酒的制造方面表现出色。发展中国家中，墨西哥和巴西表现出色。其中墨西哥的竞争优势总体呈上升趋势，其指数从 1993 年的 1.0 提高到 2020 年的 4.8。巴西的竞争优势呈先上升后下降的趋势，其指数从 1991 年的 -2.0 上升至 2008 年的 4.5，后又下降至 2020 年的 0.9。其他发展中国家基本保持微弱的竞争优势或竞争劣势。发达国家中，只有英国、法国、爱尔兰一直保持竞争优势。其中英国的竞争优势明显，其指数基本保持在 4.0 以上；法国和爱尔兰的指数则基本保持在 2.0~3.0。其他发达国家基本处于竞争劣势地位（见图 5-61 和图 5-62）。

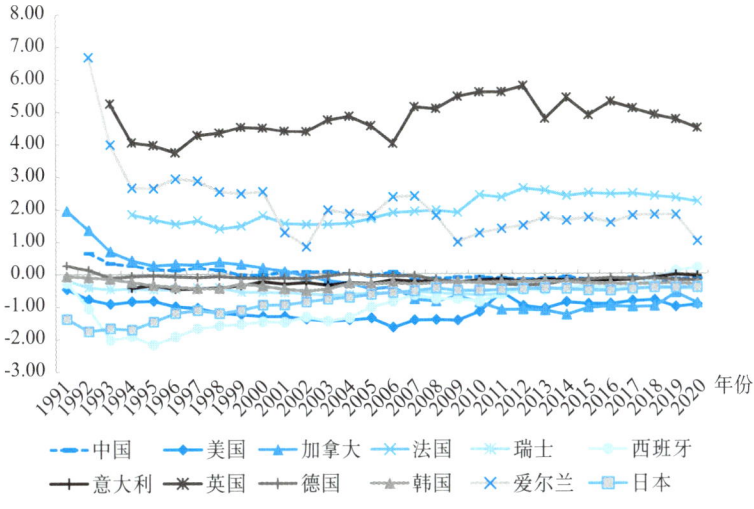

图 5-61　中国与发达国家酒的制造业显示性竞争优势指数比较

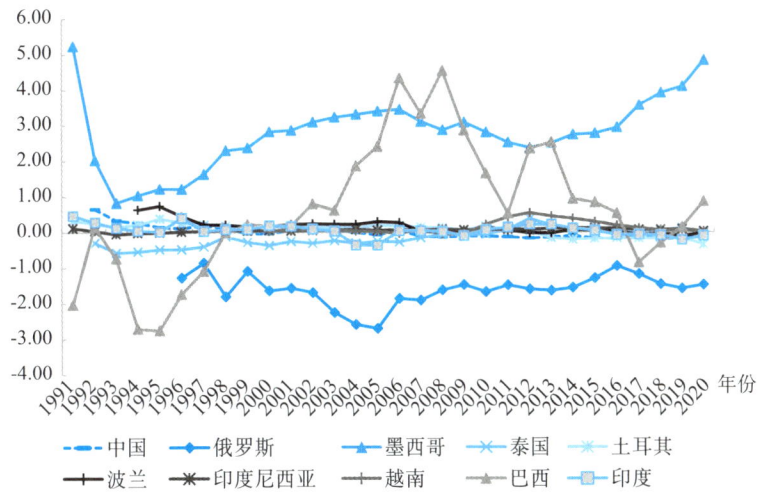

图 5-62　中国与发展中国家酒的制造业显示性竞争优势指数比较

（2）巴西的饮料制造业优势明显但逐年下降。巴西在饮料制造业优势明显但优势逐年下降，其指数在 1991 年高达 16，逐年下降至 2020 年的 3.4。泰国竞争优势呈上升趋势，其指数从 1992 年的 1.1 逐渐上升至 2020 年的 3.1。其他发展中国家基本保持微弱的竞争优势或为竞争劣势。发达国家中，瑞士上升趋势明显，其指数从 1991 年的 -1.1 上升至 2.4 后基本保持稳定在 1.5 以上。西班牙、意大利的竞争优势较为平稳，其指数基本保持在1.0以下。其他发达国家基本处于竞争劣势或仅有微弱的竞争优势（见图5-63和图5-64）。

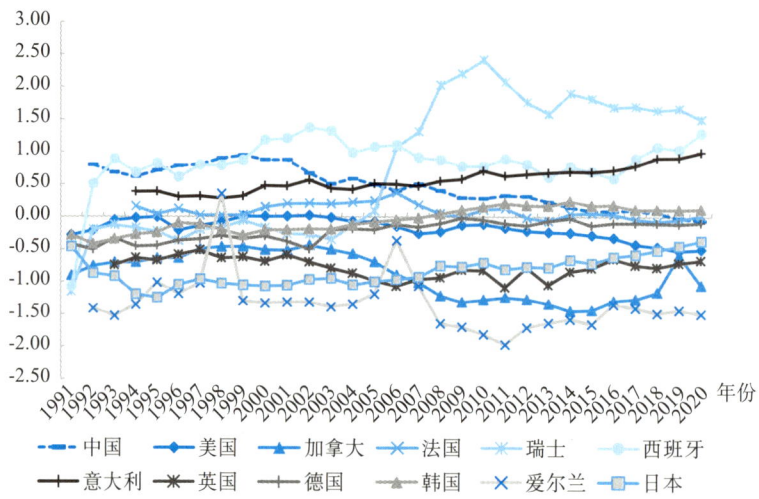

图5-63 中国与发达国家饮料制造业显示性竞争优势指数比较

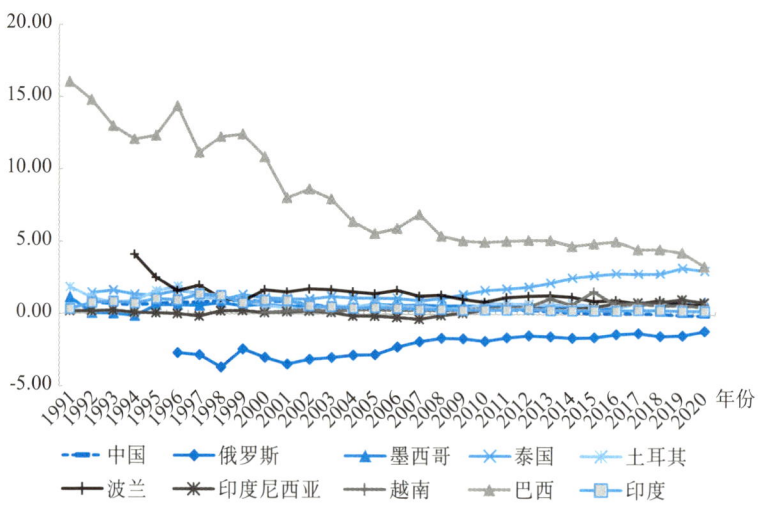

图5-64 中国与发展中国家饮料制造业显示性竞争优势指数比较

（3）印度、越南等发展中国家的精制茶加工优势突出但优势呈下降趋势。发展中国家中，印度、越南、中国、波兰均有显著的竞争优势。其中，印度和越南优势最为突出，印度的竞争优势指数虽然从1991年的41.5下降至 2020 年的 4.8，但基本一直保持在 5.0 以上；越南的竞争指数从 2000 年的 10.6 下降至 2020 年的 1.32；中国和波兰的竞争优势指数逐年下降，其指数从 1991 年的 7.4 下降至 2020 年的 1.3 附近。其他发展中国家则仅有微弱的竞争优势或处于竞争劣势。发达国家基本均处于竞争劣势状态或仅有微弱的竞争优势（见图 5 – 65 和图 5 – 66）。

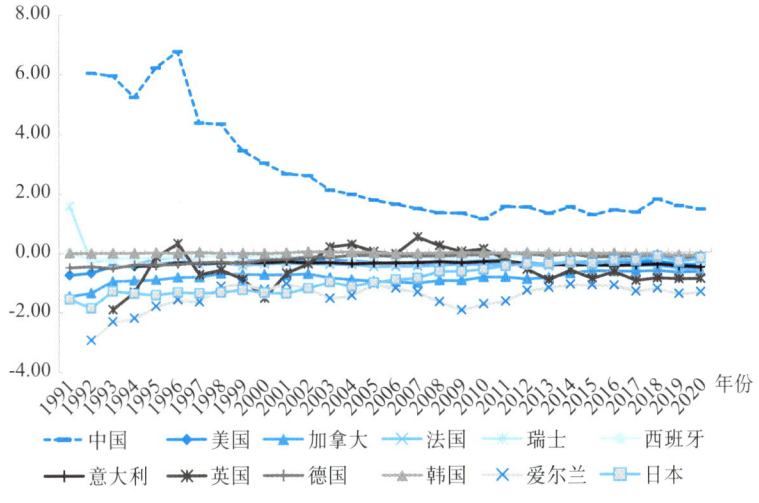

图 5 – 65　中国与发达国家精制茶加工业显示性竞争优势指数比较

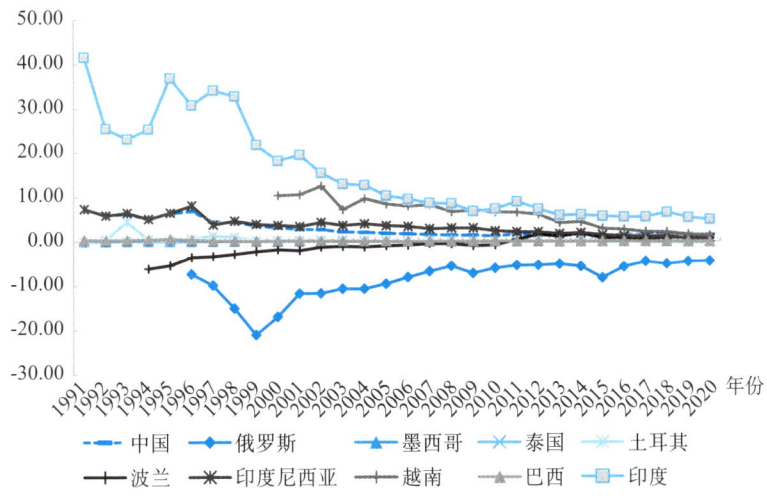

图 5 – 66　中国与发展中国家精制茶加工业显示性竞争优势指数比较

4. 巴西、波兰等发展中国家的烟草制品业竞争优势显著

从行业大类看，巴西、土耳其、印度等发展中国家的烟草制品业竞争优势显著，巴西的竞争优势指数基本保持在 3.0 以上；土耳其和印度的竞争优势指数基本保持在 1.0 以上。波兰、印度尼西亚的竞争优势有显著的增加，波兰的竞争指数从 1994 年的 -1.0 逐渐增加到 2020 年的 6.0，成为最具竞争优势的国家；印度尼西亚的竞争指数从 1991 年的 0.1 逐渐上升至 2020 年的 1.0。其他发展中国家基本保持竞争劣势或微弱的竞争优势。发达国家中，美国、德国、加拿大、瑞士基本保持微弱的竞争优势，其指数基本保持在 2.0 以下；其中，瑞士的竞争优势在 2020 年突增，其指数由 2019 年的 0.3 上涨至 2020 年的 14.4。其他发达国家基本保持微弱的竞争优势或竞争劣势（见图 5-67 和图 5-68）。

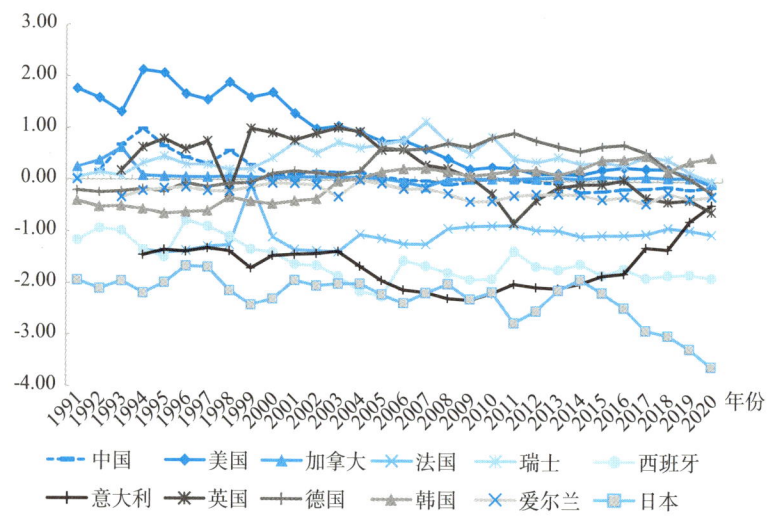

图 5-67　中国与发达国家烟草制品业显示性竞争优势指数比较

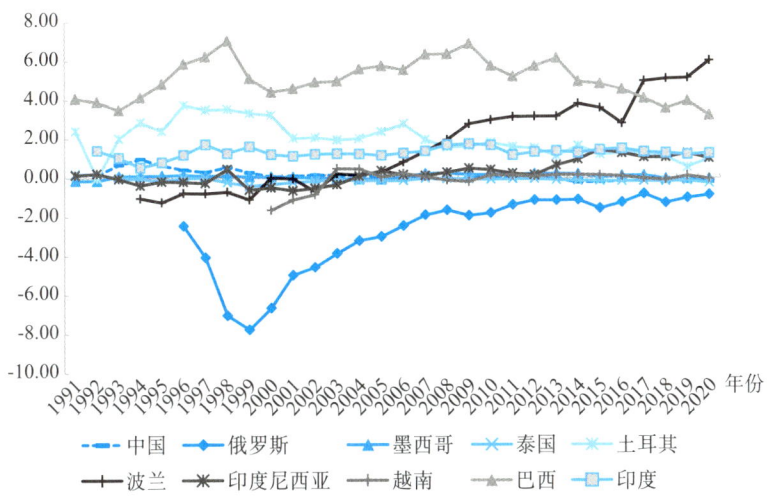

图 5-68 中国与发展中国家烟草制品业显示性竞争优势指数比较

从行业中类、小类看,几十年来各国竞争优势的变化呈现以下特点。

(1) 巴西、土耳其等发展中国家的烟叶复烤业优势突出。发展中国家中,巴西、印度竞争优势突出,其中巴西的竞争优势指数基本保持在 15.0 以上,而印度的竞争优势基本保持在 4.0 附近。土耳其曾具有显著的竞争优势,但优势逐年下降,其指数从 1991 年的 19.1 逐渐下降至 2020 年的 -0.3。其他发展中国家基本保持竞争劣势或仅有微弱的竞争优势。发达国家中,只有美国、意大利、加拿大一直保持竞争优势,但其竞争优势指数基本保持在 2.0 以下,仅有微弱的竞争优势。法国、西班牙竞争优势逐渐增加,其中法国的竞争优势指数从 1994 年的 -0.2 逐渐上升至 2020 年的 0.3;西班牙的竞争优势指数从 1991 年的 -1.2 上升至 2020 年的 0.3。其他发达国家均一直保持竞争劣势状态(见图 5-69 和图 5-70)。

(2) 波兰、印度尼西亚的卷烟制造业优势明显但逐年下降。发展中国家中,波兰、印度尼西亚竞争优势一直保持且呈上升态势,其指数从 1994 年的 0 分别上升至 2020 年的 11.7 和 3.7,竞争优势突出。巴西曾在卷烟制造业方面具有突出优势但优势急剧下降,其指数从 1991 年的 4.1 逐渐下降至 1999 年的 0.2 后基本保持在 0 附近。其他发展中国家基本保持微弱的竞争优势,其指数基本保持在 2.0 以下。发达国家中,美国、瑞士、德国等

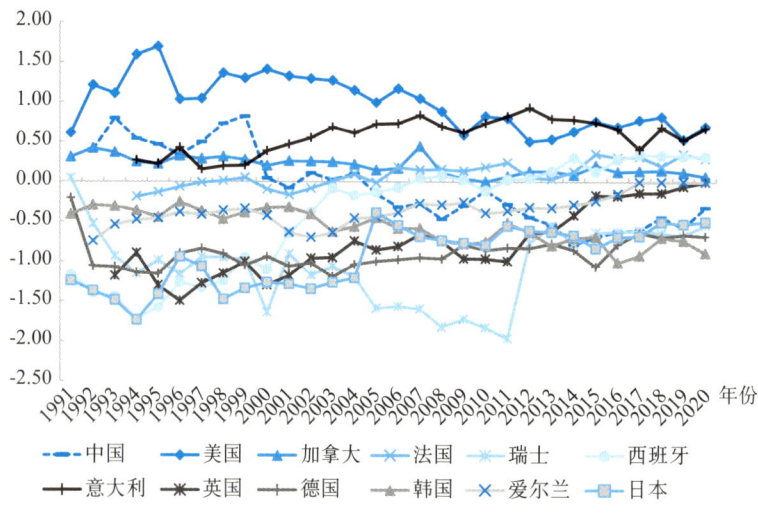

图 5-69　中国与发达国家烟叶复烤业显示性竞争优势指数比较

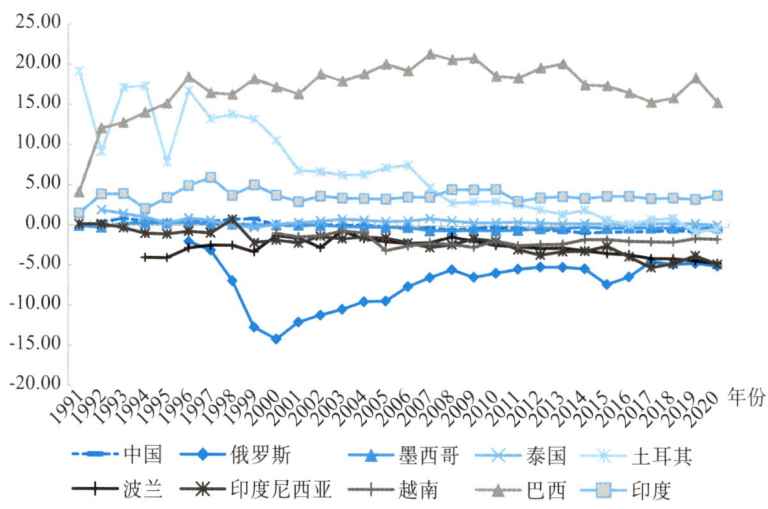

图 5-70　中国与发展中国家烟叶复烤业显示性竞争优势指数比较

保持较为稳定的竞争优势，其指数基本保持在 0~2.0，其中瑞士的竞争优势在 2020 年突增，其指数从 2019 年的 0.8 上升至 2020 年的 25.2（见图 5-71 和图 5-72）。

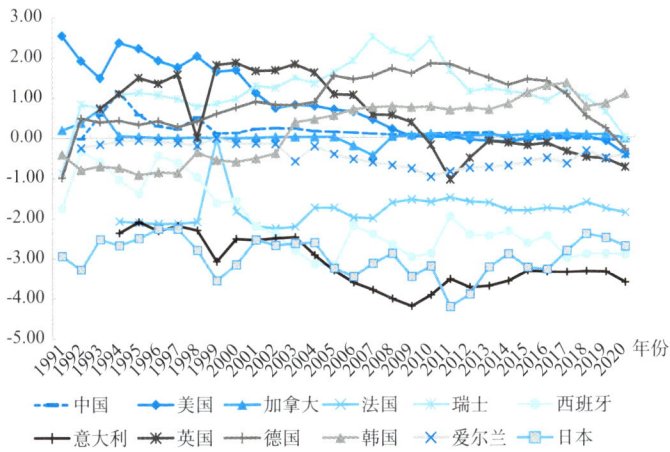

图 5-71 中国与发达国家卷烟制造业显示性竞争优势指数比较

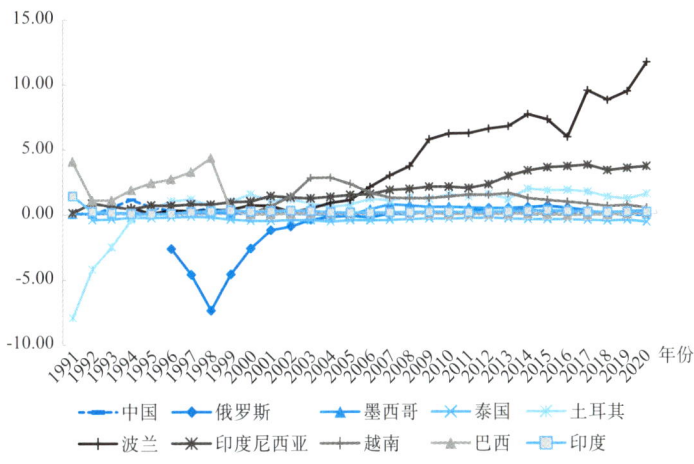

图 5-72 中国与发展中国家卷烟制造业显示性竞争优势指数比较

（3）印度的其他烟草制品制造竞争优势发展平稳。其他烟草制品制造领域，仅有印度和美国一直保持竞争优势地位，其竞争优势指数基本保持在 1.0~4.0。发展中国家中，土耳其曾在 1995 年具有显著的竞争优势，其指数高达 11.2，但其他年份基本均保持竞争劣势状态。波兰自 2001 年后一直保持竞争优势状态，但除 2018 年其指数高达 4.0 之外，其他时间波兰仅有微弱的竞争优势。其他发展中国家基本保持竞争劣势状态。发达国家中，各国竞争优势波动较差，美国曾在 1991 年具有显著竞争优势但迅速下降，其指数在 1991 年为 2.1，后在 2005 年下降至 0.3 并保持。爱尔兰在 2001~2014 年具有显著竞争优势，其指数基本保持在 2.0 附近。意大利近 5 年表现突出，其指数从 2016 年的 0.24 上涨至 2020 年的 6.1。英国在 2016 年前保持微弱的竞争优势，其指数基本保持在 1.0 附近，但 2016 年后竞争优势逐渐下降并转为竞争劣势。其他发展中国家基本保持竞争劣势或仅有微弱的竞争优势（见图 5-73 和图 5-74）。

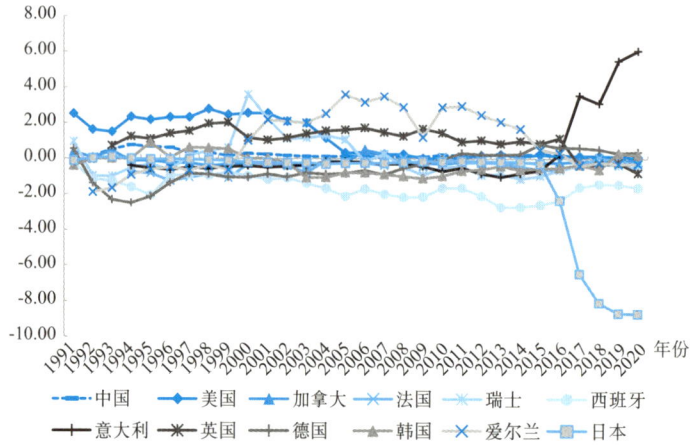

图 5-73　中国与发达国家其他烟草制品制造显示性竞争优势指数比较

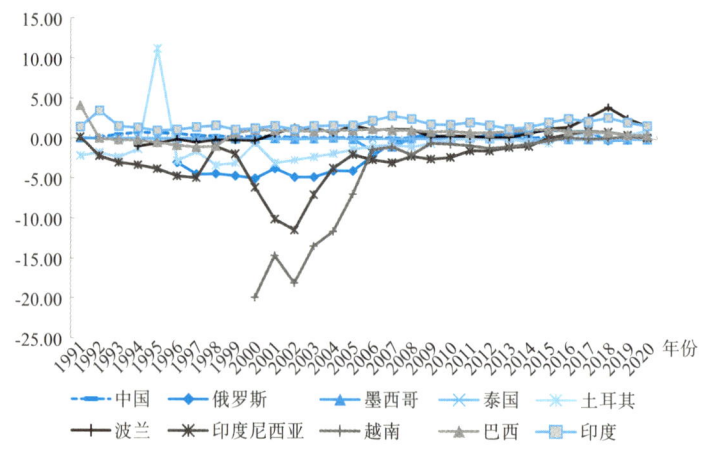

图 5-74　中国与发展中国家其他烟草制品制造显示性竞争优势指数比较

5. 中国、印度、土耳其等发展中国家纺织业竞争优势逐年上升，优势显著

从行业大类看，发展中国家的中国、印度、土耳其表现突出。其中印度呈平缓下降趋势，其指数从1992年的5.3逐渐下降至2020年的2.4；土耳其发展较为平缓，其指数基本保持在3.0附近；中国呈显著的上升趋势，其指数从1997年的-0.6上升至2020年的2.9。印度尼西亚的竞争优势逐渐下降，其指数从1991年的1.4逐渐下降至2020年的-1.6。其他发展中国家基本保持竞争劣势状态。发达国家中，仅有意大利和韩国曾有显著竞争优势，但其竞争优势逐渐下降。其中韩国的竞争优势指数从1991年的3.1逐渐下降至2020年的0.1；意大利的竞争优势指数从1994年的1.0逐渐下降至2020年的-0.37。其他发达国家则基本保持竞争劣势状态（见图5-75和图5-76）。

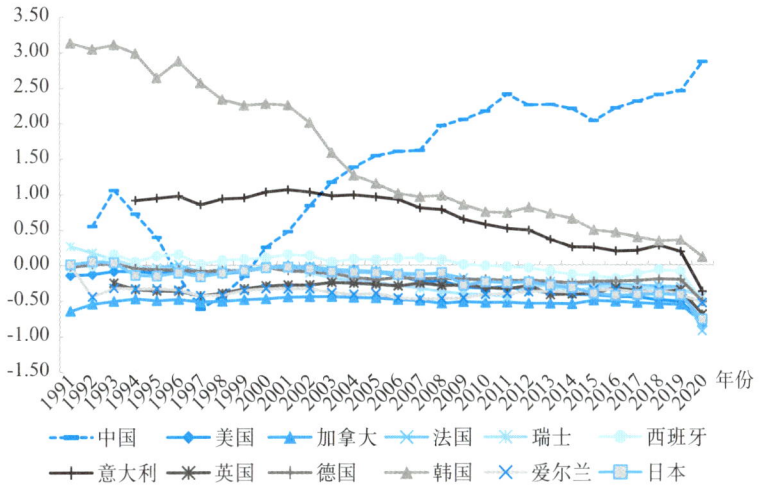

图5-75 中国与发达国家纺织业显示性竞争优势指数比较

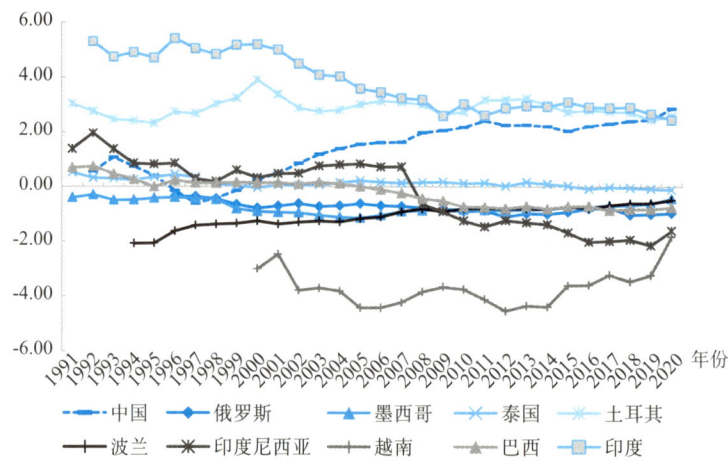

图 5-76　中国与发展中国家纺织业显示性竞争优势指数比较

从行业中类、小类看，几十年来各国竞争优势的变化呈现以下特点。

（1）印度的棉纺织及印染精加工优势明显。印度的棉纺织及印染精加工优势突出，其指数基本保持在 5.0 以上。中国、土耳其和泰国在该领域也一直保持竞争优势，但其竞争优势指数基本保持在 2.0 以下。其他发展中国家基本保持竞争劣势状态。发达国家中，近 10 年只有美国一直保持竞争优势，波兰、西班牙、瑞士的竞争优势逐年下降，在近 10 年逐渐转为竞争劣势。其他发达国家基本保持竞争劣势状态（见图 5-77 和图 5-78）。

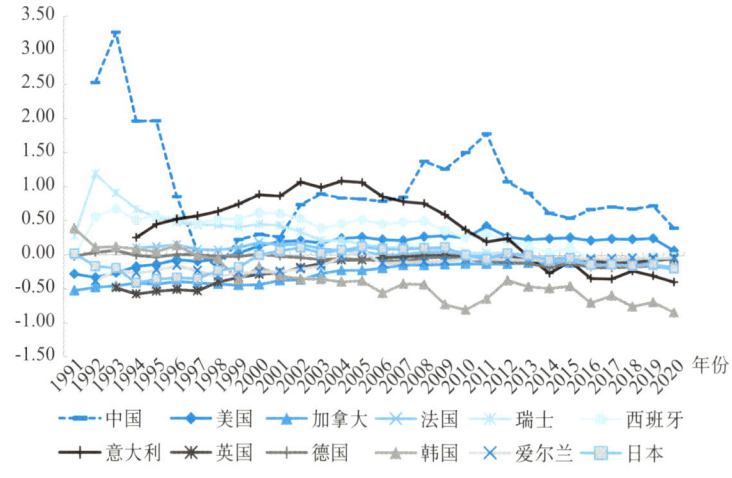

图 5-77　中国与发达国家棉纺织及印染精加工显示性竞争优势指数比较

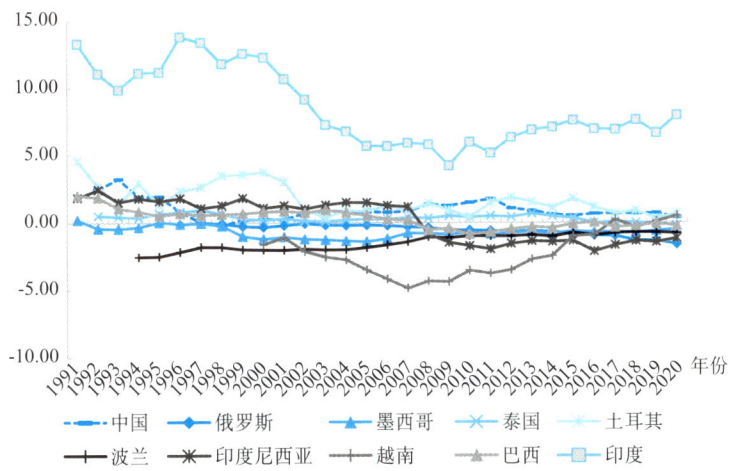

图 5-78 中国与发展中国家棉纺织及印染精加工显示性竞争优势指数比较

(2) 意大利的毛纺织及染整精加工优势突出。发展中国家中,仅有印度一直维持竞争优势,其指数基本保持在 0~1.0。中国、波兰的竞争优势呈上升趋势,其中中国的竞争优势指数从 1992 年的 0.2 上升至 2020 年的 0.6;波兰的竞争优势指数从 1994 年的 -3.5 上升至 2010 年的 0.7,后又逐渐下降至 2020 年的 0 附近。其他发展中国家基本保持竞争劣势地位。发达国家中,意大利优势突出,其竞争优势指数一直保持在 5.0 以上。英国的竞争优势一直较为平稳,其指数基本保持在 0~2.0。其他发达国家则基本处于竞争劣势地位(见图 5-79 和图 5-80)。

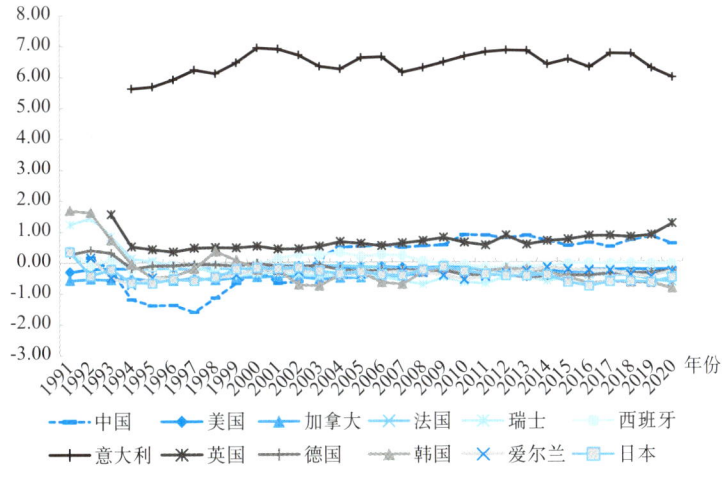

图 5-79 中国与发达国家毛纺织及染整精加工显示性竞争优势指数比较

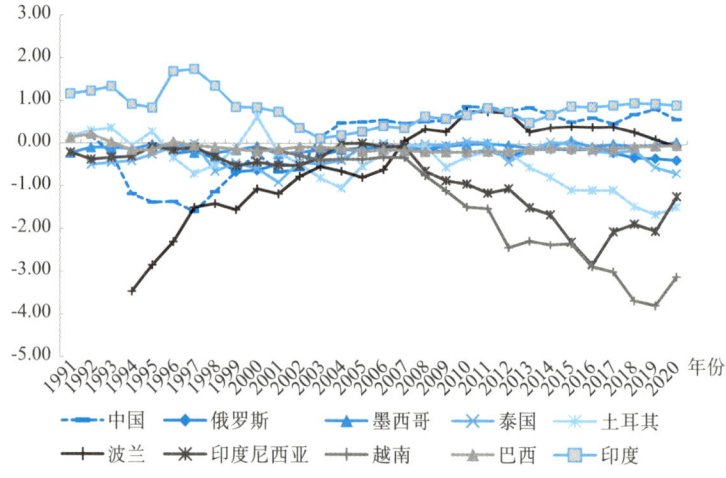

图 5-80 中国与发展中国家毛纺织及染整精加工显示性竞争优势指数比较

(3) 印度、中国的麻纺织及染整精加工业优势迅速提高且优势突出。发展中国家中,印度的竞争优势突出但呈下降趋势,其竞争优势指数从1991年的20.0下降至2020年的0.5,仅保持微弱的竞争优势。中国的竞争优势则一直发展较为平稳,其指数基本保持在1.0~5.0。其他发展中国家则基本保持竞争劣势或仅有微弱的竞争优势。发达国家中,仅有意大利一直保持竞争优势地位,其指数基本保持在0~3.0。其他发达国家则基本保持竞争劣势地位(见图5-81和图5-82)。

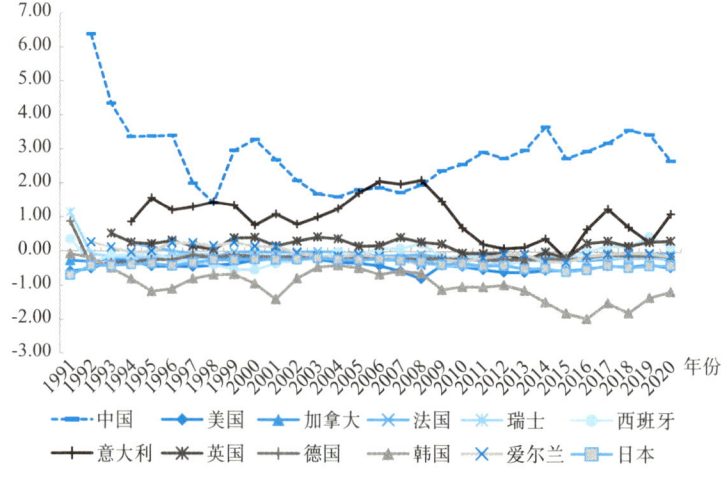

图 5-81 中国与发达国家麻纺织及染整精加工业显示性竞争优势指数比较

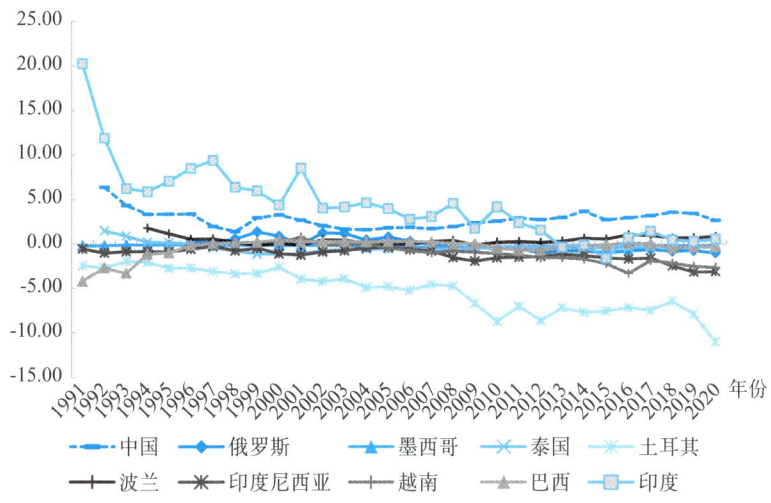

图 5-82 中国与发展中国家麻纺织及染整精加工业显示性竞争优势指数比较

（4）印度、中国等发展中国家的丝绢纺织及精加工业优势明显。发展中国家中，印度、中国、越南、巴西等优势明显。其中印度的竞争优势先上升后下降，其指数自 1994 年的 5.28 上升至 2000 年的 16.9，后逐渐下降至 2020 年的 2.6。中国的竞争优势呈平稳下降的态势，其指数从 1992 年的 8.6 下降至 2020 年的 2.6，但竞争优势一直较为突出。越南竞争优势波动情况较中国更大，其指数从 2001 年的 7.2 下降至 2020 年的 1.0，并在 2006 年和 2014 年分别出现竞争劣势。巴西的竞争优势也呈现平稳下降的态势且稍低于中国，其指数从 1991 年的 3.5 逐渐下降至 2020 年的 1.4。其他发展中国家基本处于竞争劣势。发达国家中，仅有韩国和意大利曾处于竞争优势，但其优势均逐年下降直至消失。其中韩国的竞争优势指数从 1991 年的 7.1 逐渐下降，并在 1998 年转负；意大利的竞争优势指数从 1994 年的 1.7 逐渐下降，并在 2010 年转负。其他发达国家基本处于竞争劣势地位（见图 5-83 和图 5-84）。

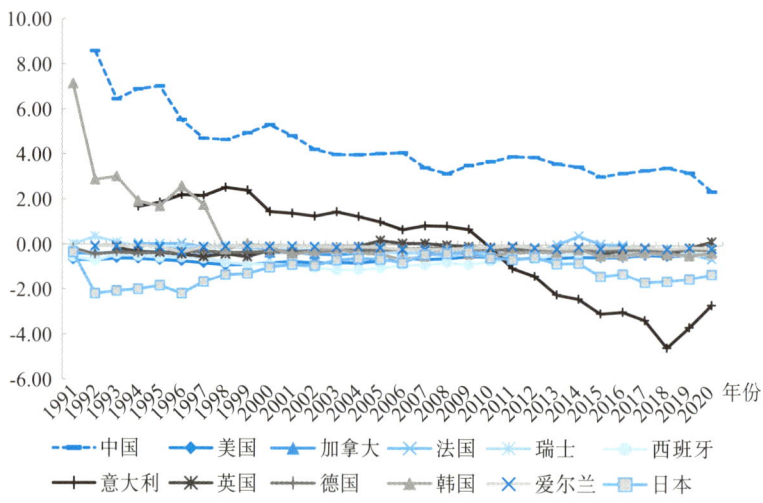

图5-83 中国与发达国家丝绸纺织及印染精加工显示性竞争优势指数比较

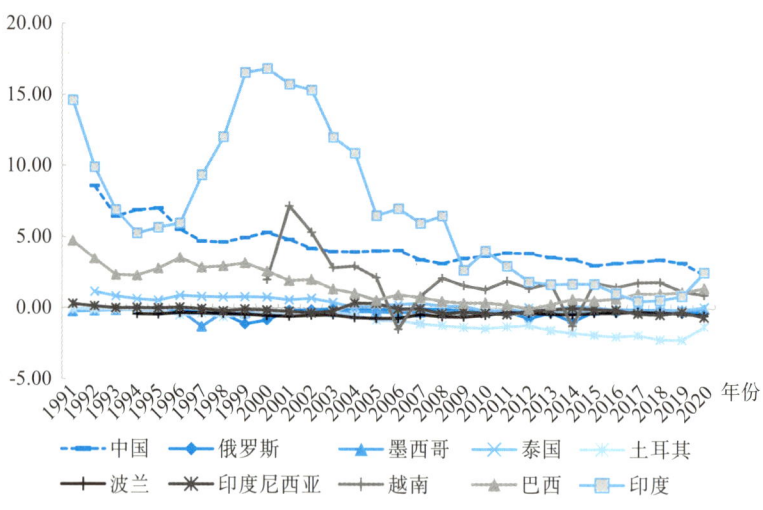

图5-84 中国与发展中国家丝绸纺织及印染精加工显示性竞争优势指数比较

(5) 韩国的化纤织及印染精加工优势明显。发展中国家中，印度、土耳其基本一直保持竞争优势地位，其中印度的竞争优势指数基本维持在2.0~4.0；土耳其的竞争优势指数基本维持在0~2.0。中国的竞争优势有明显上升的趋势，其指数从1992年的-6.6上升至2020年的3.0。而印度尼西亚的竞争优势则呈明显的下降态势，其指数从1991年的2.2下降至2020年的-5.0。其他发展中国家基本处于竞争劣势地位。发达国家中，韩国优势明显但总体呈下降趋势，其指数从1991年的9.2下降至2020年的1.2。其他发达国家基本保持微弱的竞争优势或竞争劣势地位（见图5-85和图5-86）。

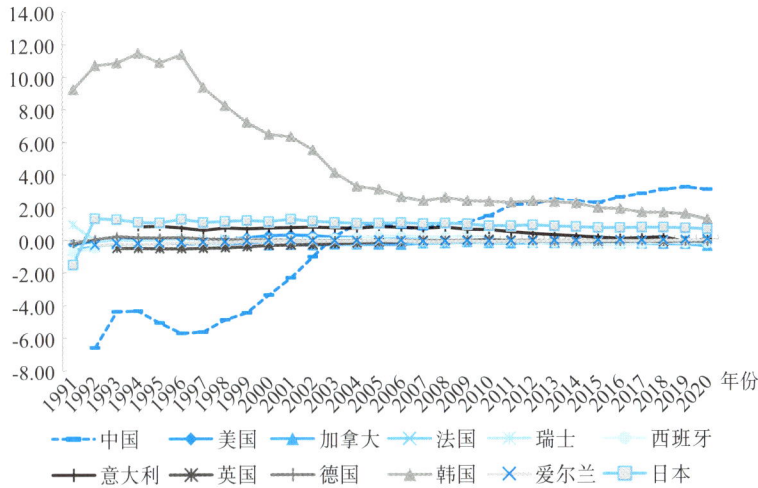

图5-85　中国与发达国家化纤织及印染精加工显示性竞争优势指数比较

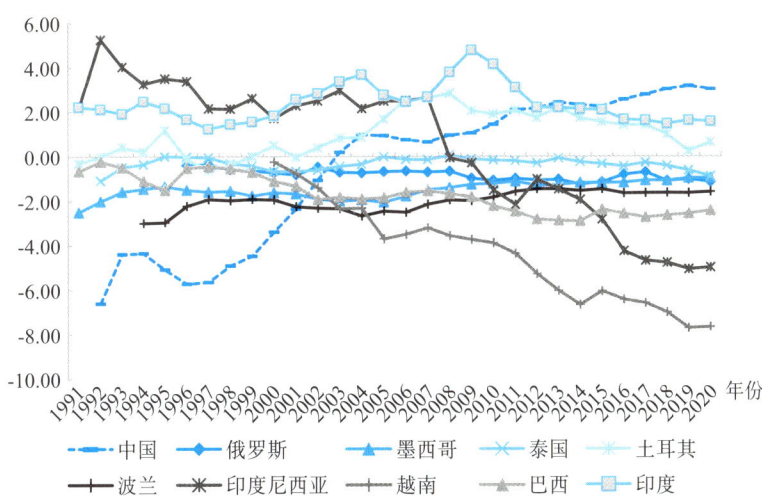

图5-86　中国与发展中国家化纤织及印染精加工显示性竞争优势指数比较

（6）韩国等发达国家在针织或钩针编织物及其制品制造业优势突出。近20年，发展中国家中只有土耳其和中国一直保持竞争优势。其中土耳其发展较为稳定，其指数基本保持在1.0～5.0；而中国的竞争优势则呈现明显的上升趋势，其指数从1992年的-1.0上升至2020年的3.0。其他发展中国家则基本处于竞争劣势地位。发达国家除加拿大、爱尔兰、瑞士外，基本均处于竞争优势地位。其中韩国的竞争优势格外突出，其竞争优势指数均处于2.0以上；其他发达国家竞争优势较弱，其指数基本处于0~1.0（见图5-87和图5-88）。

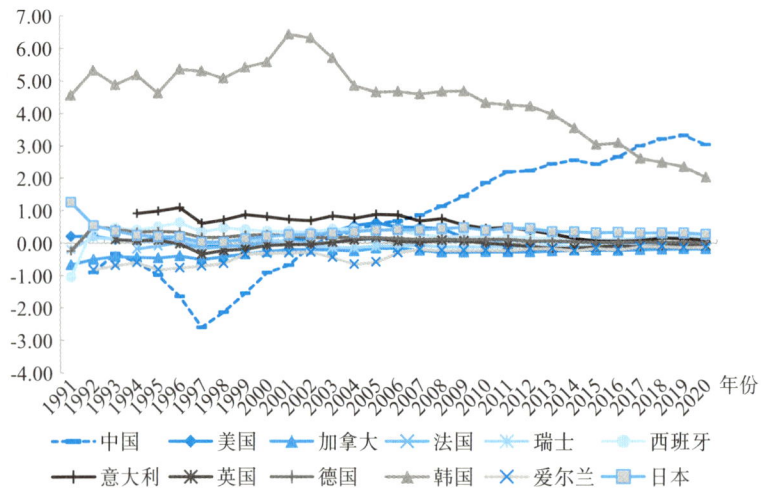

图5-87　中国与发达国家针织或钩针编织物及其制品制造显示性竞争优势指数比较

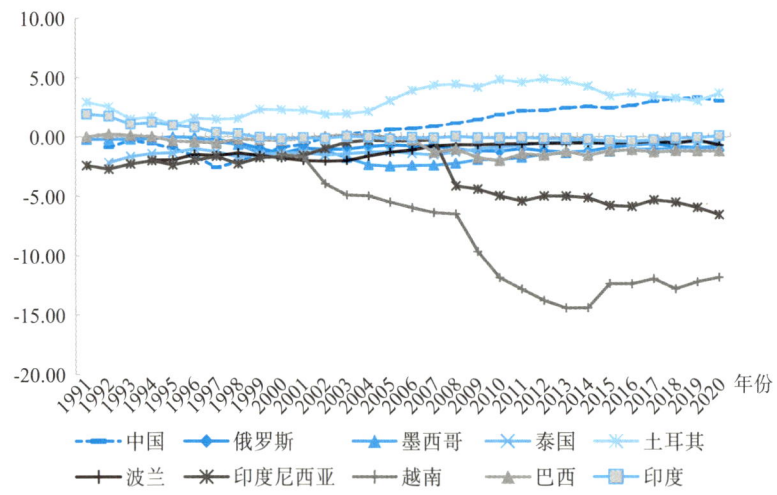

图5-88　中国与发展中国家针织或钩针编织物及其制品制造显示性竞争优势指数比较

(7) 土耳其、印度、中国等发展中国家的家用纺织制成品制造优势突出。虽然竞争优势有所下降，但土耳其是家用纺织制成品制造领域最具优势的发展中国家，其竞争指数一直保持在 4.0 以上。印度的竞争优势也呈下降趋势，其指数从 1991 年的 8.3 下降至 2020 年的 1.9。中国的竞争优势较为平稳，基本保持在 4.0 附近。其他发展中国家大多处于竞争劣势或具有微弱的竞争优势。发达国家仅有韩国在 2015 年前一直保持竞争优势，但其优势也在 2015 年后消失。其他发达国家基本保持竞争劣势地位（见图 5-89 和图 5-90）。

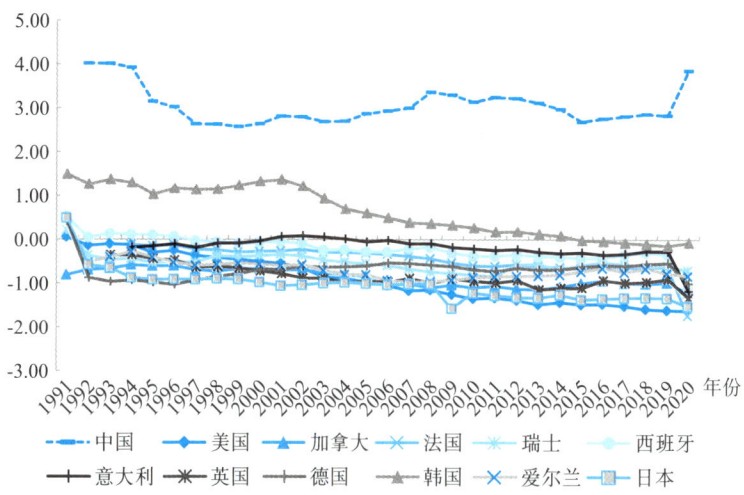

图 5-89 中国与发达国家家用纺织制成品制造业显示性竞争优势指数比较

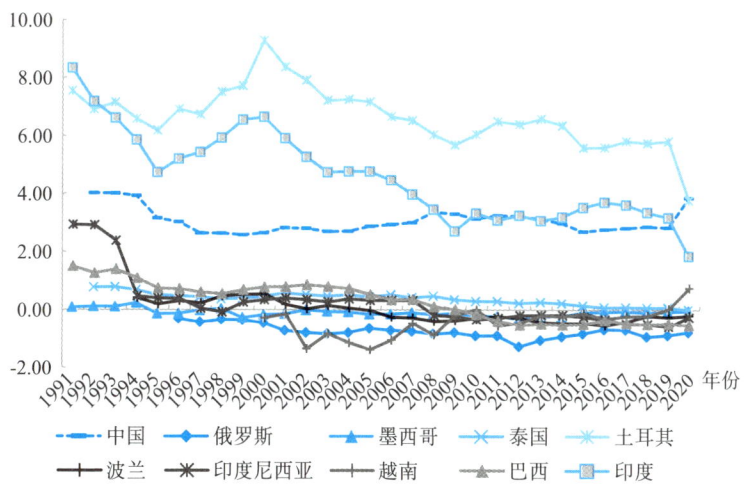

图 5-90 中国与发展中国家家用纺织制成品制造业显示性竞争优势指数比较

（8）中国、印度、土耳其等发展中国家的产业用纺织制成品制造竞争优势显著。发展中国家中，仅有中国、印度、土耳其一直保持显著的竞争优势。其中中国竞争优势呈上升态势，其指数从1992年的-0.6逐渐上升至2020年的2.0；印度和土耳其发展较为平稳，其指数基本处于2.0附近。波兰一直维持较为稳定的竞争优势，其指数基本保持在1.0附近。其他发展中国家则基本处于竞争劣势或仅有微弱的竞争优势。发达国家中，韩国曾具有显著的竞争优势，但竞争优势逐年下降，其指数从1991年的2.0下降至2020年的-0.5。其他发达国家大多处于竞争劣势地位或仅有微弱的竞争优势（见图5-91和图5-92）。

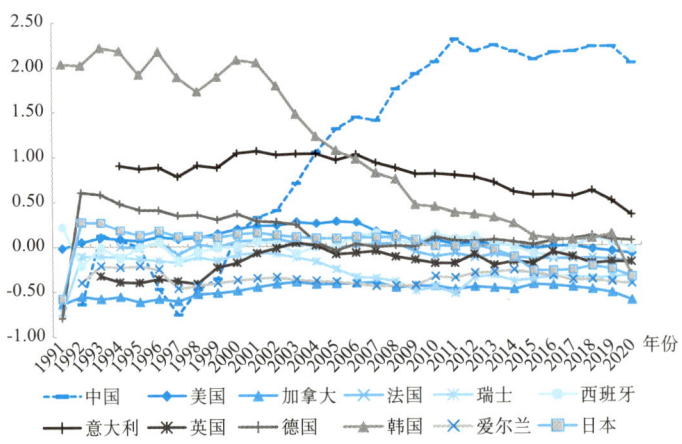

图5-91　中国与发达国家产业用纺织制成品制造显示性竞争优势指数比较

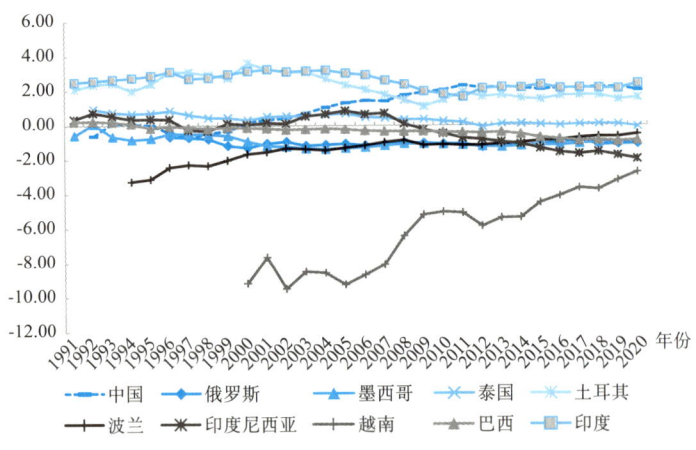

图5-92　中国与发展中国家产业用纺织制成品制造显示性竞争优势指数比较

6. 越南、中国等发展中国家的皮革、毛皮、羽毛及其制品和制鞋业竞争优势显著

从行业大类看，发展中国家在皮革、毛皮、羽毛及其制品和制鞋业的竞争优势普遍呈下降态势，但大多数发展中国家处于竞争优势地位。其中，越南优势最为显著，其竞争优势指数基本保持在 6.0 以上。中国、印度、巴西、泰国、印度尼西亚等国家趋势相近，其指数在 1991 年基本为 3.0～4.0，逐渐下降至 2020 年的 2.0 以下。波兰、墨西哥和俄罗斯则基本保持竞争劣势地位。发达国家中，只有意大利一直保持竞争优势地位，其指数基本位于 2.0 附近。韩国和西班牙曾具有显著竞争优势，但其优势逐渐下降并转为竞争劣势。其中韩国的竞争优势指数在 1991 年为 7.2，逐渐下降至 2020 年的 -1.1；西班牙的竞争优势指数在 1991 年为 1.9，逐渐下降至 2020 年的 -0.1。其他发达国家基本保持竞争劣势地位（见图 5-93 和图 5-94）。

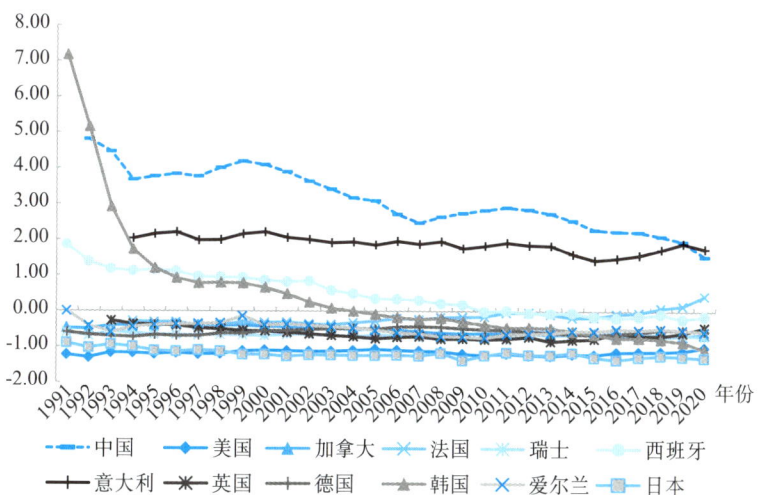

图 5-93　中国与发达国家皮革、毛皮、羽毛及其制品和制鞋业显示性竞争优势指数比较

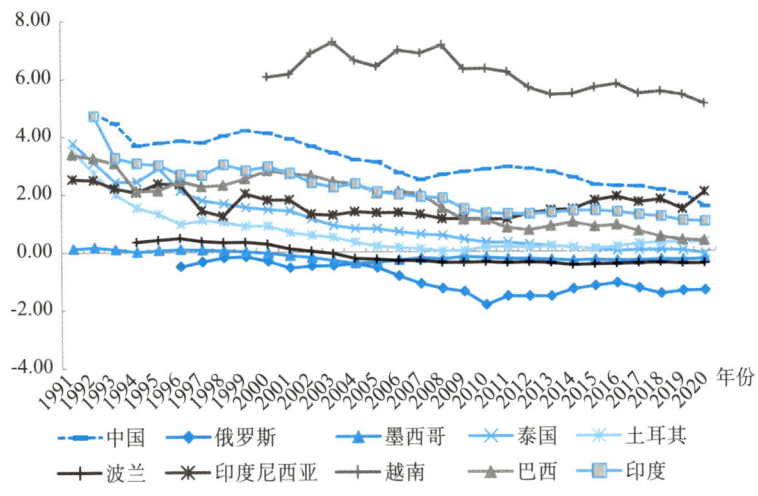

图 5-94 中国与发展中国家皮革、毛皮、羽毛及其制品和制鞋业显示性
竞争优势指数比较

从行业中类、小类看,几十年来各国竞争优势的变化呈现以下特点。

(1) 巴西、印度和意大利的皮革鞣制加工优势明显。发展中国家中,仅有巴西和印度持续保持竞争优势地位。其中巴西的竞争优势有上升趋势,其指数从1991年的1.5上升至2020年的6.8;而印度的竞争优势则呈下降态势,其指数从1991年的7.7下降至2020年的0.7。其他发展中国家则基本处于竞争劣势地位。发达国家中,意大利竞争优势突出且呈上升趋势,其指数从1994年的1.2上升至2020年的4.8。韩国的竞争优势呈下降态势,其指数从1992年的1.7下降至2020年的0.3。其他发达国家基本处于竞争劣势或仅具有微弱的竞争优势(见图5-95和图5-96)。

(2) 中国、印度、越南等发展中国家的皮革制品制造优势突出。发展中国家在皮革制品制造领域的竞争优势普遍呈下降趋势,但中国、印度、越南的竞争优势仍然较为突出。其中中国的竞争优势指数从1992年的7.6下降至2020年的1.5;印度的竞争优势指数从1991年的8.9逐年下降至2020年的1.5;越南的竞争优势变动不大,其指数基本保持在3.0附近。土耳其和泰国曾具有突出的竞争优势,其指数在1991年分别为12.6和3.9,但近5年其竞争优势不再。发达国家中,韩国的竞争优势曾非常突

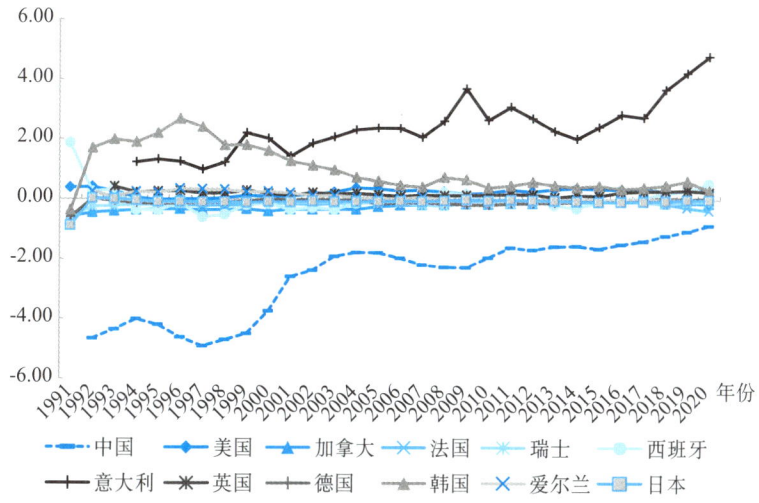

图 5-95　中国与发达国家皮革鞣制加工显示性竞争优势指数比较

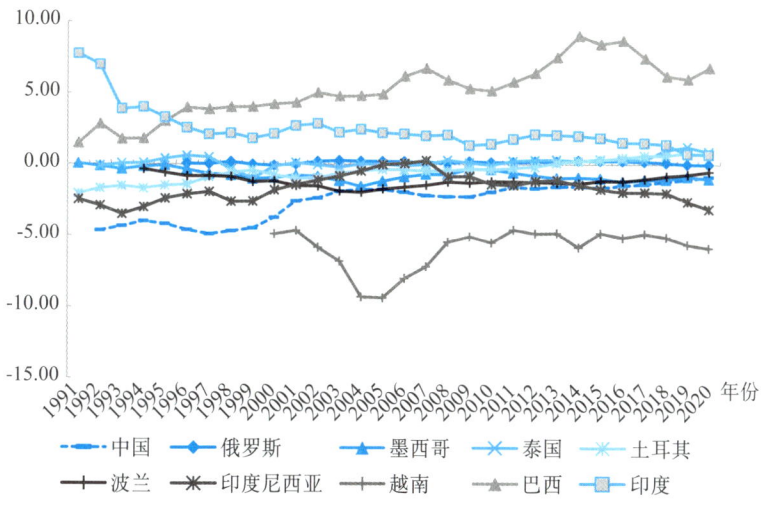

图 5-96　中国与发展中国家皮革鞣制加工显示性竞争优势指数比较

出，其指数在 1991 年高达 11.7，但其优势逐年下降，2002 年后优势不再。意大利和法国具有微弱的竞争优势，其竞争指数基本保持在 0~2.0。其他发达国家基本处于竞争劣势地位（见图 5-97 和图 5-98）。

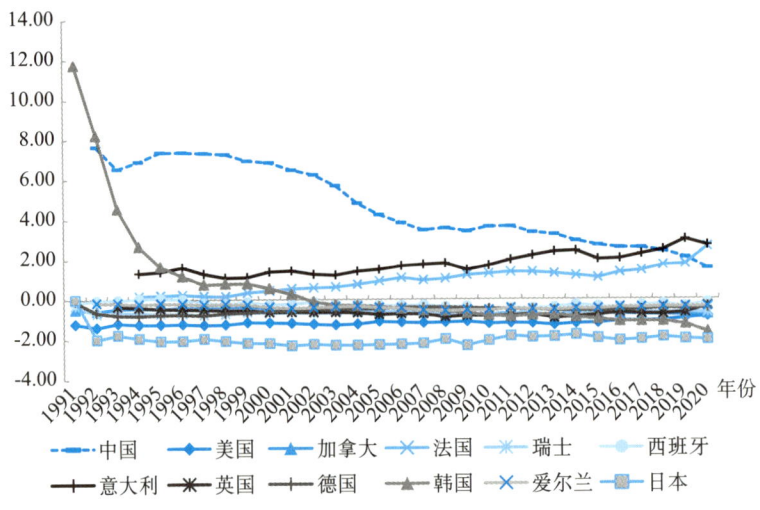

图 5-97　中国与发达国家皮革制品制造显示性竞争优势指数比较

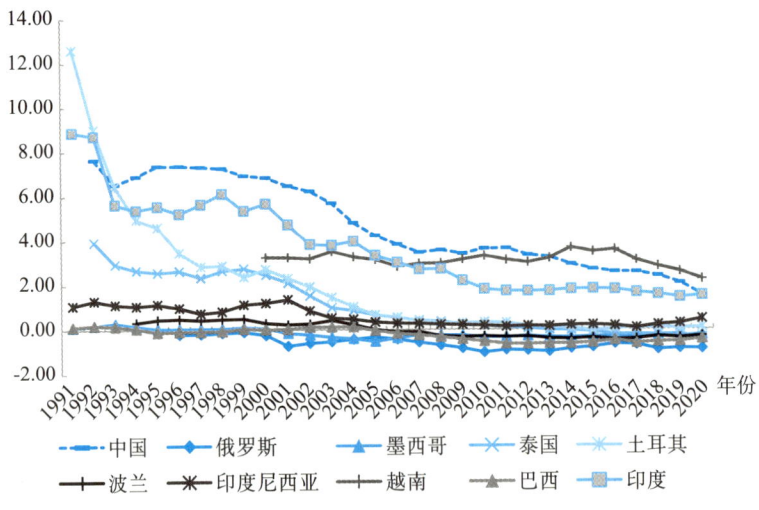

图 5-98　中国与发展中国家皮革制品制造显示性竞争优势指数比较

（3）土耳其、中国等发展中国家的毛皮鞣制及制品加工优势突出。发展中国家中，中国、土耳其优势突出，其竞争优势指数基本保持在 2.0 以上。波兰曾具有显著的竞争优势，但其优势逐年下降，近 5 年已经优势不再；与之相较，近 5 年泰国的竞争优势有所上升，其指数在近 5 年保持在 2.0 附近。其他发展中国家基本保持竞争劣势或仅有微弱的竞争优势。发达国家中，仅有西班牙一直保持竞争优势状态但却呈下降趋势，其指数从

1994年的4.2逐渐下降至2020年的0.2。意大利近20年具有微弱的竞争优势，其他发达国家则基本处于竞争劣势地位（见图5-99和图5-100）。

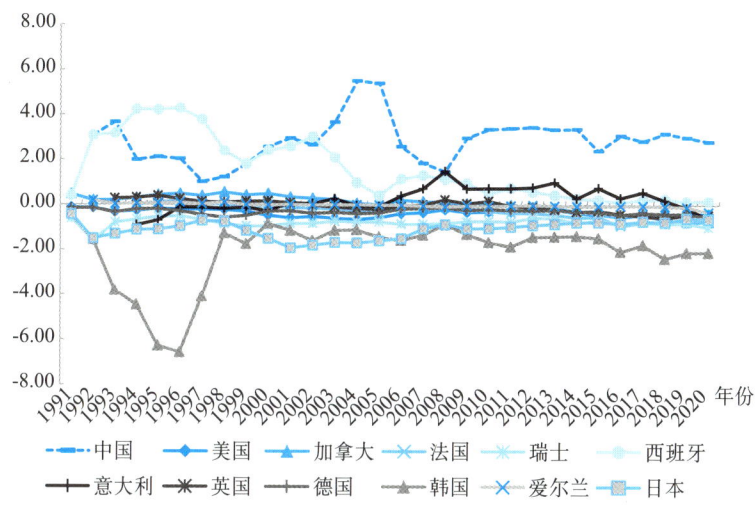

图5-99　中国与发达国家毛皮鞣制及制品加工业显示性竞争优势指数比较

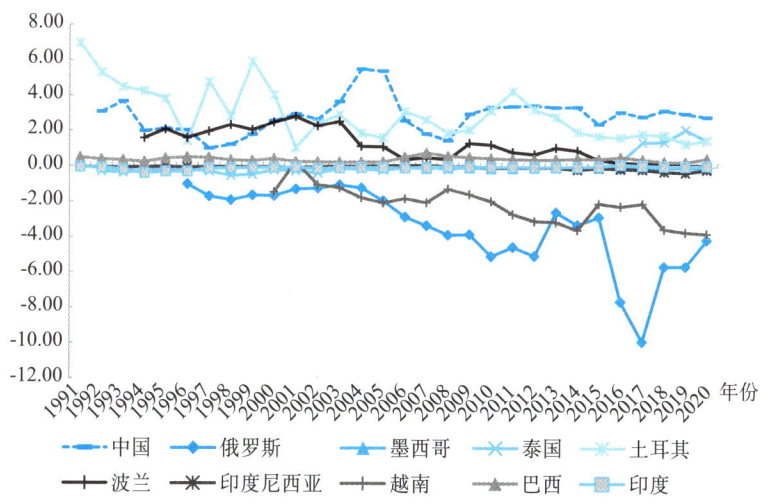

图5-100　中国与发展中国家毛皮鞣制及制品加工业显示性竞争优势指数比较

（4）中国在羽毛（绒）加工及制品制造业优势突出，越南的优势急剧下降。发展中国家中，中国的优势较为突出，其指数基本保持在3.0以上。越南在该领域曾具有非常突出的竞争优势，但优势剧烈下降。其指数曾在2000

年高达61.1，2007年后转负，至2020年已经下降至－19.5。发达国家中，近5年只有意大利在该领域具有微弱的竞争优势，其指数基本保持在1.0附近。其他发达国家则基本处于竞争劣势地位（见图5－101和图5－102）。

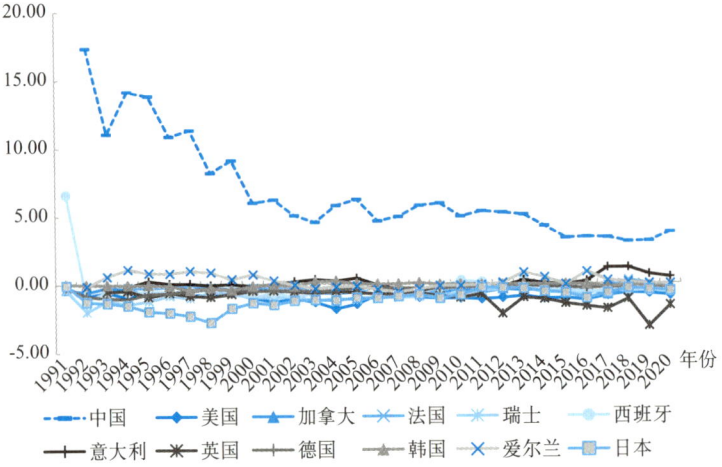

图5－101　中国与发达国家羽毛（绒）加工及制品制造业显示性竞争优势指数比较

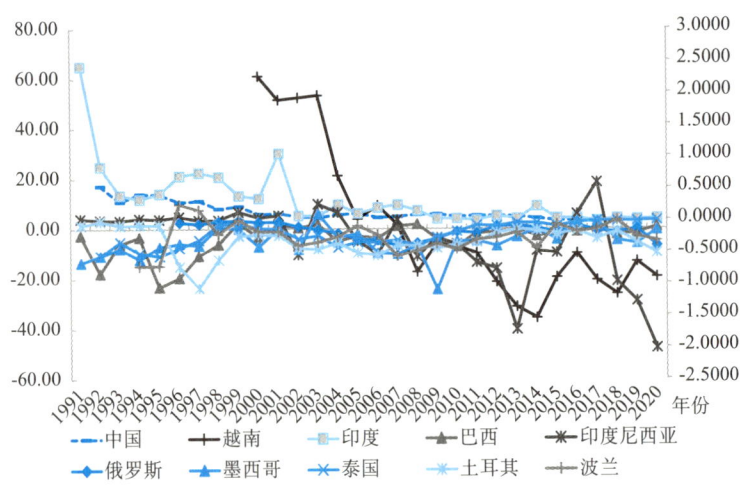

图5－102　中国与发展中国家羽毛（绒）加工及制品制造业显示性竞争优势指数比较

（5）越南、中国等发展中国家的制鞋业优势明显。发展中国家中，越南优势突出，其指数基本保持在8.0以上。中国、印度尼西亚优势也较为明显，其指数基本保持在2.0以上。泰国、巴西的竞争优势呈明显的下降趋势，近5年其竞争优势指数已经下降到1.0以下，仅保有微弱的竞争优势。其他发展中国家基本保持微弱的竞争优势或处于竞争劣势状态。发达国家中,只有西班牙和意大利在较长时间内保持竞争优势地位。其中意大利的竞争指数从1994年的2.7平稳下降至2020年的1.0;西班牙的竞争指数则从1992年的2.1平稳下降至2020年的-0.2。韩国曾在该领域具有突出竞争优势,其指数在1991年高达7.4,但其竞争优势指数迅速下降,在2003年后转负。其他发达国家均处于竞争劣势地位(见图5-103和图5-104)。

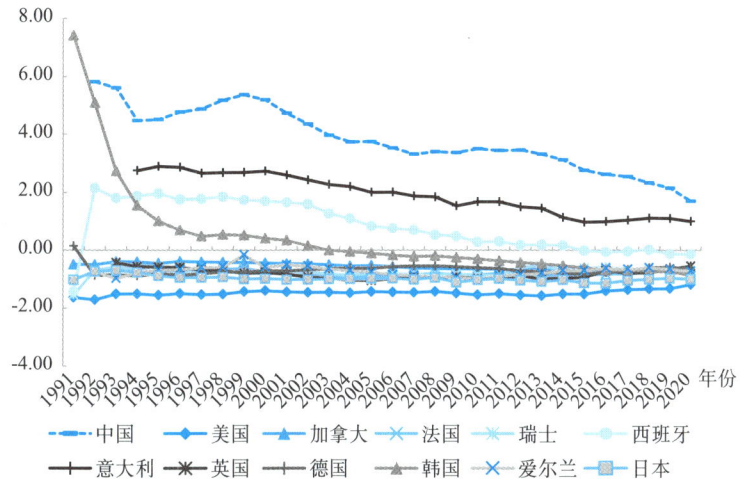

图5-103 中国与发达国家制鞋业显示性竞争优势指数比较

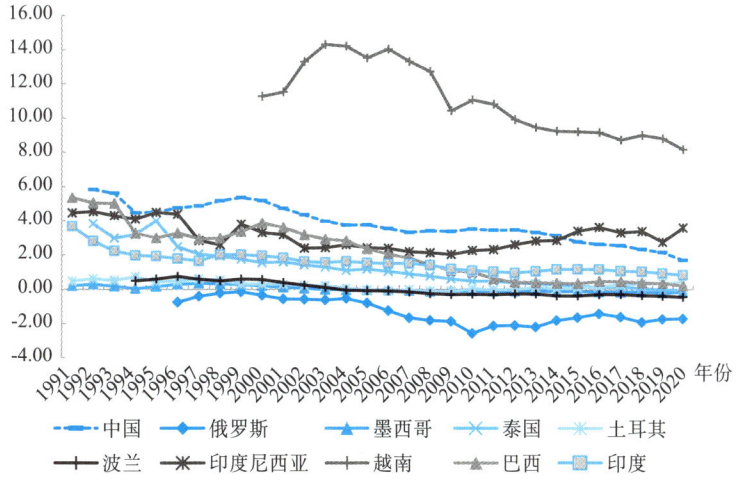

图5-104 中国与发展中国家制鞋业显示性竞争优势指数比较

7. 加拿大、印度尼西亚的木材加工和木、竹、藤、棕、草制品业竞争优势较强

从行业大类看，发展中国家中，印度尼西亚的竞争优势虽有下降，但仍然突出。其指数从1991年的10.0逐渐下降至2007年的2.6，随后基本保持在2.0~3.0。巴西、波兰、俄罗斯、泰国等发展中国家也一直保持竞争优势地位，但其优势较印度尼西亚相对较弱。发达国家中，加拿大优势突出，其竞争优势指数基本保持在3.0附近。其他发达国家则基本处于竞争劣势地位（见图5-105和图5-106）。

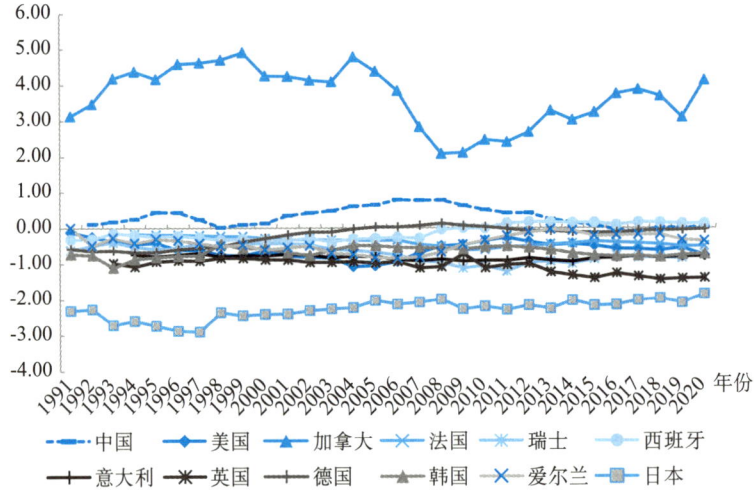

图5-105 中国与发达国家木材加工和木、竹、藤、棕、草制品业显示性竞争优势指数比较

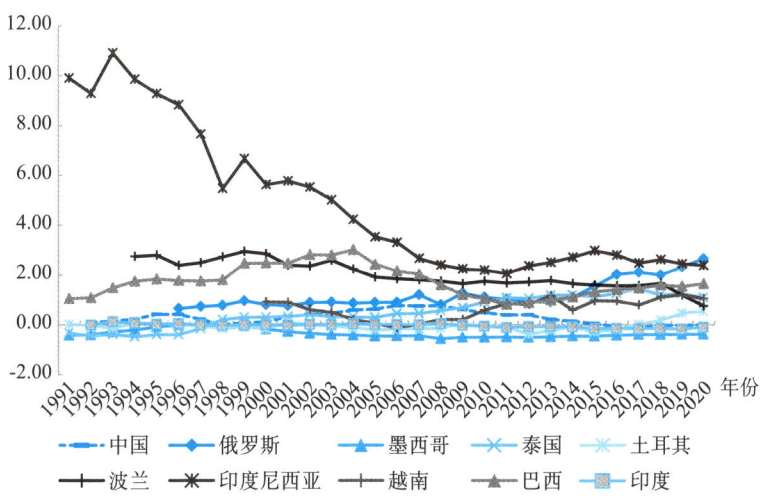

图5-106 中国与发展中国家木材加工和木、竹、藤、棕、草制品业显示性
竞争优势指数比较

从行业中类、小类看,几十年来各国竞争优势的变化呈现以下特点。

(1) 发展中国家的俄罗斯和发达国家中的加拿大在木材加工领域竞争优势突出。发展中国家中,俄罗斯竞争优势突出且在平稳提高,其指数从1996年的1.2逐渐上升至2020年的5.0。巴西在木材加工领域的竞争优势基本稳定保持在1.0~3.0。泰国、越南近10年竞争优势上升明显,其指数分别在2008年、2009年由负转正,并在2020年上升到1.2附近。其他发展中国家则基本处于竞争劣势或具有微弱的竞争优势。发达国家中,只有加拿大一直保持竞争优势,且优势十分突出,其竞争优势指数基本保持在4.0以上。其他发达国家则基本处于竞争劣势地位(见图5-107和图5-108)。

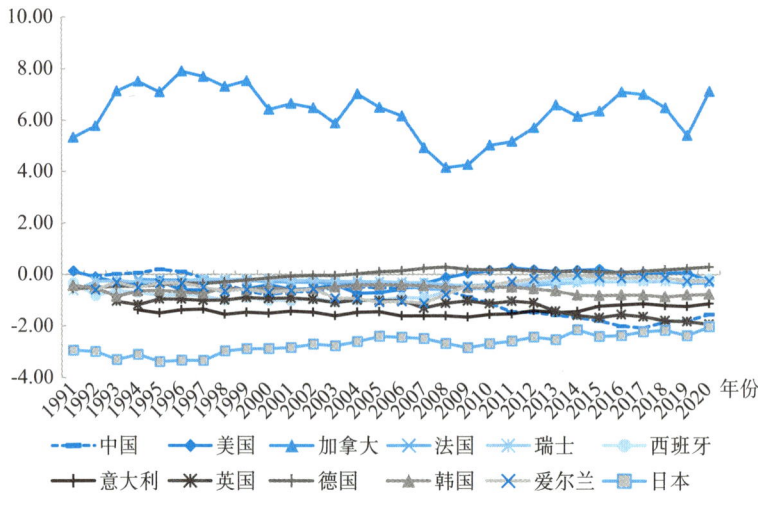

图 5-107 中国与发达国家木材加工业显示性竞争优势指数比较

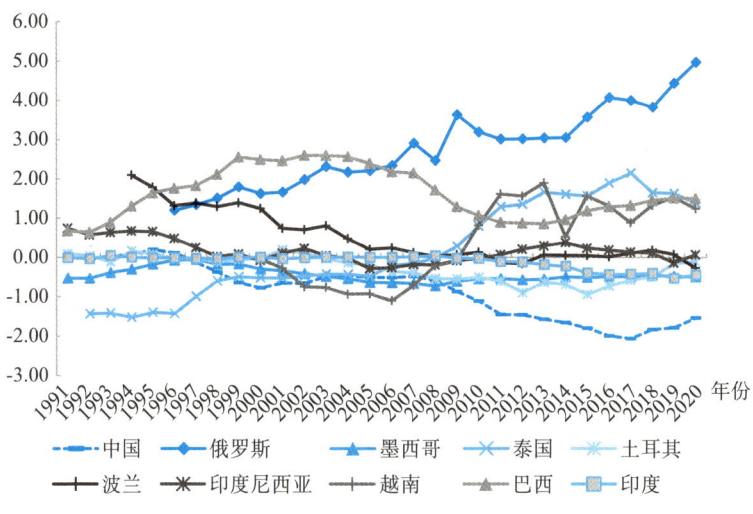

图 5-108 中国与发展中国家木材加工业显示性竞争优势指数比较

(2) 印度尼西亚和巴西的人造板制造竞争优势突出。印度尼西亚的人造板制造优势虽然呈下降趋势,但仍十分突出。其竞争优势指数从1991年的30.6逐渐下降至2007年的5.0后基本保持稳定。巴西、波兰、泰国等发展中国家也保持一定的竞争优势,但其优势指数基本保持在3.0以下。发达国家中,只有西班牙和俄罗斯在该领域一直保持竞争优势地位,但其优势较巴西均较弱,其指数基本保持在3.0以下(见图5-109和图5-110)。

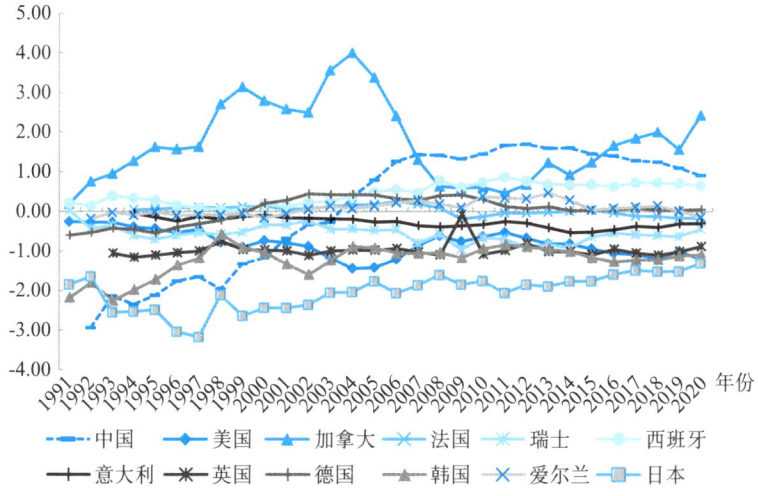

图 5-109　中国与发达国家人造板制造显示性竞争优势指数比较

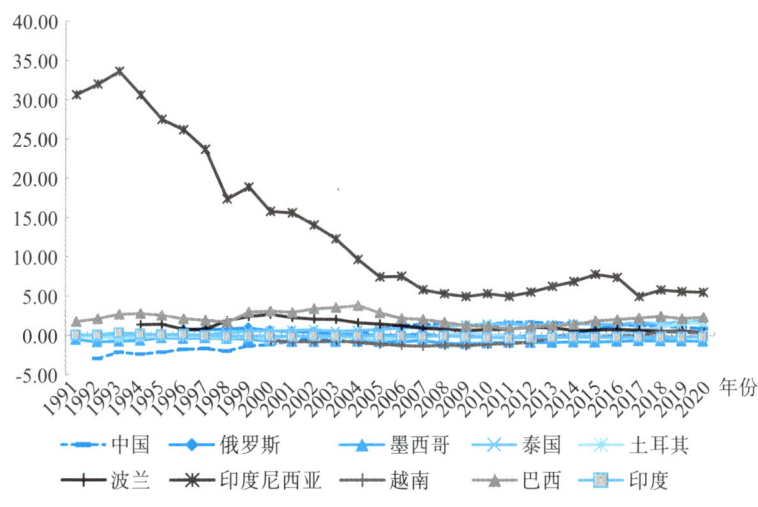

图 5-110　中国与发展中国家人造板制造竞争优势指数比较

（3）波兰、印度尼西亚等发展中国家的木质制品制造竞争优势突出。波兰、印度尼西亚的木质制品制造优势突出，其指数基本保持在2.0以上。巴西、中国、泰国等发展中国家具有显著优势，其指数基本保持在1.0~3.0。除俄罗斯外，其他发展中国家基本均保持竞争优势地位。发达国家中，只有加拿大一直保持竞争优势地位，其竞争优势基本与中国相当。西班牙也基本保持微弱的竞争优势，其他发达国家则基本处于竞争劣势地位

（见图5-111和图5-112）。

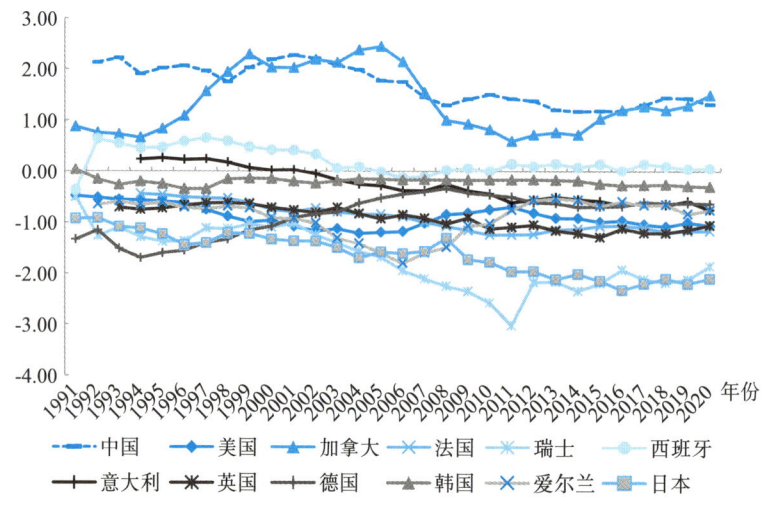

图5-111　中国与发达国家木质制品制造显示性竞争优势指数比较

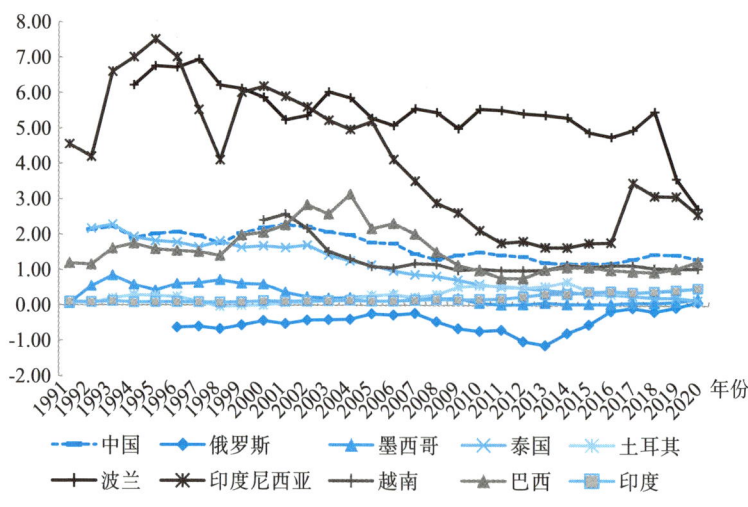

图5-112　中国与发展中国家木质制品制造显示性竞争优势指数比较

（4）越南、中国等发展中国家的竹、藤、棕、草等制品制造竞争优势突出。越南、中国、印度尼西亚的竞争优势虽有下降但仍十分突出。其中，越南优势最为突出，其竞争优势指数从2000年的25.2下降至2020年的6.1；中国的竞争优势指数从1992年的20.0下降至2020年的3.9；印度尼西亚的竞争优势指数从 1991 年的 22.3 下降至 1993 年的 4.7 后基本保持稳定。其他发展中国家也基本处于竞争优势地位。发达国家则基本均处于竞争劣势地位（见图 5-113 和图 5-114）。

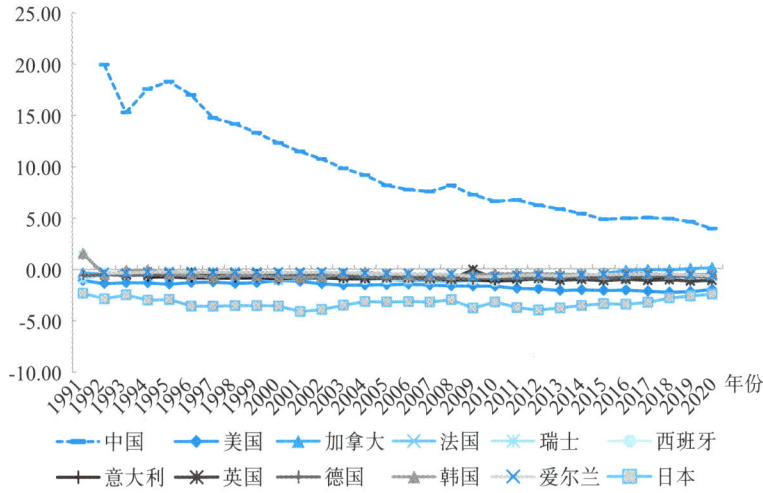

图 5-113　中国与发达国家竹、藤、棕、草等制品制造显示性竞争优势指数比较

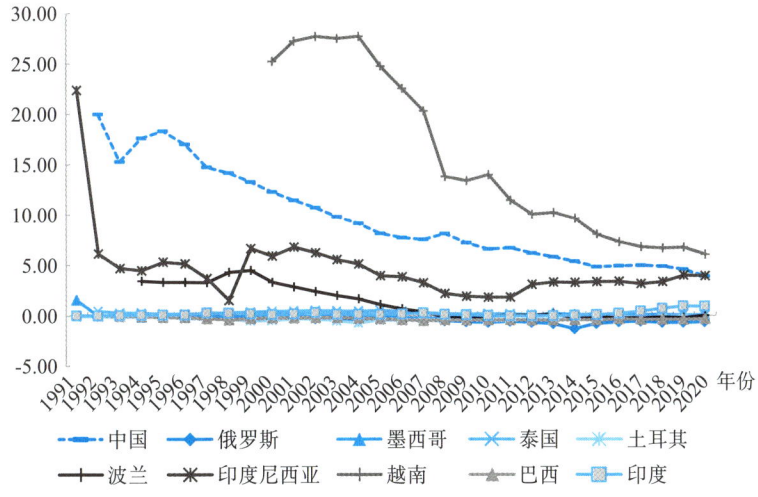

图 5-114　中国与发展中国家竹、藤、棕、草等制品制造竞争优势指数比较

8. 中国等发展中国家的家具制造业竞争优势较强

从行业大类看,除越南、波兰和俄罗斯,其他发展中国家均处于竞争优势地位。其中,中国优势突出且发展稳定,其指数基本保持在2.0附近。印度尼西亚和泰国优势有所下降,其指数从1991年的2.0附近下降到2020年的1.0以下。其他发展中国家基本维持微弱的竞争优势,其指数基本保持在0~1.0。发达国家中,只有意大利一直保持竞争优势,近10年其竞争优势指数基本保持在1.5附近。西班牙、加拿大曾具有微弱的竞争优势,但2006年后优势不再。其他发达国家均处于竞争劣势地位(见图5-115和图5-116)。

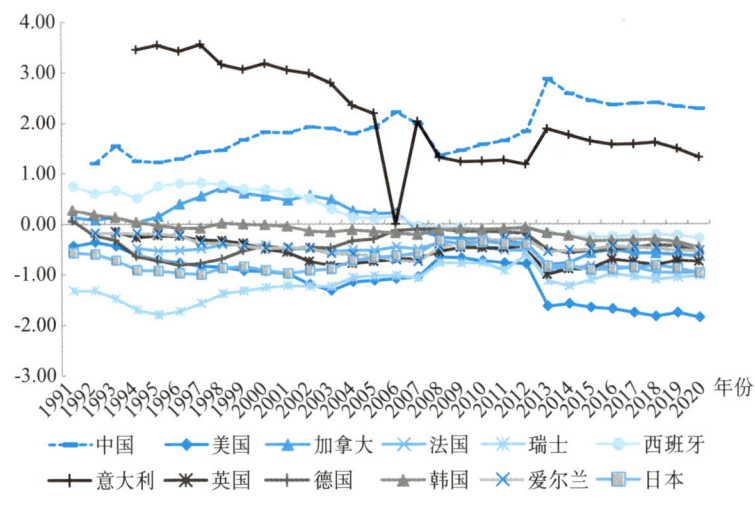

图5-115 中国与发达国家家具制造业显示性竞争优势指数比较

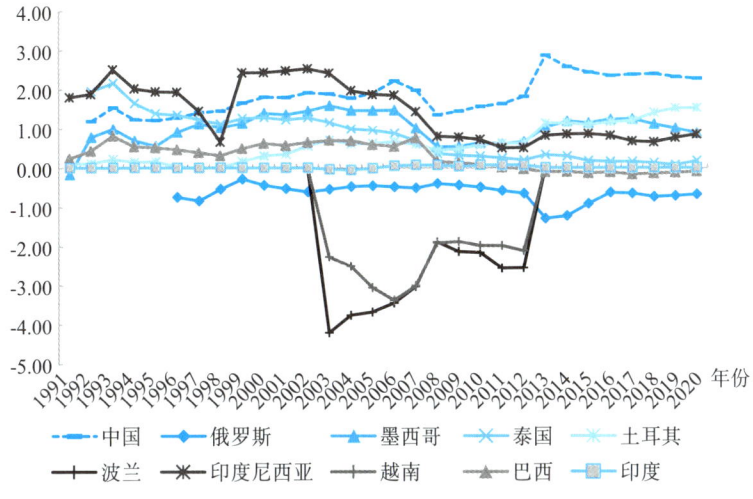

图 5–116　中国与发展中国家家具制造业显示性竞争优势指数比较

9. 印度尼西亚、巴西和加拿大的造纸及纸制品业竞争优势较强

从行业大类看，发展中国家近 20 年只有巴西和印度尼西亚一直保持竞争优势且优势不断提高。其中，巴西的竞争优势指数从 1991 年的 0.8 提高到 2020 年的 2.8；印度尼西亚的竞争优势指数从 1991 年的 –0.2 提高到 2020 年的 2.4。其他发展中国家基本处于竞争劣势地位。发达国家中，近 20 年仅有加拿大和美国一直处于竞争优势地位。其中加拿大优势突出但呈下降趋势，其指数从 1991 年的 3.2 逐渐降低到 2020 年的 1.1；美国的竞争优势则呈平稳上升趋势，其指数从 1991 年的 –1.3 提高到 2020 年的 0.5。其他发达国家则基本处于竞争劣势地位（见图 5–117 和图 5–118）。

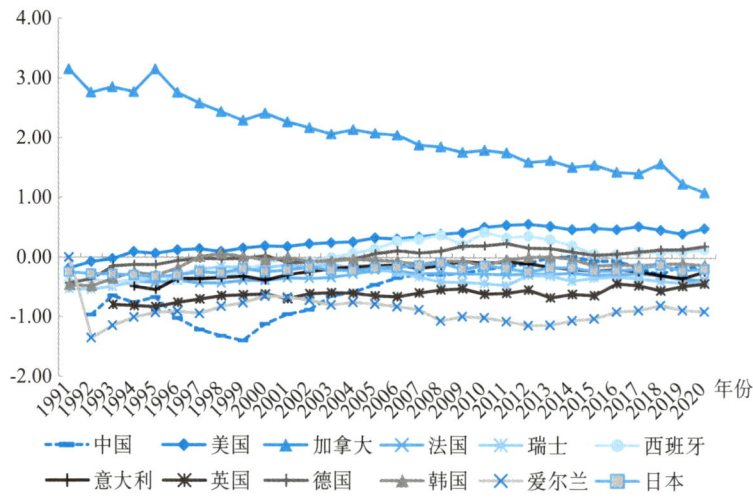

图 5-117　中国与发达国家造纸及纸制品业显示性竞争优势指数比较

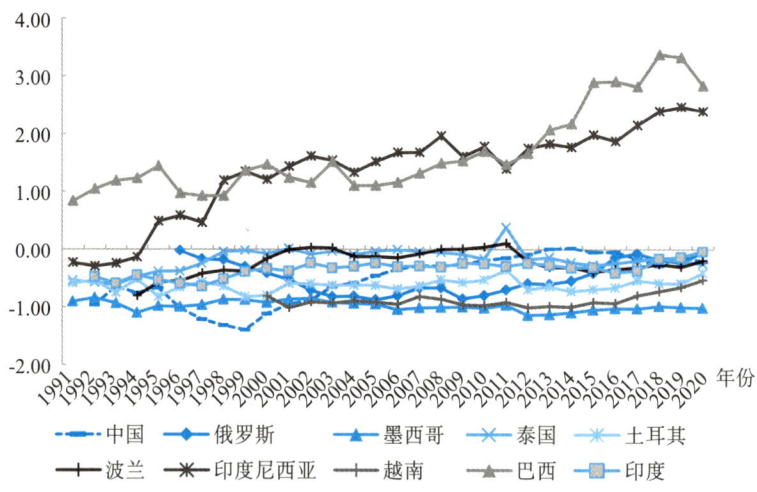

图 5-118　中国与发展中国家造纸及纸制品业显示性竞争优势指数比较

从行业中类、小类看,几十年来各国竞争优势的变化呈现以下特点。

(1) 巴西、印度尼西亚、加拿大的纸浆制造业竞争优势突出。发展中国家里,仅有巴西、印度尼西亚和俄罗斯一直处于竞争优势地位,且巴西和印度尼西亚的竞争优势呈上升趋势。其中,巴西的竞争优势指数从1991年的3.7逐渐提高至2020年的16.1;印度尼西亚的竞争优势指数从1991年的-0.7逐渐提高至2020年的6.0。俄罗斯的竞争优势则发展较为平稳,其指数基本保持在 1.0~2.0。发达国家中,加拿大优势突出,其指数基本一直保持在 5.0 以上。美国和西班牙在近 20 年基本一直保持着微弱的竞争优势,其指数基本处于 0~1.0。其他发达国家均处于竞争劣势地位(见图 5-119 和图 5-120)。

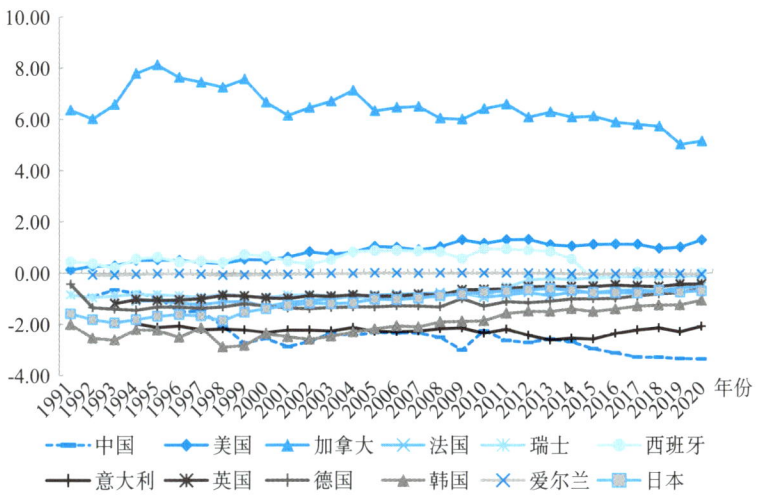

图 5-119　中国与发达国家的纸浆制造显示性竞争优势指数比较

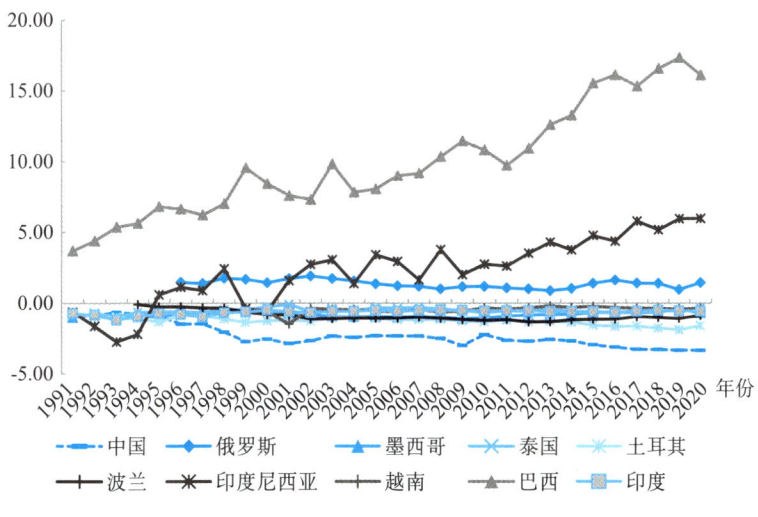

图 5-120　中国与发展中国家纸浆制造显示性竞争优势指数比较

(2)加拿大等发达国家的造纸业竞争优势突出。发展中国家中,仅有印度尼西亚和巴西基本一直保持竞争优势,其中巴西竞争优势较弱,竞争优势指数基本维持在 1.0 以下；印度尼西亚竞争优势则较为突出，近 10 年其指数基本保持在 2.0 以上。其他发展中国家基本处于竞争劣势地位。发达国家中，加拿大的竞争优势呈下降趋势但仍较为突出，其指数从 1991 年的 3.3 逐渐下降至 2020 年的 0.8。韩国、美国、德国、法国等发达国家在近 20 年也基本保持竞争优势地位，但优势较为微弱。意大利、英国等其他发达国家则处于竞争劣势地位（见图 5-121 和图 5-122）。

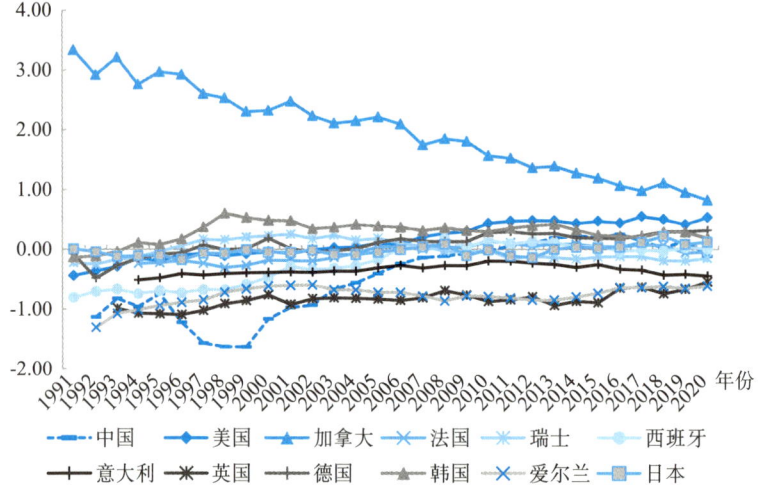

图 5-121　中国与发达国家造纸业显示性竞争优势指数比较

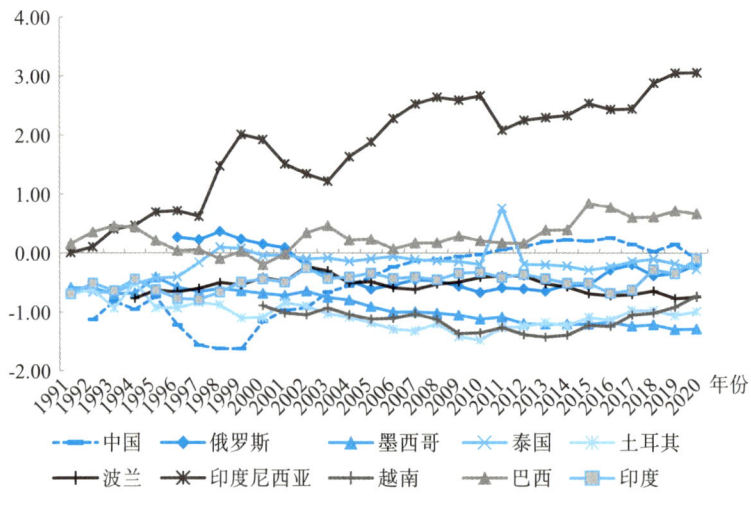

图 5-122　中国与发展中国家造纸业显示性竞争优势指数比较

(3) 意大利、波兰等国在纸制品制造业具有微弱的竞争优势。发达国家和发展中国家中均无国家具有突出的竞争优势,各国的竞争优势指数基本均处于 0~2.0。发展中国家中,波兰、土耳其和中国优势较高;发达国家中意大利的竞争优势相对较高(见图 5-123 和图 5-124)。

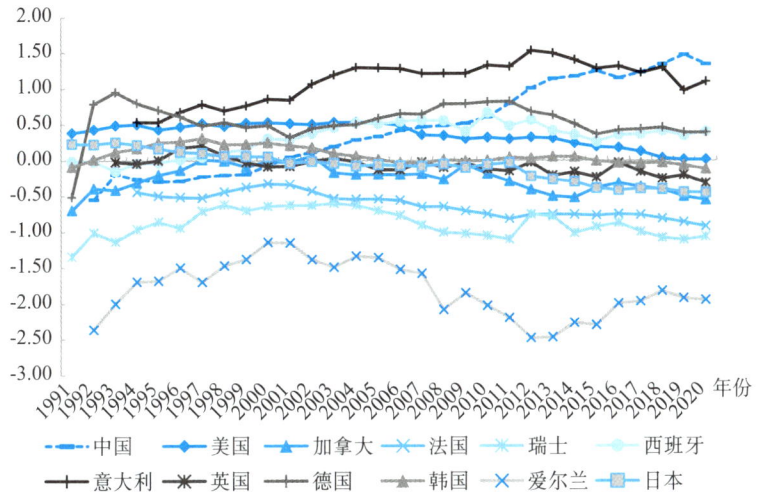

图 5-123 中国与发达国家纸制品制造业显示性竞争优势指数比较

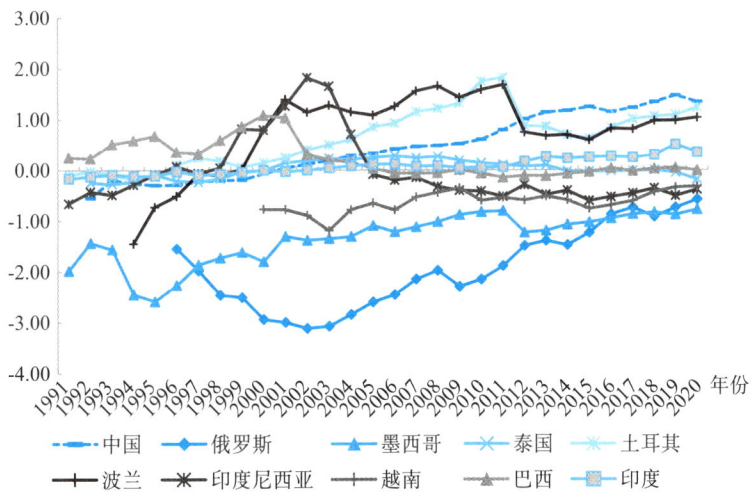

图 5-124 中国与发展中国家纸制品制造业显示性竞争优势指数比较

10. 波兰的印刷和记录媒介复制业竞争优势快速提高

从行业大类看,波兰的印刷和记录媒介复制业优势明显且快速提高,其指数从1994年的-1.7逐渐上升,在2002年由负转正,并在2020年达到2.9。发展中国家中,泰国曾在2006~2011年有过较强的竞争优势,其竞争优势指数在2011年高达5.6,但在其他年份基本处于竞争劣势地位。中国在该行业一直处于竞争优势地位,但优势较为微弱,仅为0.5左右。发达国家中,英国具有较显著竞争优势,其指数一直处于1.0以上。西班牙、意大利、德国、美国均一致处于竞争优势地位,但其优势较为微弱,其指数基本位于1.0以下。其他发达国家则基本处于竞争劣势地位(见图5-125和图5-126)。

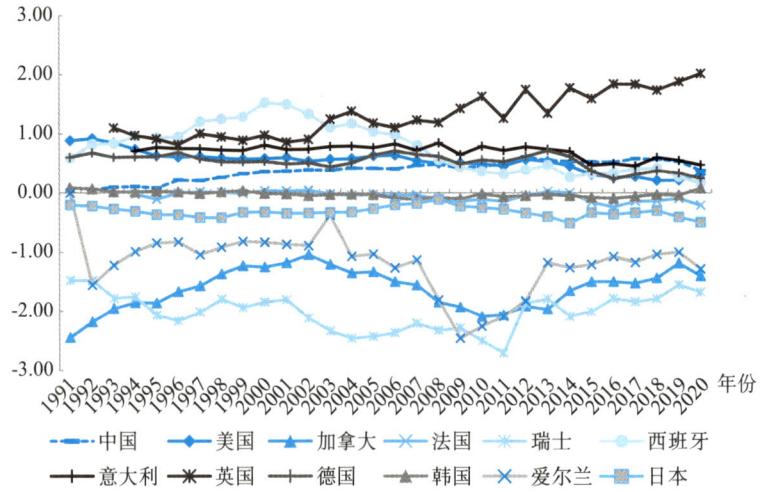

图5-125 中国与发达国家印刷和记录媒介复制业显示性竞争优势指数比较

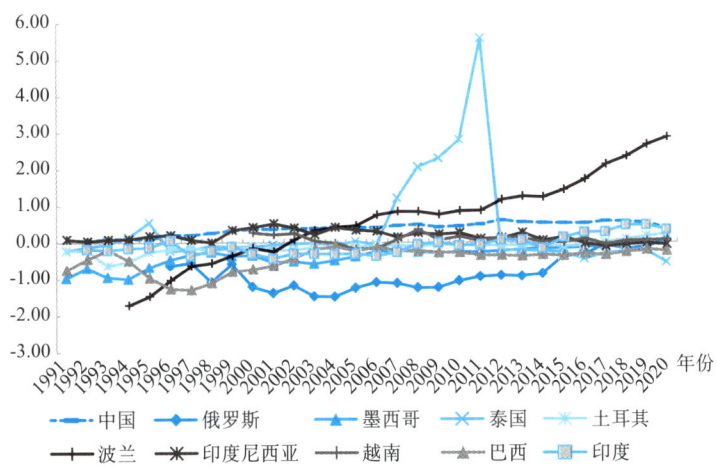

图 5-126　中国与发展中国家印刷和记录媒介复制业显示性竞争优势指数比较

11. 中国、印度的文教、工美、体育和娱乐用品制造业竞争优势较强

从行业大类看，中国、印度等发展中国家的文教、工美、体育和娱乐用品制造业优势突出，其竞争优势指数基本保持在 2.0 以上。泰国、土耳其、印度尼西亚、越南等发展中国家也保持着竞争优势地位，但其竞争优势较为微弱。发达国家中，只有意大利一直保持竞争优势地位，其竞争优势指数保持在 0 ~ 2.0。其他发达国家则大多处于竞争劣势地位（见图 5-127 和图 5-128）。

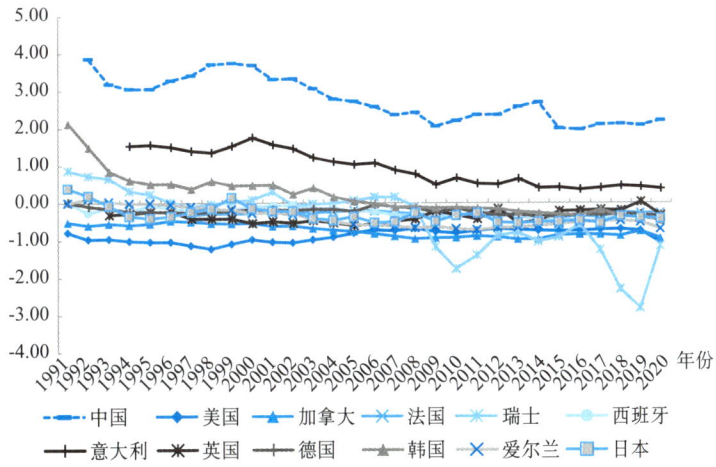

图 5-127　中国与发达国家文教、工美、体育和娱乐用品制造业显示性竞争优势指数比较

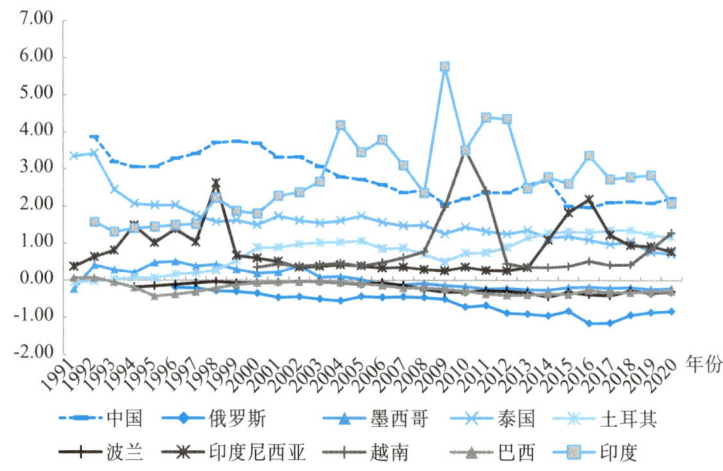

图 5-128　中国与发展中国家文教、工美、体育和娱乐用品制造业显示性竞争
优势指数比较

从行业中类、小类看,几十年来各国竞争优势的变化呈现以下特点。

(1) 中国、日本的文教办公用品制造业竞争优势突出。中国和日本在文教办公用品制造业领域竞争优势突出,且两国竞争优势相当,其指数基本处于 1.0~2.0。发展中国家中,只有中国和印度一直保持竞争优势状态,但印度竞争优势较弱,其指数一直维持在 1.0 以下。发达国家中,韩国、瑞士、法国、德国基本一直维持微弱的竞争优势,其他发达国家则处于竞争劣势地位(见图 5-129 和图 5-130)。

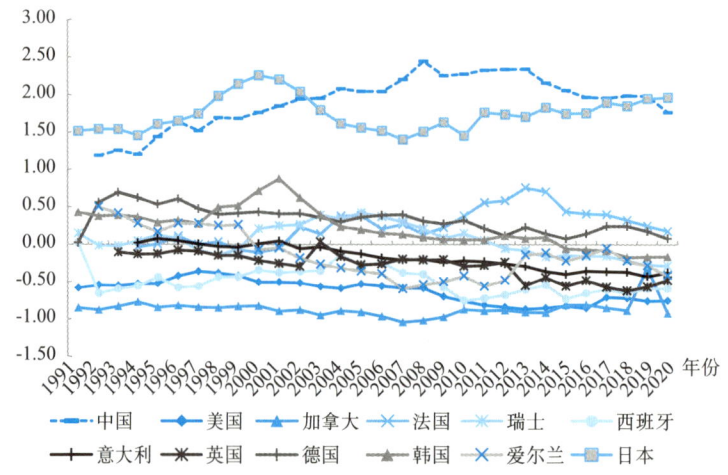

图 5-129　中国与发达国家文教办公用品制造业显示性竞争优势指数比较

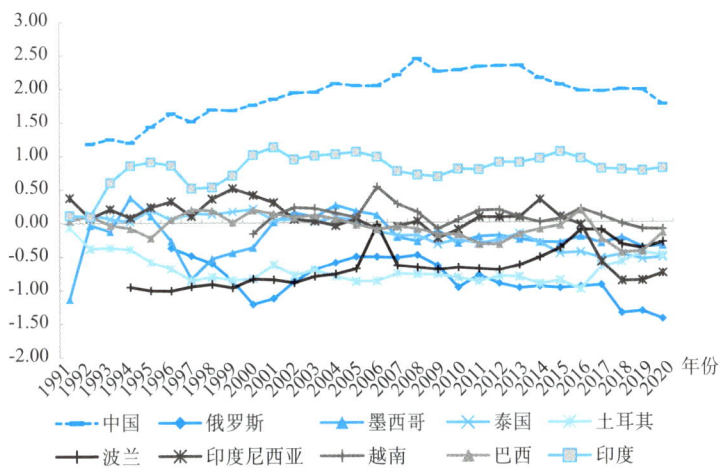

图 5-130　中国与发展中国家文教办公用品制造业显示性竞争优势指数比较

（2）印度尼西亚的乐器制造竞争优势最强。发展中国家中，印度尼西亚优势突出，其竞争优势指数在近20年基本保持在4.0以上。中国也一直保持竞争优势地位，但优势相对较弱，其指数基本保持在1.0~2.0。其他发展中国家基本保持竞争劣势地位或仅有微弱的竞争优势。发达国家中，日本和韩国曾有较强竞争优势，但其优势迅速降低。其中，韩国的竞争优势指数在1991年为2.4，但在2020年降至-0.4；日本的竞争优势指数在1991年为2.4，在2020年降至0.5。其他发达国家则基本处于竞争劣势地位（见图5-131和图5-132）。

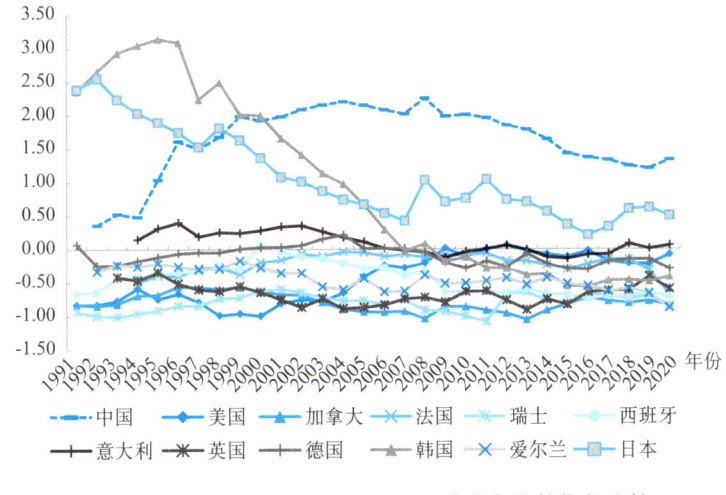

图 5-131　中国与发达国家乐器制造竞争优势指数比较

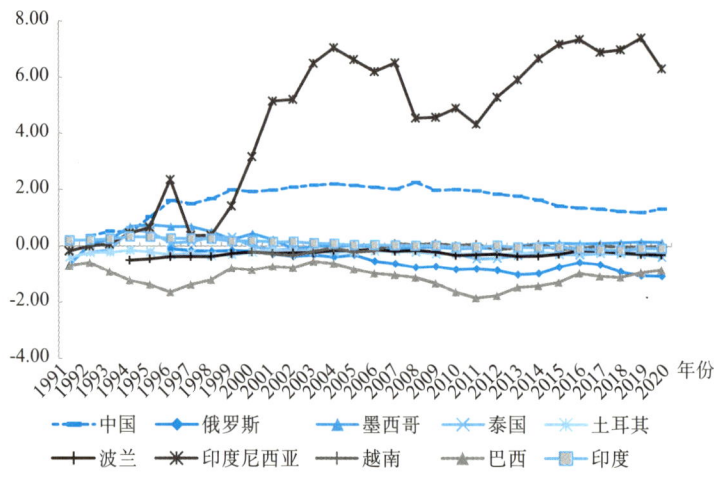

图 5-132 中国与发展中国家乐器制造显示性竞争优势指数比较

（3）印度等发展中国家的工艺美术及礼仪用品制造竞争优势突出。发展中国家中，印度优势突出，其竞争优势指数基本保持在 4.0 以上。泰国和土耳其近 20 年优势相当，其指数基本维持在 2.0~4.0。其他发展中国家基本均维持微弱的竞争优势。发达国家中，只有意大利一直保持竞争优势地位，但其优势有所下降，其竞争优势指数从 1994 年的 4.5 下降至 2020 年的 1.6。韩国在 2006 年前有微弱的竞争优势，但其优势已不再。其他发达国家则基本处于竞争劣势地位（见图 5-133 和图 5-134）。

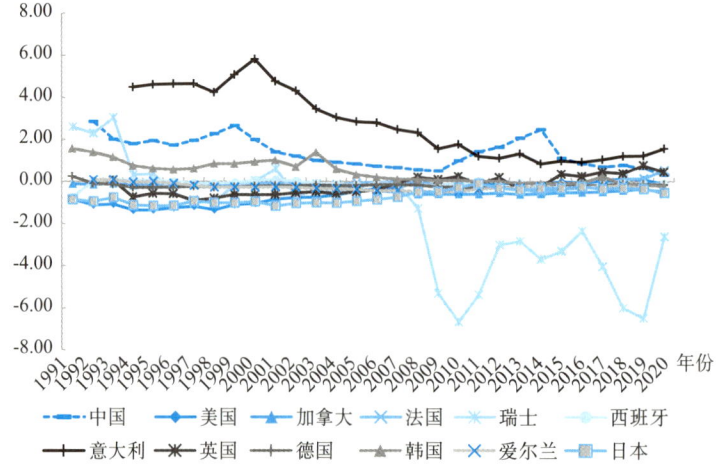

图 5-133 中国与发达国家工艺美术及礼仪用品制造显示性竞争优势指数比较

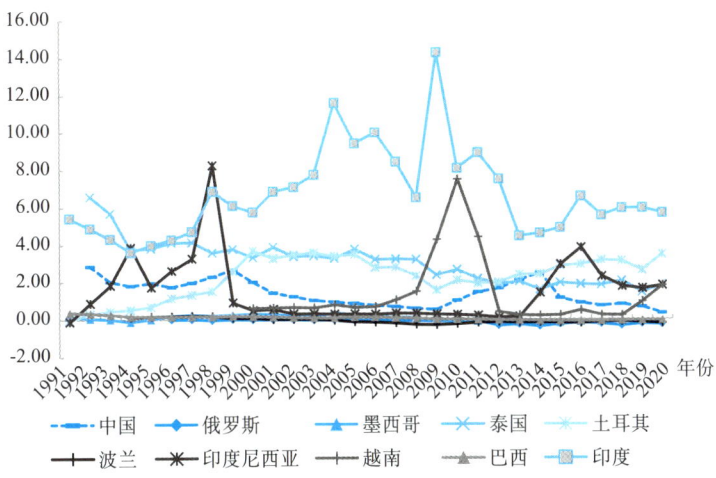

图 5-134　中国与发展中国家工艺美术及礼仪用品制造显示性竞争优势指数比较

（4）中国的体育用品制造竞争优势最强。发展中国家中，中国的体育用品制造优势突出，其指数基本保持在 2.5 以上。泰国、越南近 10 年优势相当，其指数基本保持在 1.0 附近。其他发展中国家则基本处于竞争劣势地位。发达国家中，只有意大利一直维持竞争优势地位，但其优势较为微弱，其指数基本保持在 0.5 附近。韩国曾经具有显著的竞争优势，但其优势迅速下降直至消失，其指数从 1991 年的 3.7 下降至 2020 年的 -1.0。其他发达国家则基本处于竞争劣势地位（见图 5-135 和图 5-136）。

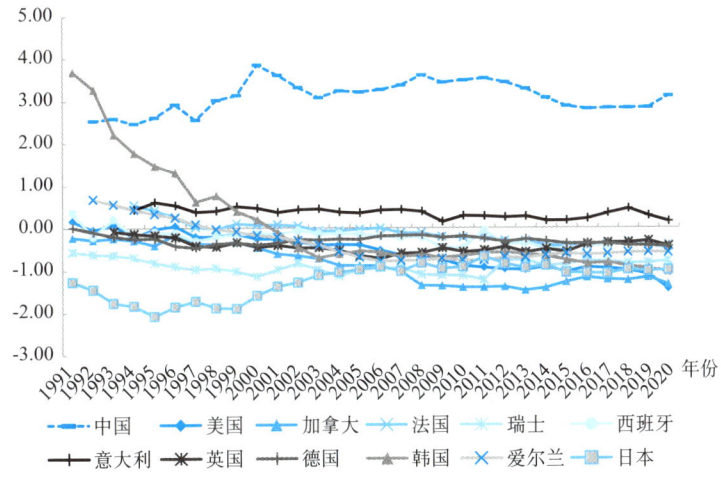

图 5-135　中国与发达国家体育用品制造竞争优势指数比较

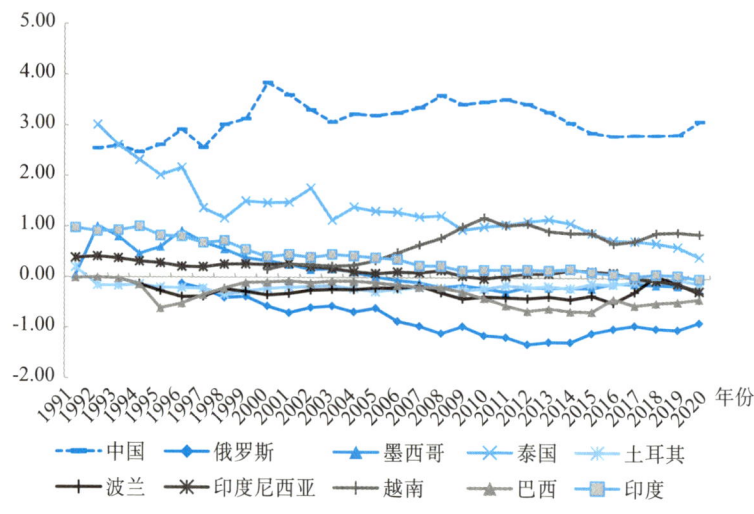

图 5-136　中国与发展中国家体育用品制造显示性竞争优势指数比较

（5）中国等发展中国家的玩具制造业竞争优势突出。发展中国家中，中国优势突出，其竞争优势指数基本保持在 3.0 以上。越南、泰国、印度尼西亚近 10 年维持微弱的竞争优势，其他发展中国家基本处于竞争劣势或仅有微弱的竞争优势。发达国家则基本处于竞争劣势地位。只有韩国曾具有显著的竞争优势，但其优势迅速下降，并在 1995 年后转为竞争劣势。其指数从 1991 年的 4.7 下降至 2020 年的 -0.5（见图 5-137 和图 5-138）。

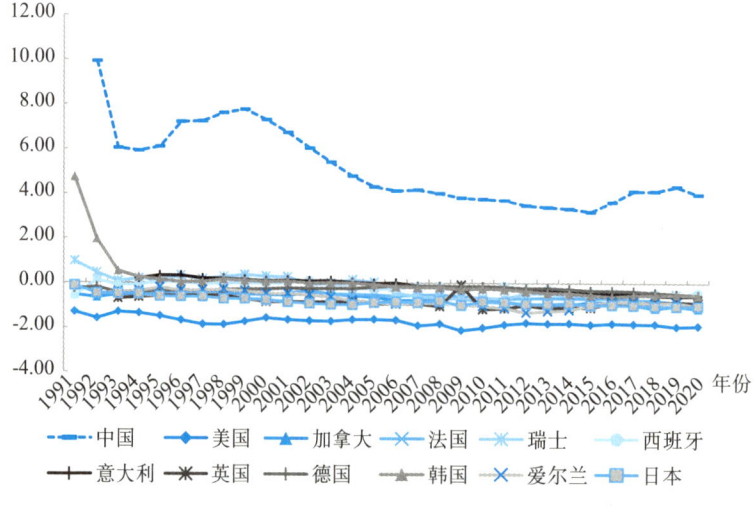

图 5-137　中国与发达国家玩具制造业显示性竞争优势指数比较

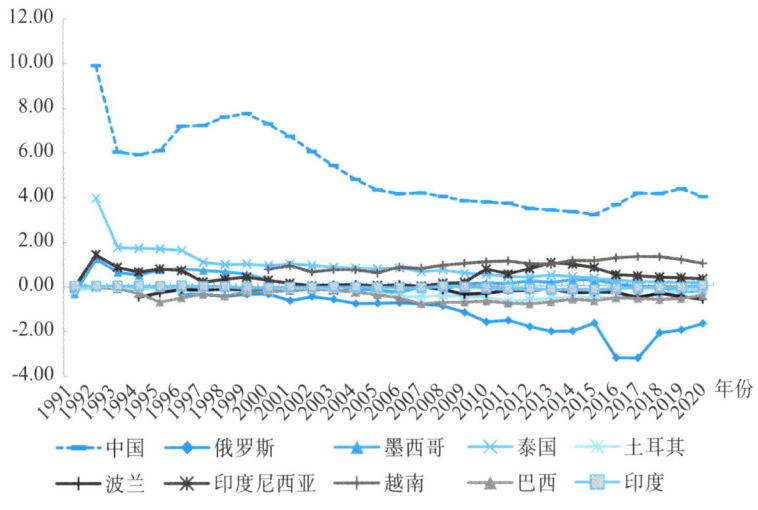

图 5-138　中国与发展中国家玩具制造业显示性竞争优势指数比较

(6) 中国的游艺器材及娱乐用品制造竞争优势最强。发展中国家中，中国优势突出，其竞争优势指数基本保持在 2.0 以上。其他发展中国家近 20 年来基本处于竞争劣势地位或仅有微弱的竞争优势。发达国家中，只有日本曾经具有显著的竞争优势，但其优势在 2006 年后不再。其指数从 1991 年的 2.5 下降至 2020 年的 0.5。其他发达国家基本处于竞争劣势地位（见图 5-139 和图 5-140）。

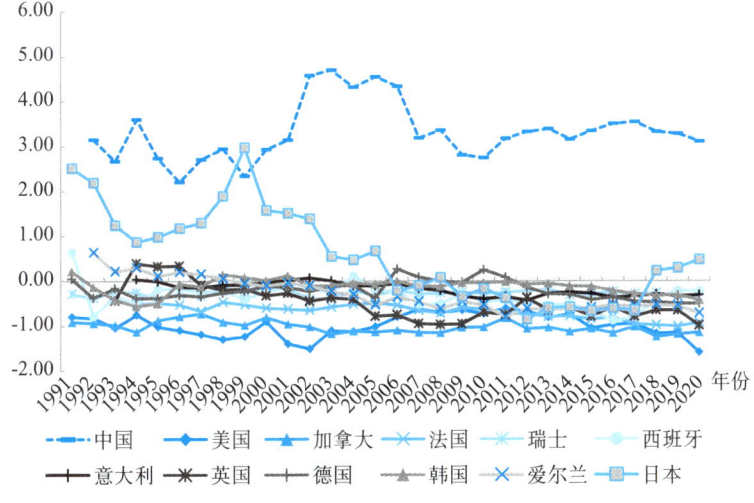

图 5-139　中国与发达国家游艺器材及娱乐用品制造竞争优势指数比较

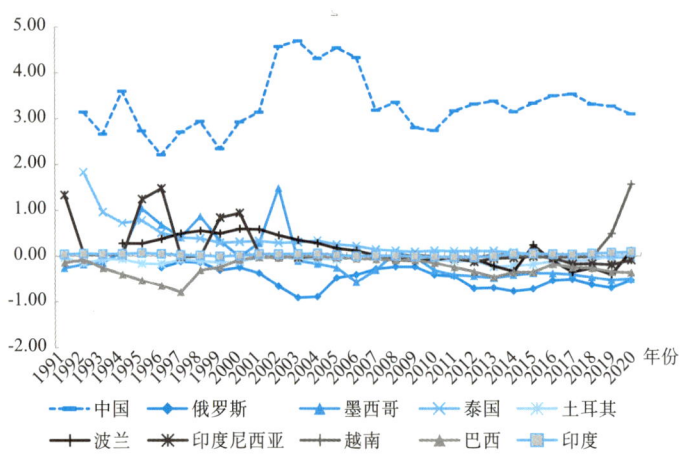

图 5-140　中国与发展中国家游艺器材及娱乐用品制造显示性竞争优势指数比较

12. 俄罗斯的石油、煤炭及其他燃料加工业竞争优势较强

从行业大类看,近 25 年来只有俄罗斯一直保持着竞争优势,其显示性竞争优势指数常年保持在 3.3 左右,远高于其他国家,2014 年以来该指数值持续上升,2020 年已达 5.4;得益于页岩油革命,美国实现了竞争劣势向优势的转化,其指数值自 2008 年由负转正以来持续快速上升,2020 年已达 1.0;印度的竞争优势先升后降,其指数值由 2003 年的 0.5 升至 2014 年的 2.4,之后逐步回落至 2020 年的 0.8;中国则明显缺乏竞争优势(见图 5-141 和图 5-142)。

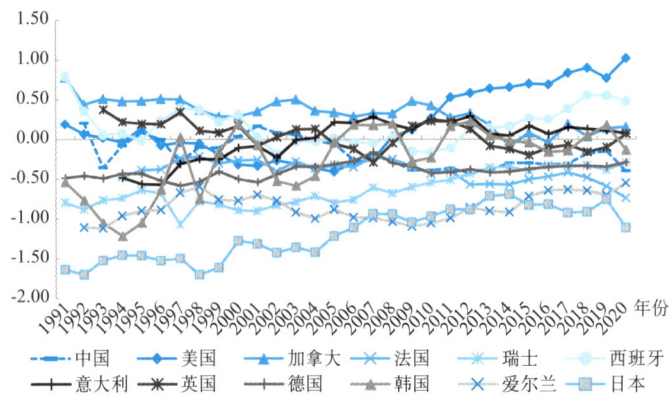

图 5-141　中国与发达国家石油、煤炭及其他燃料加工业显示性竞争优势指数比较

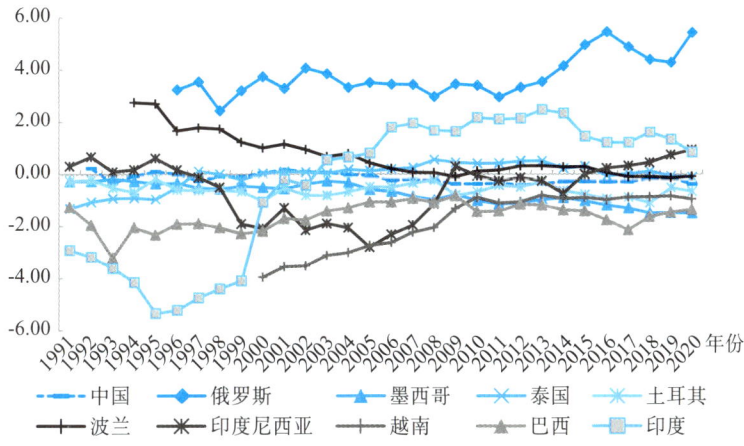

图 5-142　中国与发展中国家石油、煤炭及其他燃料加工业显示性竞争优势指数比较

从行业中类、小类看，几十年来各国竞争优势的变化呈现以下特点。

（1）俄罗斯、印度的精炼石油产品制造竞争优势突出。特别是在原油加工及石油制品制造领域中，印度的指数值自 2003 年起由负转正后持续上升，2007 年之后基本保持在 1.7 左右，而俄罗斯的指数值长期稳定在 3.6，2014 年起开始上升，2020 年已达 5.0；发达国家中除美国外，韩国、意大利、西班牙近 10 年来在该领域也略具优势，但其指数值均低于 1.0（见图 5-143 和图 5-144）。

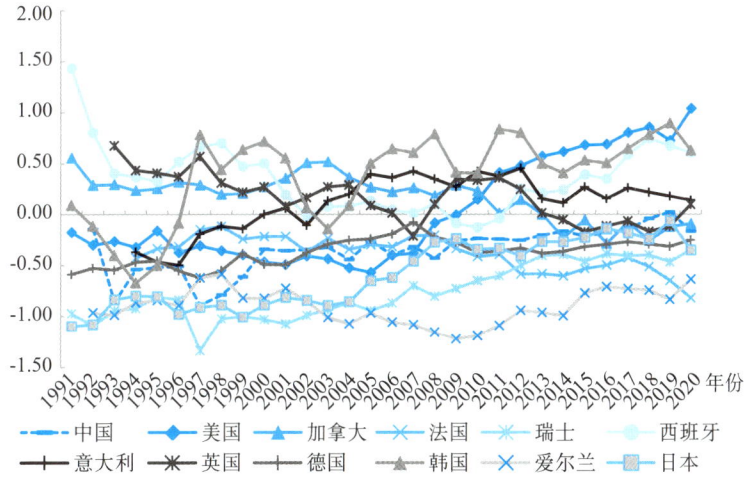

图 5-143　中国与发达国家精炼石油产品制造显示性竞争优势指数比较

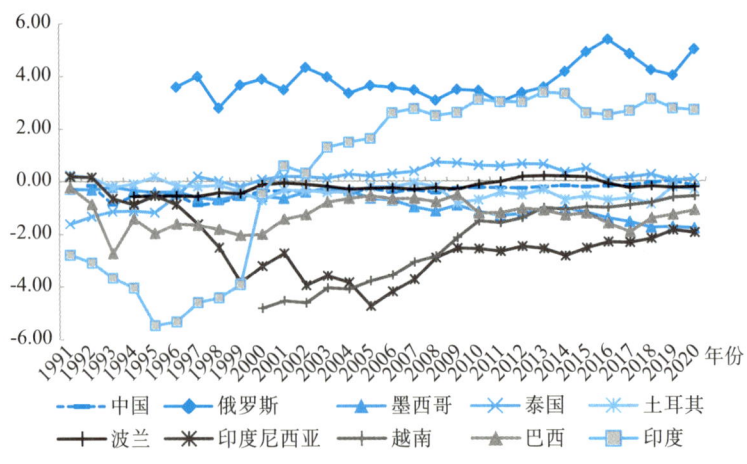

图 5-144 中国与发展中国家精炼石油产品制造显示性竞争优势指数比较

(2) 印度尼西亚的煤炭加工竞争优势最强。几十年来,印度尼西亚、俄罗斯、美国、加拿大、波兰在煤炭加工领域始终保持着竞争优势。其中,印度尼西亚的竞争优势最强,俄罗斯次之,美国、加拿大大体相当,波兰的优势经长期下降已十分微弱。炼焦领域,波兰长期保持十分强劲的竞争优势,其指数值始终在 15.0~25.0;中国的竞争优势下降明显,由 2000 年的 9.1 下降至 2020 年的 0.3,俄罗斯、日本的优势近两年来持续快速上升并已超过中国。煤制品制造领域,印度尼西亚、俄罗斯、美国、加拿大长期保持竞争优势,其中印度尼西亚处于领跑地位,其指数值近 10 年来保持在 16.0~21.0,远高于其他国家,优势凸显;俄罗斯的指数值自 2011 年以来上升趋势明显,由 2.7 上升至 2020 年的 7.9;美国、加拿大指数值变化不大,基本维持在 0.5~1.2 和 1.0~2.0;中国、波兰、越南的指数值持续下降并由正转负,目前已不具备竞争优势(见图 5-145 和图 5-146)。

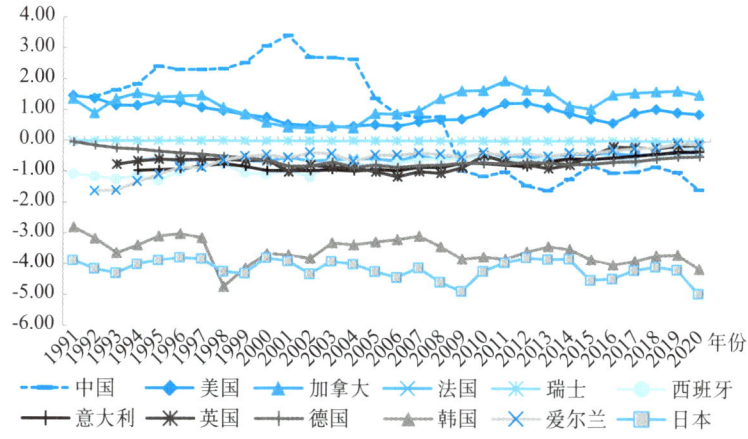

图 5-145　中国与发达国家煤炭加工显示性竞争优势指数比较

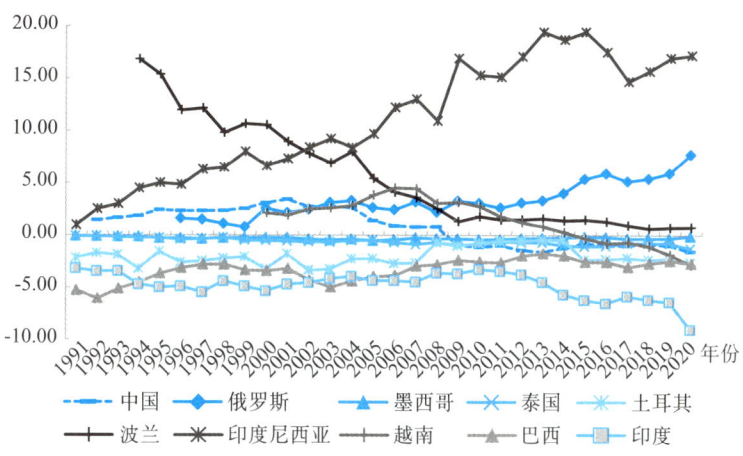

图 5-146　中国与发展中国家煤炭加工显示性竞争优势指数比较

13. 爱尔兰等发达国家的化学原料和化学制品制造业优势突出

从行业大类看，发达国家中爱尔兰优势突出，近20年来其竞争优势指数基本保持在2.0以上。美国、日本、法国等发达国家保持平稳的竞争优势，其竞争优势指数基本保持在1.0以下。韩国的竞争优势呈明显的上升趋势，在2002年后开始处于竞争优势地位。其他发达国家则基本处于竞争劣势地位。发展中国家则基本处于竞争劣势地位，仅有泰国在近10年呈现微弱的竞争优势（见图 5–147 和图 5–148）。

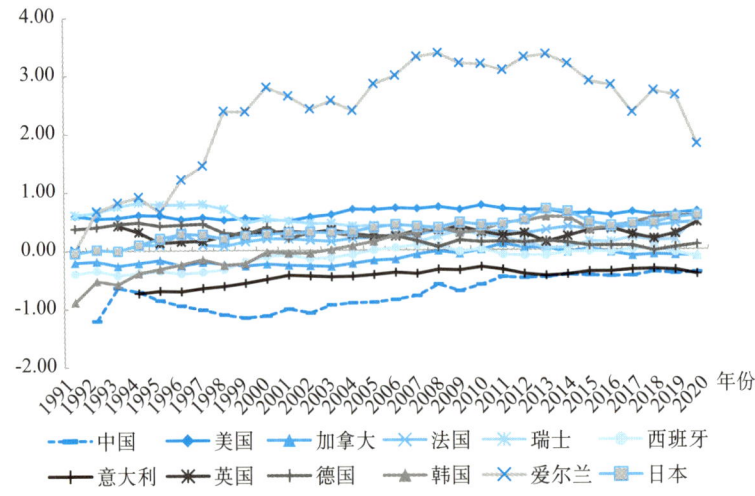

图 5–147　中国与发达国家化学原料和化学制品制造业显示性竞争优势指数比较

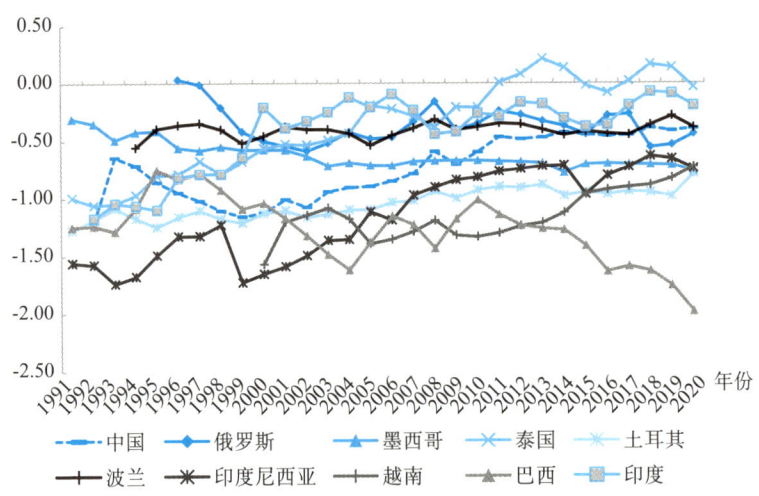

图 5–148　中国与发展中国家化学原料和化学制品制造业显示性竞争优势指数比较

从行业中类、小类看，几十年来各国竞争优势呈明显分化态势。

（1）爱尔兰基础化学原料制造的优势较为突出。发展中国家的基础化学原料制造基本处于竞争劣势地位。发达国家中，爱尔兰优势突出，近20年其指数基本保持在4.0以上。瑞士、英国、美国等发达国家一直保持竞争优势地位,但其优势相对较弱,其指数基本维持在 0~1.0。其他发达国家基本处于竞争劣势地位(见图 5-149 和图 5-150)。

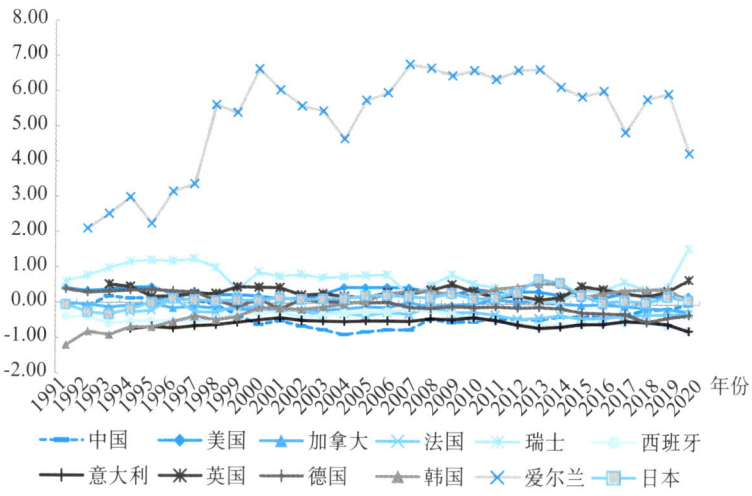

图 5-149　中国与发达国家基础化学原料制造显示性竞争优势指数比较

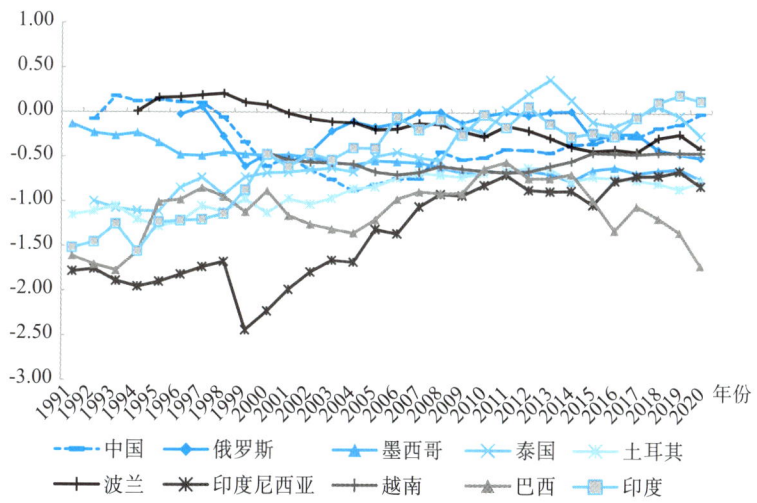

图 5-150　中国与发展中国家基础化学原料制造显示性竞争优势指数比较

(2)俄罗斯肥料制造的优势突出且稳定。发展中国家在该领域基本处于竞争劣势地位,但俄罗斯竞争优势明显且十分稳定,其竞争优势指数基本保持在 5.0 以上。波兰在该领域优势逐渐下降,其指数从 1994 年的 2.8

逐渐下降至2020年的-0.6。发达国家中,加拿大优势显著,其指数基本稳定在2.0以上,其他发达国家则基本处于竞争劣势或仅有微弱的竞争优势(见图5-151和图5-152)。

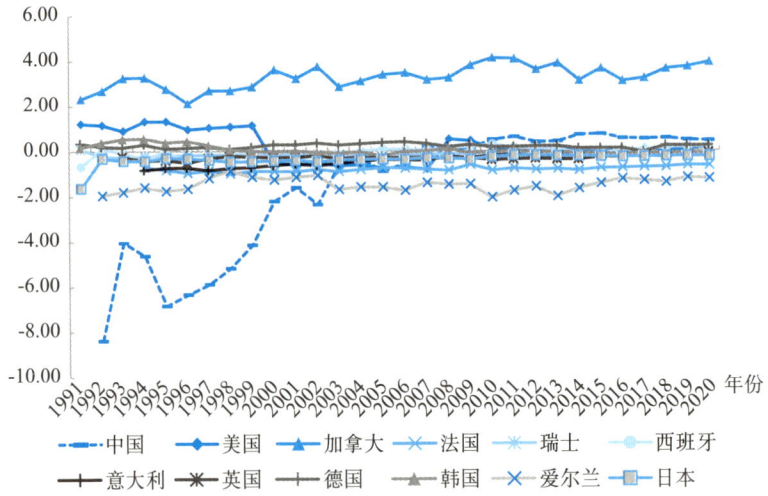

图5-151　中国与发达国家肥料制造显示性竞争优势指数比较

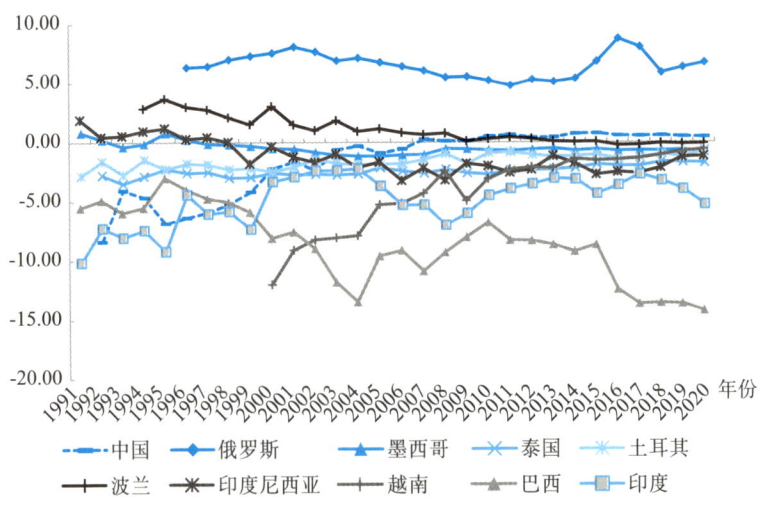

图5-152　中国与发展中国家肥料制造显示性竞争优势指数比较

(3)法国等发达国家农业制造领域竞争优势显著。大部分发达国家处于竞争优势地位。其中,瑞士竞争优势呈显著下降趋势,其指数从1992年的3.8下降至2020年的-0.1,竞争优势不再;与之相较,法国的竞争优势则呈逐渐上升的趋势，其指数从 1994 年的 -1.4 逐渐上升至 2020 年的 2.1；其他发达国家则基本保持微弱的竞争优势，其指数基本处于 1.0 以下。发展中国家中，仅有中国在近 20 年一直保持竞争优势，但竞争优势较弱，竞争优势指数基本保持在 1.0 以下。印度的竞争优势在 2000~2005 年明显下降，转为竞争劣势地位，其余年份其指数基本保持在 2.0 附近。其他发展中国家基本保持竞争劣势地位，仅有越南和波兰在 2000~2005 年出现过短暂的竞争优势（见图 5-153 和图 5-154）。

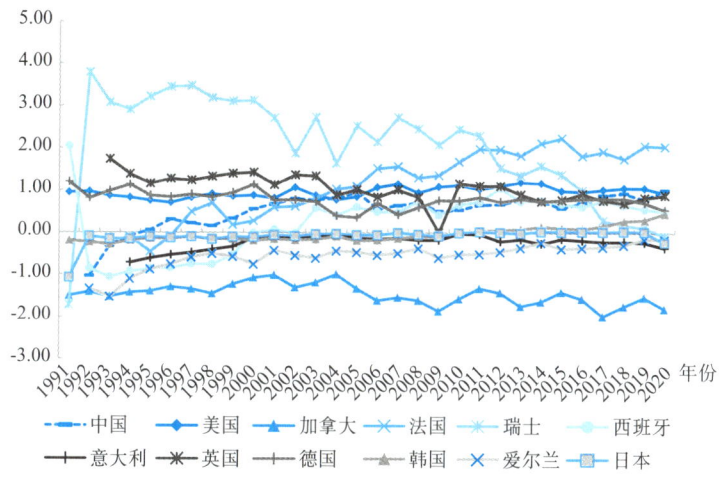

图 5-153 中国与发达国家农业制造显示性竞争优势指数比较

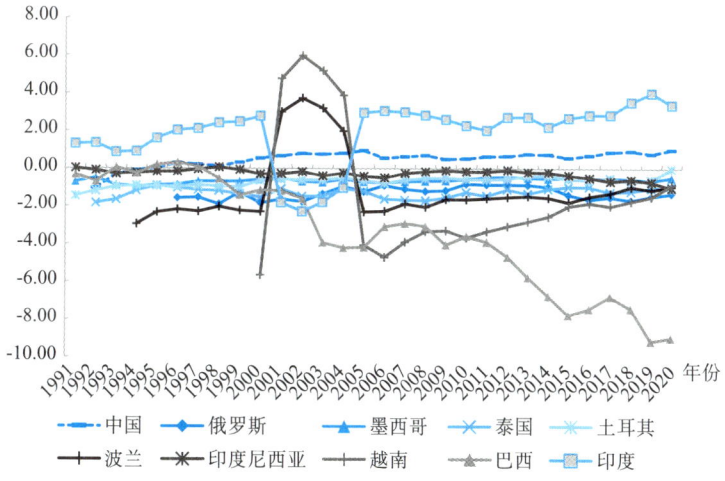

图 5-154 中国与发展中国家农业制造显示性竞争优势指数比较

（4）发达国家在涂料、油墨、颜料及类似产品制造的竞争优势较明显。发展中国家中，仅有印度一直保持竞争优势，其指数基本保持在1.0～2.0；中国在近10年保持非常微弱的竞争优势；其他发展中国家则一直处于竞争劣势地位。发达国家在该领域则基本处于竞争优势地位。其中，瑞士的竞争优势曾十分显著，但呈下降趋势，其指数从1992年的2.3下降至2020年的0；其他发达国家则基本维持微弱的竞争优势，其竞争优势指数基本维持在1.0附近（见图5-155和图5-156）。

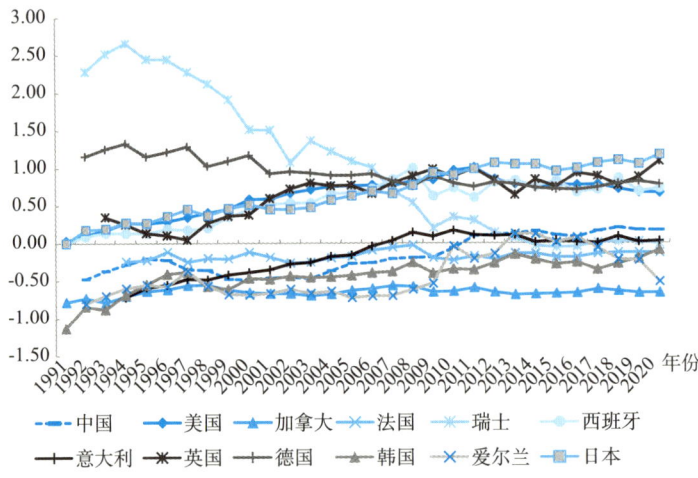

图5-155　中国与发达国家涂料、油墨、颜料及类似产品制造显示性竞争优势指数比较

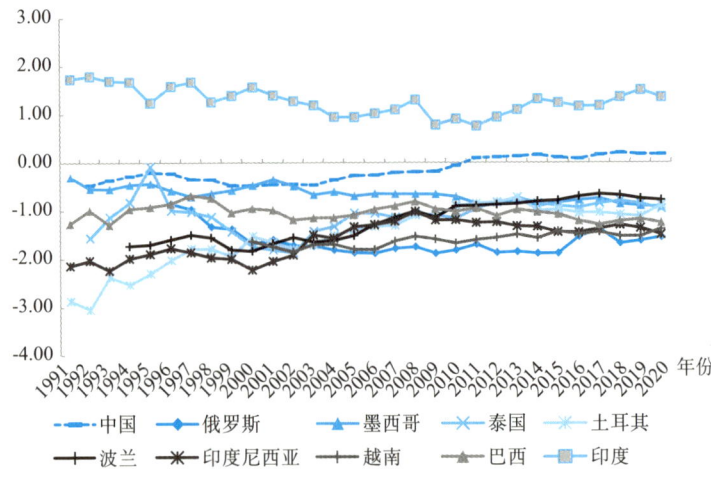

图5-156　中国与发展中国家涂料、油墨、颜料及类似产品制造显示性竞争优势指数比较

(5) 韩国等发达国家在合成材料制造领域长期保持优势，发展中国家普遍不具备优势。发达国家中，韩国、美国、日本等发达国家一直保持竞争优势地位，但除韩国的竞争优势指数保持在 1.0~2.0，其他发达国家竞争优势指数基本位于 1.0 以下，处于竞争劣势地位。发展中国家中，仅有泰国近 20 年一直保持竞争优势地位，其指数从 1993 年的 -0.9 上升至 2020 年的 1.4；其他发展中国家则基本保持竞争劣势地位（见图 5-157 和图 5-158）。

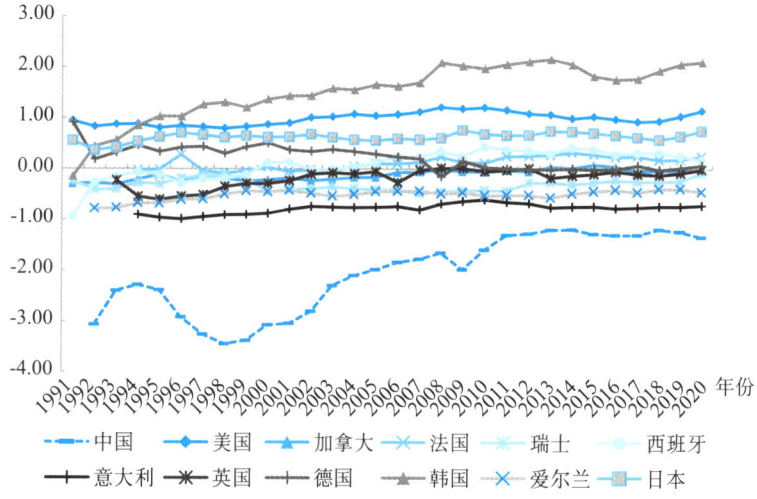

图 5-157　中国与发达国家合成材料制造显示性竞争优势指数比较

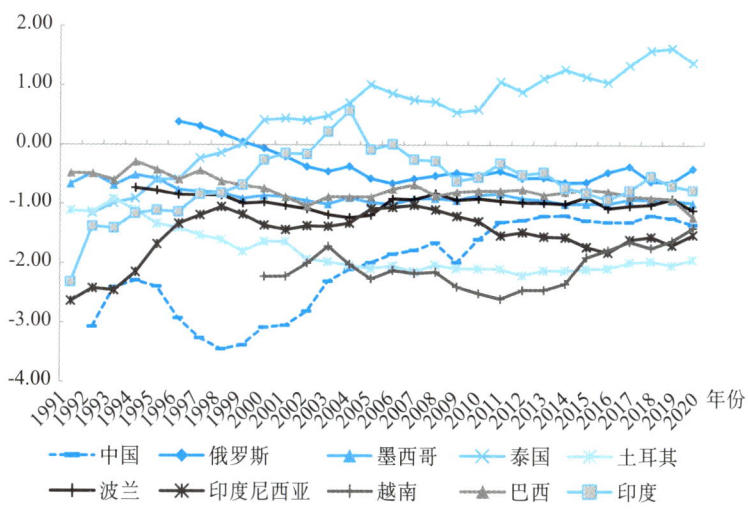

图 5-158　中国与发展中国家合成材料制造显示性竞争优势指数比较

(6)爱尔兰等发达国家的专用化学产品制造竞争优势显著。发达国家中,爱尔兰、美国、日本、德国、英国等基本保持竞争优势地位。其中,爱尔兰竞争优势明显,其竞争优势指数在近20年基本保持在1.5以上,而其他发达国家竞争优势指数基本维持在1.0以下。发展中国家则基本处于竞争劣势地位,仅有印度尼西亚在近10年出现微弱的竞争优势,其竞争优势指数基本保持在1.0以下(见图5-159和图5-160)。

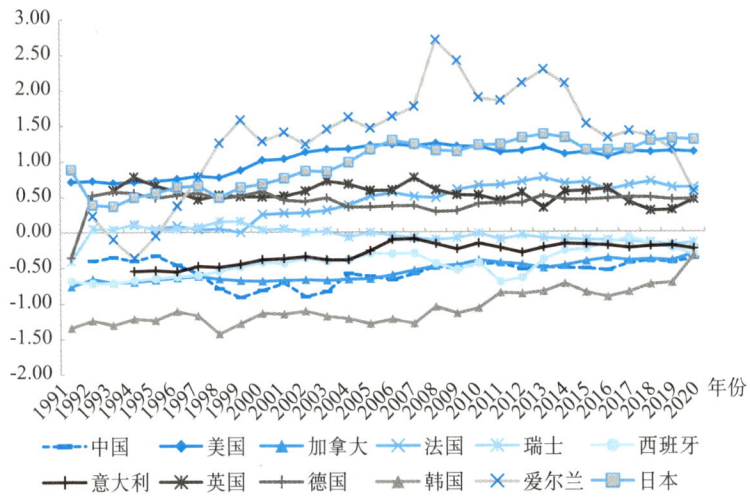

图5-159 中国与发达国家专用化学产品制造显示性竞争优势指数比较

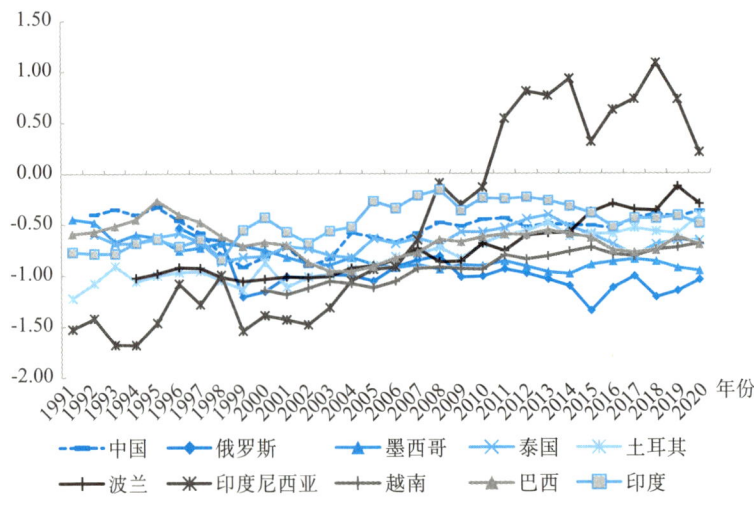

图5-160 中国与发展中国家专用化学产品制造显示性竞争优势指数比较

（7）中国在炸药、火工及焰火产品制造领域竞争优势突出，远超其他国家。中国在炸药、火工及焰火产品制造领域的竞争优势虽然呈下降趋势，但其竞争优势一直显著高于其他国家，其竞争优势指数自1992年的8.1下降至2010年的2.8后基本保持稳定。其他发达国家或发展中国家则基本保持竞争劣势或仅有微弱的竞争优势（见图5-161和图5-162）。

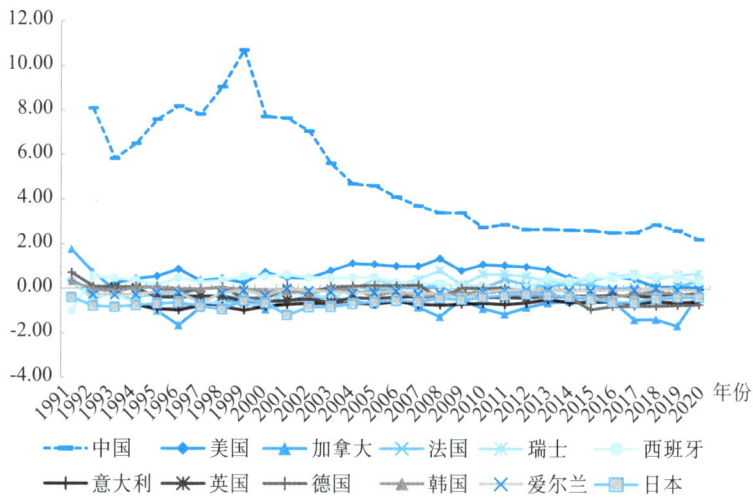

图 5-161　中国与发达国家炸药、火工及焰火产品制造显示性竞争优势指数比较

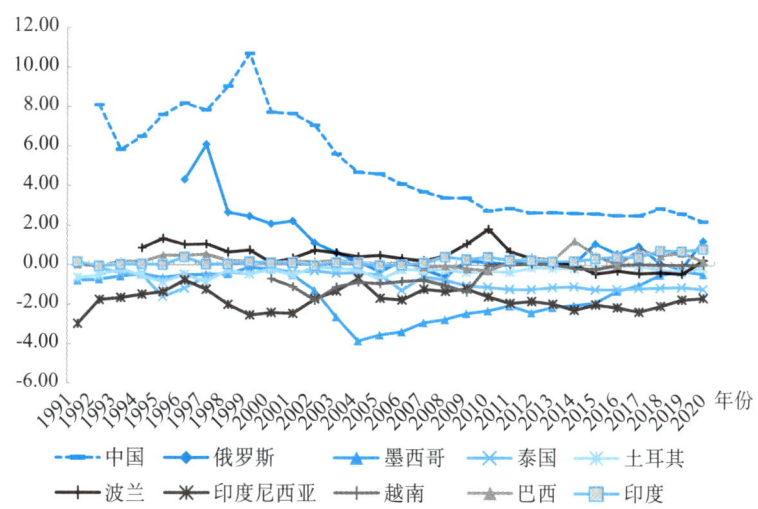

图 5-162　中国与发展中国家炸药、火工及焰火产品制造显示性竞争优势指数比较

（8）爱尔兰在日用化学产品制造领域竞争优势突出，其他国家竞争较为激烈。发达国家中，爱尔兰竞争优势突出，其竞争优势指数基本保持在2.0以上，且在2004~2016年基本保持在6.0以上。法国的竞争优势指数平稳保持在2.0~3.0。瑞士、美国、德国基本维持微弱的竞争优势；加拿大、日本、韩国则基本维持竞争劣势地位。发展中国家中，土耳其曾有显著的竞争优势，但其优势逐渐下降，其竞争优势指数从1991年的2.4逐渐下降至2000年的0.5后基本维持稳定。其他发展中国家基本处于微弱的竞争优势或竞争劣势地位（见图5-163和图5-164）。

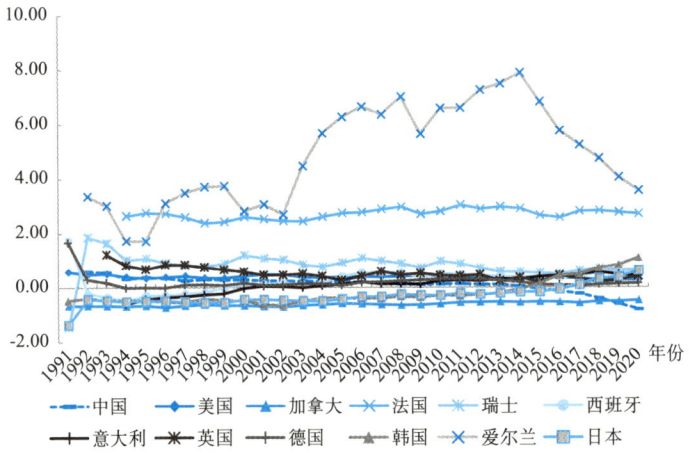

图5-163　中国与发达国家日用化学产品制造显示性竞争优势指数比较

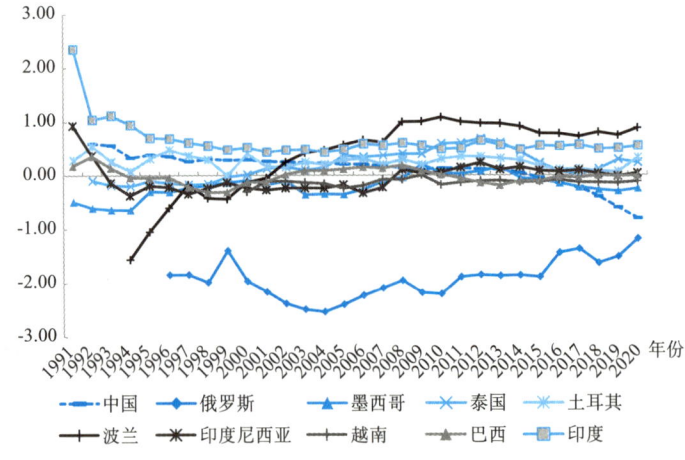

图5-164　中国与发展中国家日用化学产品制造显示性竞争优势指数比较

14. 瑞士、爱尔兰的医药制造业长期保持突出的竞争优势地位

从行业大类看，发达国家中，瑞士和爱尔兰的医药制造业长期保持突出的竞争优势地位。其中，爱尔兰的竞争优势一直保持上升态势，其竞争优势指数从1991年的0逐渐上升至2020年的7.1；而瑞士的竞争优势则较为稳定，其指数基本保持在4.0附近。其他发达国家基本处于竞争劣势地位或仅有微弱的竞争优势。发展中国家中，仅有印度一直保持竞争优势地位，其竞争优势指数从1992年的0.5上升至2020年的1.5。中国的竞争优势呈下降态势，其指数从1993年的0.4下降至2020年的-0.2。其他发展中国家则一直处于竞争劣势地位（见图5-165和图5-166）。

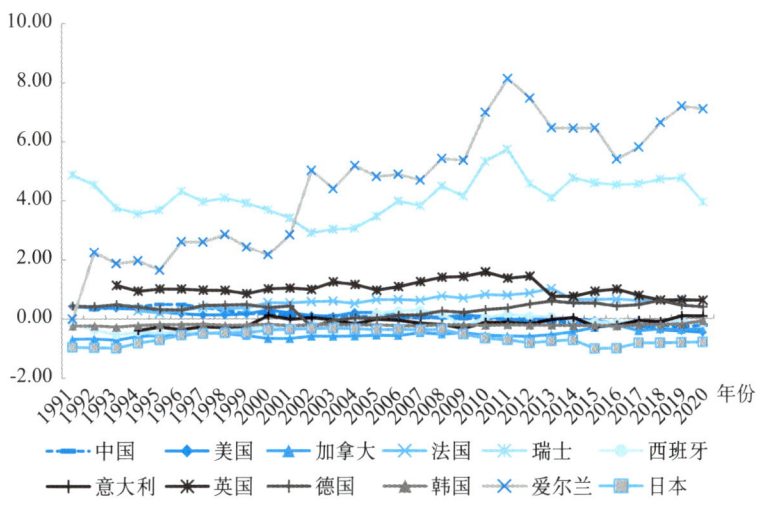

图5-165 中国与发达国家医药制造业显示性竞争优势指数比较

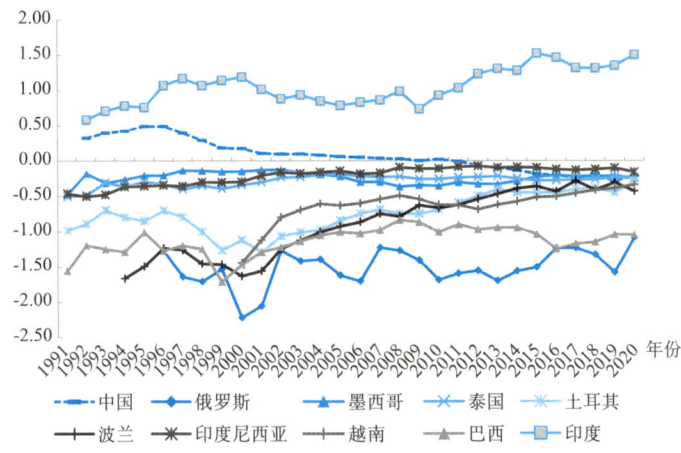

图 5-166　中国与发展中国家医药制造业显示性竞争优势指数比较

从行业中类、小类看,几十年来各国竞争优势呈明显分化态势。

(1) 瑞士、爱尔兰的化学药品原料药及化学药品制剂制造竞争优势较为突出。发达国家中,瑞士和爱尔兰的医药制造业长期保持突出的竞争优势地位。其中,爱尔兰的竞争优势指数近 20 年基本保持在 2.0 以上,2002~2016 年其指数基本保持在 5.0 以上;而瑞士的竞争优势则较为稳定,其指数基本保持在 3.0~5.0。其他发达国家则基本保持微弱的竞争优势或处于竞争劣势地位。发展中国家仅有印度一直保持竞争优势,其指数基本保持在 1.0~3.0,其他国家基本处于竞争劣势地位(见图 5-167 和图 5-168)。

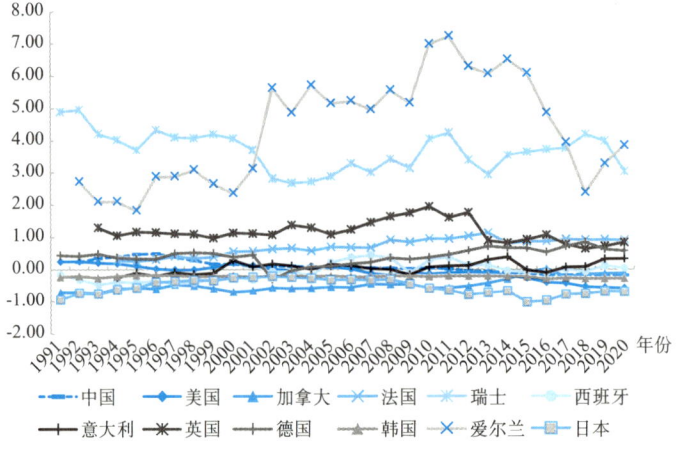

图 5-167　中国与发达国家化学药品原料药及化学药品制剂制造显示性竞争优势指数比较

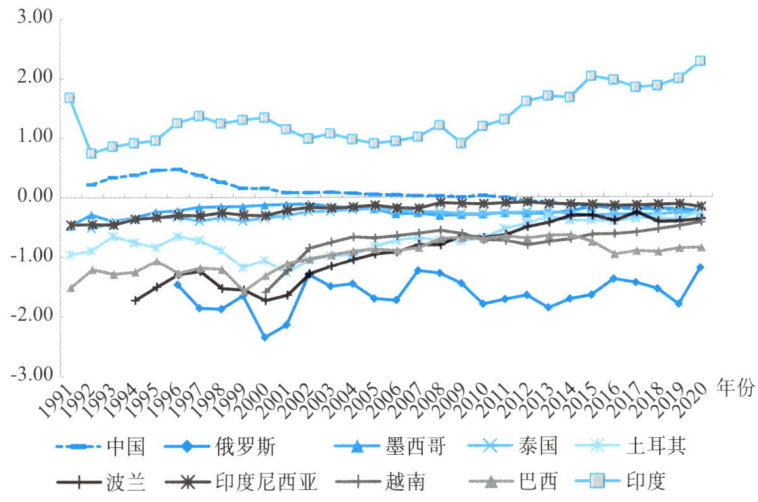

图 5-168　中国与发展中国家化学药品原料药及化学药品制剂制造显示性竞争优势指数比较

（2）瑞士、爱尔兰等发达国家的生物药品制品制造竞争优势突出。发达国家中，瑞士、爱尔兰竞争优势突出。其中，瑞士基本一直保持竞争优势，其竞争优势指数在近20年基本保持在5.0以上；爱尔兰的竞争优势呈显著上升趋势，其指数从2000年的0.6上升至2020年的14.0。其他发达国家仅有微弱的竞争优势或处于竞争劣势地位。发展中国家中，仅有印度曾出现微弱的竞争优势，其他发展中国家均一直保持竞争劣势地位（见图5-169和图5-170）。

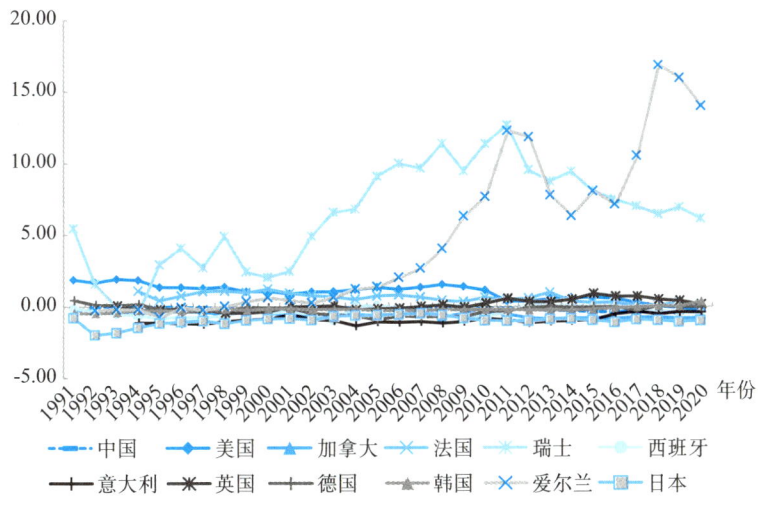

图 5-169　中国与发达国家生物药品制品制造显示性竞争优势指数比较

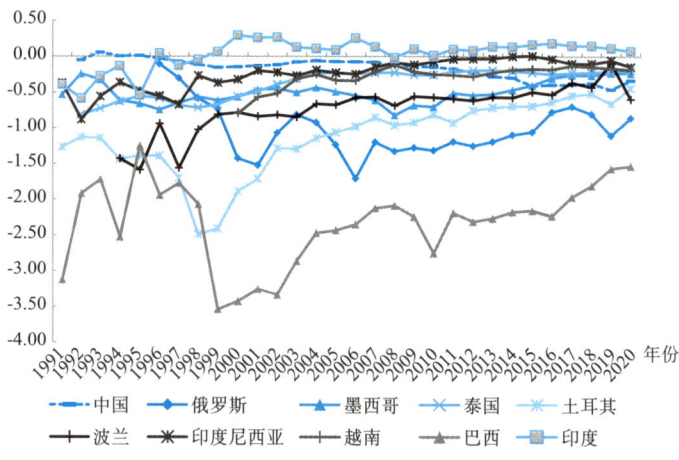

图 5-170 中国与发展中国家生物药品制品制造显示性竞争优势指数比较

（3）爱尔兰在卫生材料及医药用品制造领域竞争优势突出。爱尔兰在该领域竞争优势突出，其指数基本保持在 2.0 以上，且在 2003～2016 年基本保持在 4.0 以上。瑞士在该领域曾具有显著竞争优势，其指数保持在 4.0 附近，但 2000 年后，其竞争优势显著下降，竞争优势指数保持在 1.0～2.0。其他发达国家则基本保持微弱的竞争优势或处于竞争劣势。发展中国家大部分仅有微弱的竞争优势或处于竞争劣势地位。中国曾有显著竞争优势，但优势逐渐下降，其竞争优势指数从 1992 年的 1.5 逐渐下降至 2020 年的 0.5（见图 5-171 和图 5-172）。

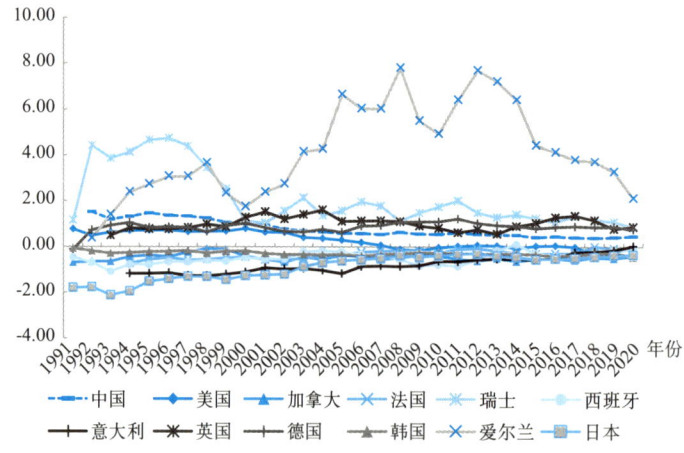

图 5-171 中国与发达国家卫生材料及医药用品制造显示性竞争优势指数比较

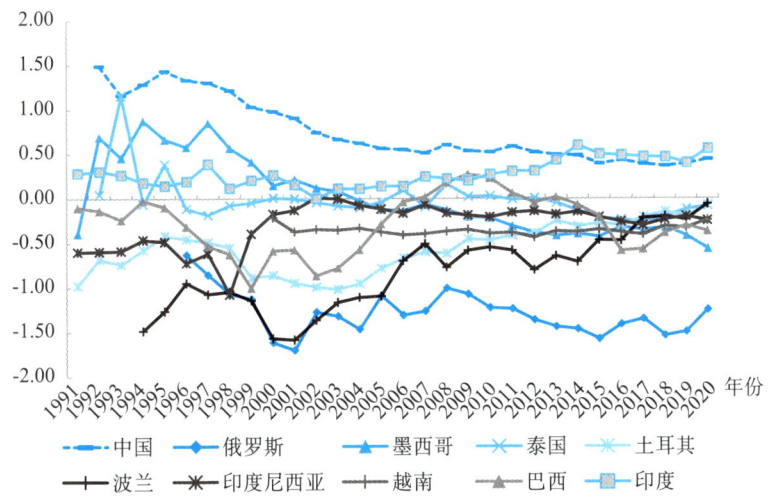

图 5-172　中国与发展中国家卫生材料及医药用品制造显示性竞争优势指数比较

15. 印度尼西亚、印度等发展中国家的化学纤维制造业竞争优势突出

从行业大类看，发展中国家竞争优势比发达国家更为突出。发展中国家中，印度尼西亚、印度和泰国优势较为突出，其竞争优势指数在近20年基本保持在1.0以上。中国竞争优势呈显著上升趋势，其指数自1992年的-3.6上升至2020年的1.3。其他发展中国家则基本处于竞争劣势地位。发达国家之间竞争较为激烈，爱尔兰、日本等大部分国家具有微弱的竞争优势，其竞争优势指数基本保持在1.0以下。韩国的竞争优势在2008年以前较为突出，其指数保持在1.0~2.0。法国、英国则基本处于竞争劣势地位（见图5-173和图5-174）。

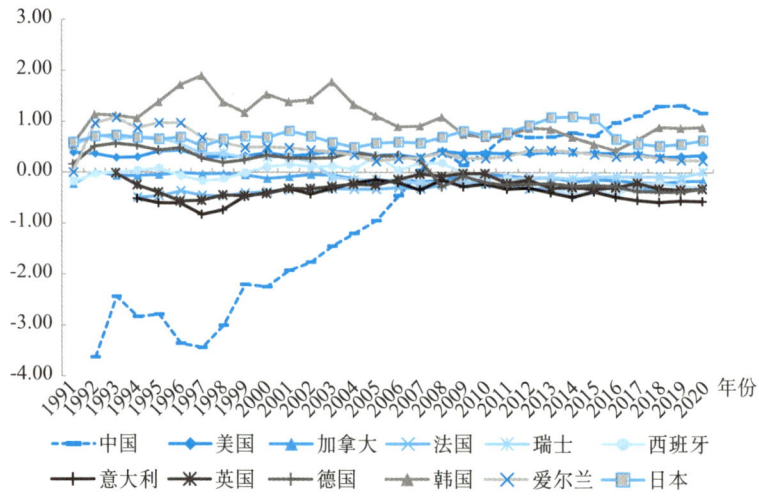

图 5-173　中国与发达国家化学纤维制造业显示性竞争优势指数比较

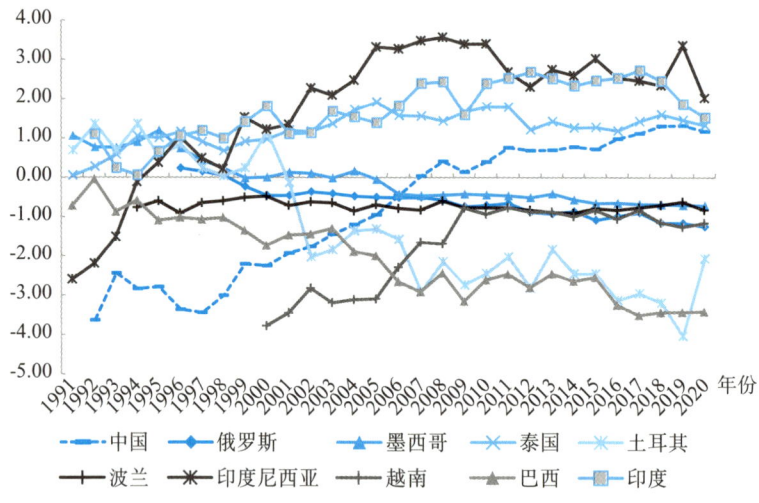

图 5-174　中国与发展中国家化学纤维制造业显示性竞争优势指数比较

从行业中类、小类看，几十年来各国竞争优势呈明显分化态势。

（1）印度尼西亚的纤维素纤维原料及纤维制造竞争优势突出。发达国家中，各国竞争较为激烈，大部分发达国家的竞争优势保持在 0～2.0。韩国、意大利处于显著的竞争劣势地位。发展中国家中，印度尼西亚竞争优势上升趋势显著，其竞争优势指数从 1991 年的 -3.1 上升至 2020 年的 10.0，优势突出。印度、泰国也具有稳定的竞争优势，其指数基本保持在 2.0 附近。其他发展中国家则基本处于竞争劣势地位（见图5–175和图5–176）。

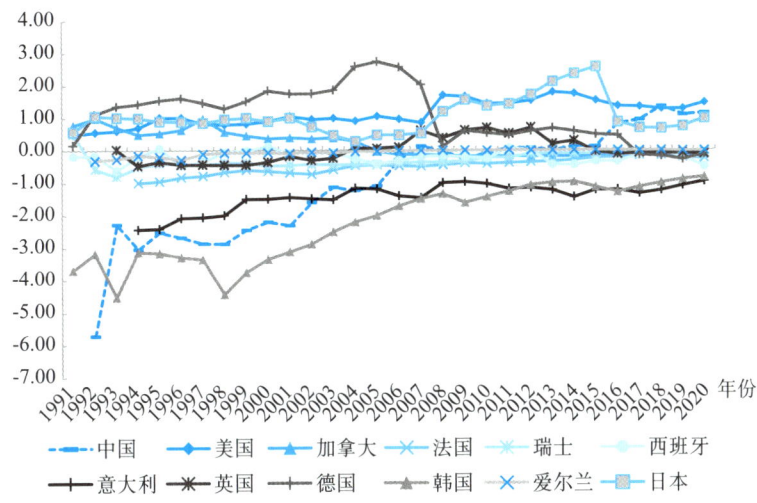

图5–175　中国与发达国家纤维素纤维原料及纤维制造显示性竞争优势指数比较

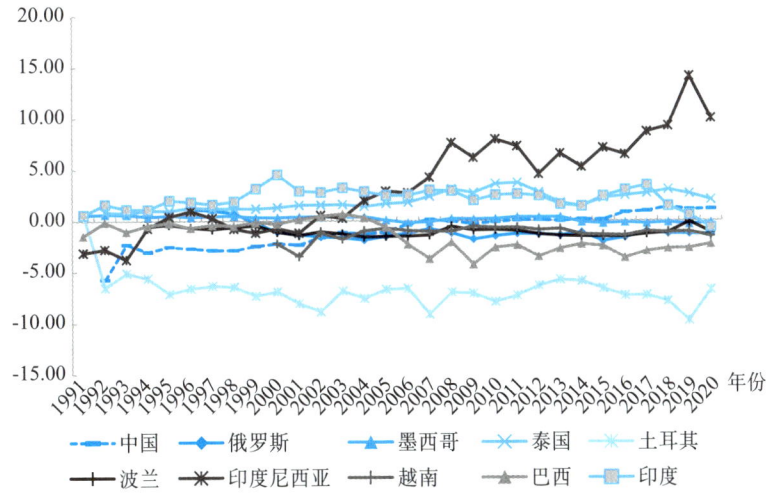

图5–176　中国与发展中国家纤维素纤维原料及纤维制造显示性竞争优势指数比较

（2）印度尼西亚、印度等发展中国家的合成纤维制造竞争优势突出。发达国家中，韩国合成纤维制造的竞争优势较为突出，其竞争优势指数基本保持在1.0以上。其他发达国家则基本处于微弱的竞争优势或处于竞争劣势地位。发展中国家中，印度尼西亚、印度的竞争优势较为突出，其指数基本保持在2.0附近。土耳其曾在该领域有显著竞争优势，但其优势逐渐减弱，并在2002年后转为竞争劣势地位。中国的竞争优势则逐渐上升，竞争优势指数从1992年的-3.1逐渐上升至2020年的1.2。其他发展中国家则主要处于竞争劣势地位（见图5-177和图5-178）。

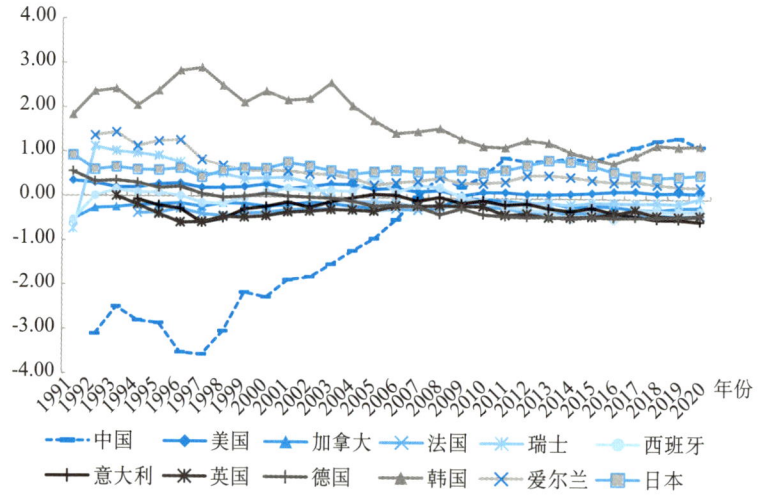

图5-177 中国与发达国家合成纤维制造显示性竞争优势指数比较

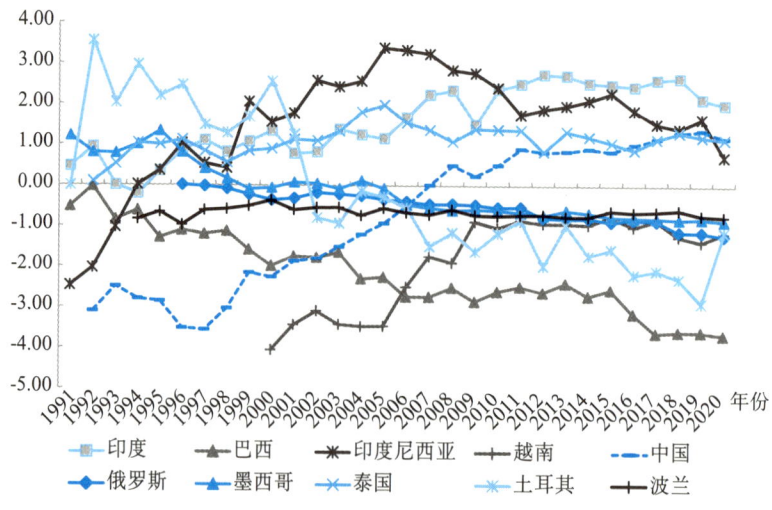

图5-178 中国与发展中国家合成纤维制造显示性竞争优势指数比较

16. 各国在橡胶和塑料制造业领域竞争激烈

从行业大类看,各国竞争优势较为接近,在橡胶和塑料制造业领域并没有竞争优势较为突出的国家。发达国家中,除法国、英国、瑞士、加拿大和爱尔兰一直处于竞争劣势地位,其他国家的竞争优势指数基本保持在 0~1.0。发展中国家中,越南、巴西、俄罗斯、墨西哥基本一直保持竞争劣势地位,其他国家基本均保持微弱的竞争优势(见图 5-179 和图 5-180)。

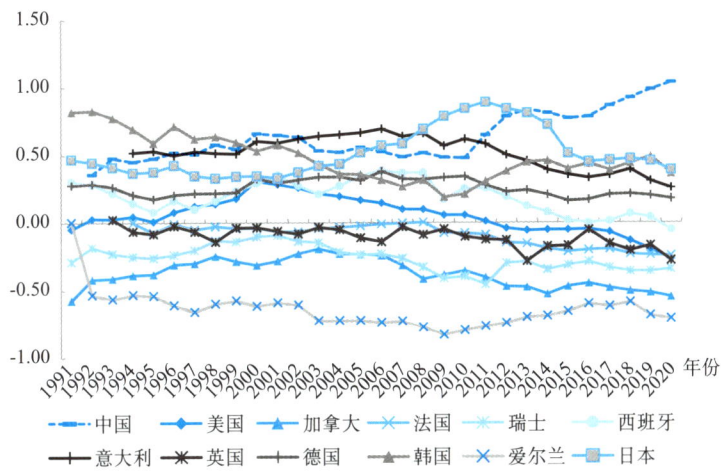

图 5-179 中国与发达国家橡胶和塑料制造业显示性竞争优势指数比较

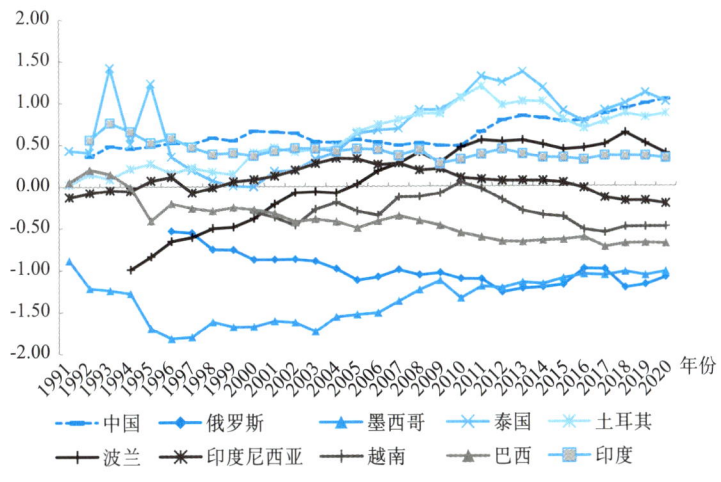

图 5-180 中国与发展中国家橡胶和塑料制造业显示性竞争优势指数比较

从行业中类、小类看，几十年来各国竞争优势呈明显分化态势。

（1）泰国的橡胶制品业制造竞争优势突出。发达国家中，日本和韩国竞争优势相对较大，其竞争优势指数基本保持在 1.0 附近。其他发达国家基本保持微弱的竞争优势或处于竞争劣势地位。发展中国家中，泰国竞争优势显著上升，其竞争优势从 1993 年的 0.8 上升至 2020 年的 4.2，竞争优势突出。除墨西哥、俄罗斯、巴西和越南外，其他发展中国家基本保持微弱的竞争优势，其指数基本保持在 1.0 以下（见图 5–181 和图 5–182）。

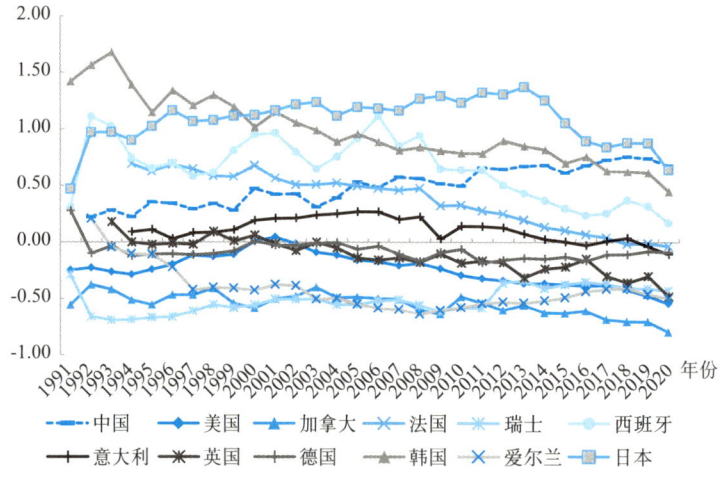

图 5–181　中国与发达国家橡胶制品业显示性竞争优势指数比较

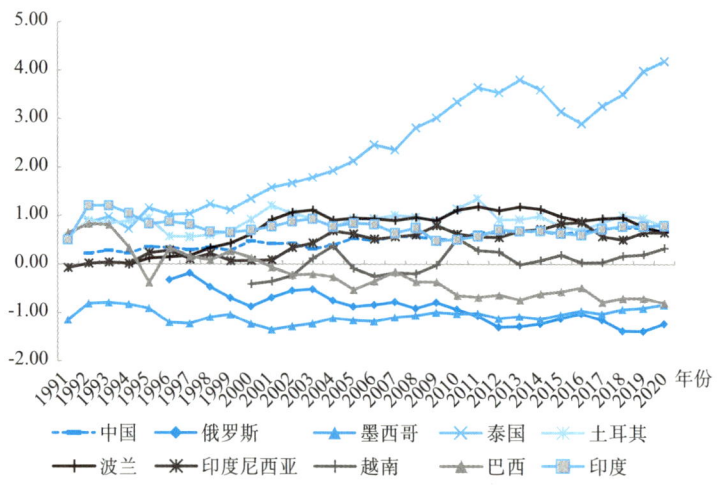

图 5–182　中国与发展中国家橡胶制品业显示性竞争优势指数比较

（2）各国在塑料制品业竞争激烈，发达国家竞争优势相对更大。发达国家除爱尔兰、法国、加拿大和英国外，基本均保持微弱的竞争优势地位，其竞争优势指数介于0~1.0，各国竞争较为激烈。发展中国家竞争优势相对较弱，近20年仅有中国、印度、土耳其一直保持微弱的竞争优势，其他国家基本处于竞争劣势地位（见图5-183和图5-184）。

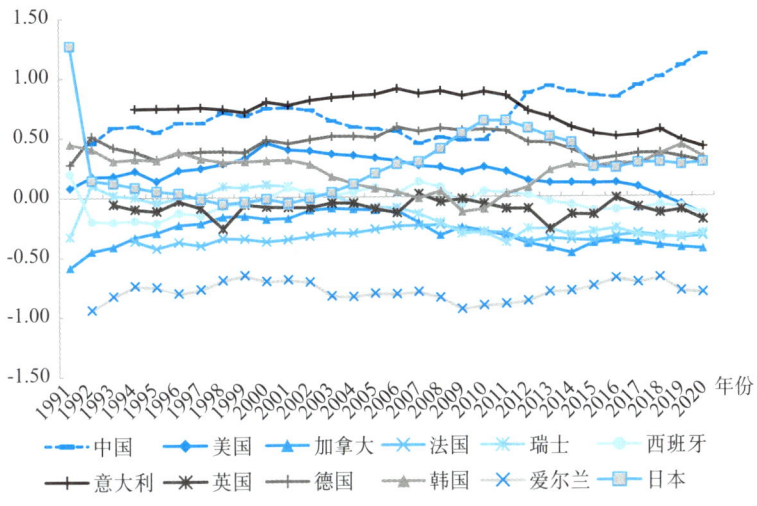

图5-183 中国与发达国家塑料制品业显示性竞争优势指数比较

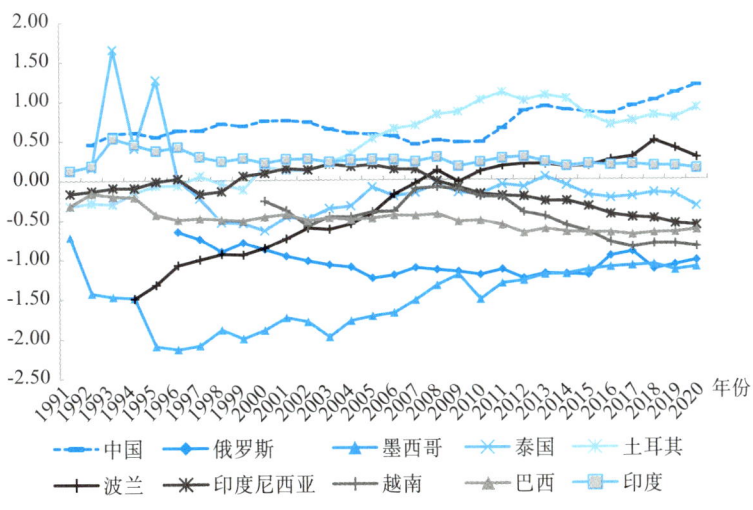

图5-184 中国与发展中国家塑料制品业显示性竞争优势指数比较

163

17. 各国在非金属矿物制品业领域竞争激烈，发展中国家优势相对较大

从行业大类看，发展中国家除俄罗斯、印度尼西亚和巴西外，各国均处于竞争优势地位。其中，土耳其竞争优势相对突出，其竞争优势指数基本保持在1.0之上；其他发展中国家竞争优势指数基本保持在1.0以下，竞争激烈。发达国家中，仅有日本、西班牙、意大利一直保持微弱的竞争优势，其竞争优势指数基本保持在1.0以下。其他发达国家近10年基本保持竞争劣势地位（见图5-185和图5-186）。

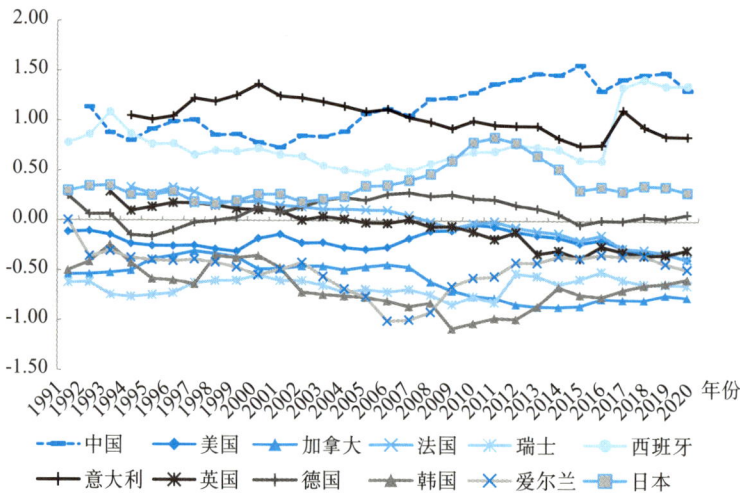

图5-185 中国与发达国家非金属矿物制品业显示性竞争优势指数比较

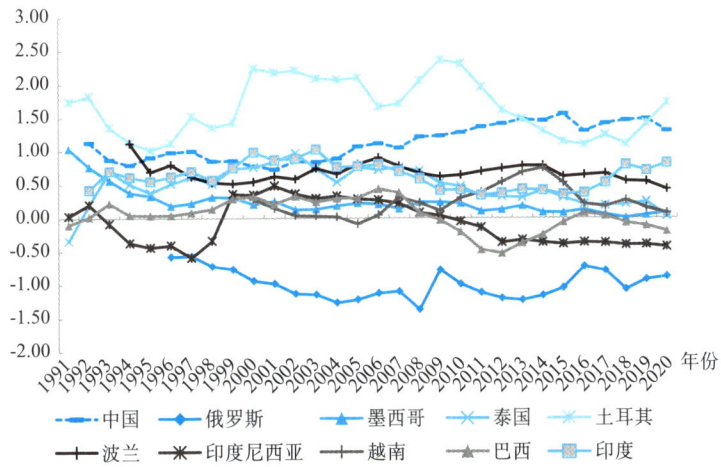

图 5-186　中国与发展中国家非金属矿物制品业显示性竞争优势指数比较

从行业中类、小类看,几十年来各国竞争优势呈明显分化态势。

(1) 土耳其、泰国等发展中国家在水泥、石灰和石膏制造的优势较为突出。发达国家在水泥、石灰和石膏制造领域基本仅保持微弱的竞争优势或处于竞争劣势地位。发展中国家里,土耳其、泰国竞争优势一直较为突出,其竞争优势指数基本保持在 4.0 以上。越南的竞争优势显著增加,其竞争优势指数从 2000 年的 -0.9 逐渐上升至 2020 年的 6.3。其他发展中国家则基本处于竞争劣势或仅有微弱的竞争优势(见图 5-187 和图 5-188)。

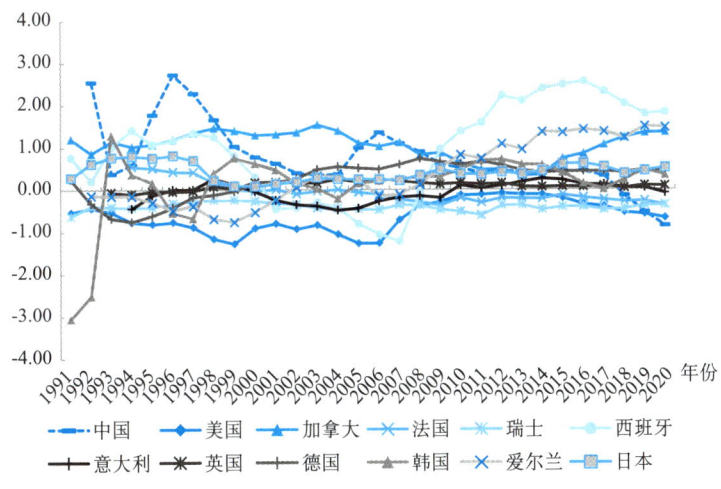

图 5-187　中国与发达国家水泥、石灰和石膏制造显示性竞争优势指数比较

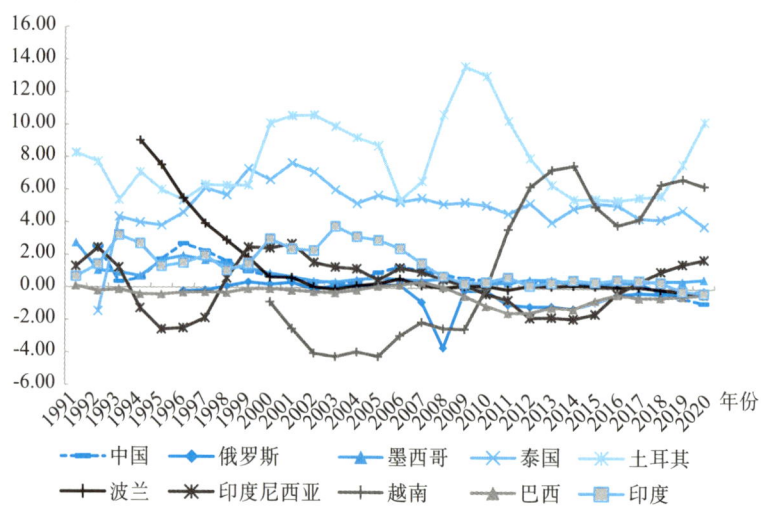

图5-188 中国与发展中国家水泥、石灰和石膏制造显示性竞争优势指数比较

(2) 波兰等发展中国家在石膏、水泥制品及类似制品制造领域的优势突出。发展中国家中,除俄罗斯、巴西和印度尼西亚外,其他发展中国家近10年基本保持竞争优势地位。其中,波兰近20年一直维持较为突出的竞争优势,其指数基本保持在2.0以上;中国竞争优势逐渐提高,其指数从1992年的0.6逐渐提高至2020年的1.8;墨西哥和泰国的竞争优势指数基本保持在1.0附近;其他发展中国家的竞争优势指数则基本保持在1.0以下。发达国家中,西班牙优势突出,其指数基本保持在2.0附近。加拿大的竞争优势逐渐下降,其竞争优势指数从1999年的2.3下降至2020年的-0.4。其他发达国家基本处于竞争劣势地位或仅有微弱的竞争优势(见图5-189和图5-190)。

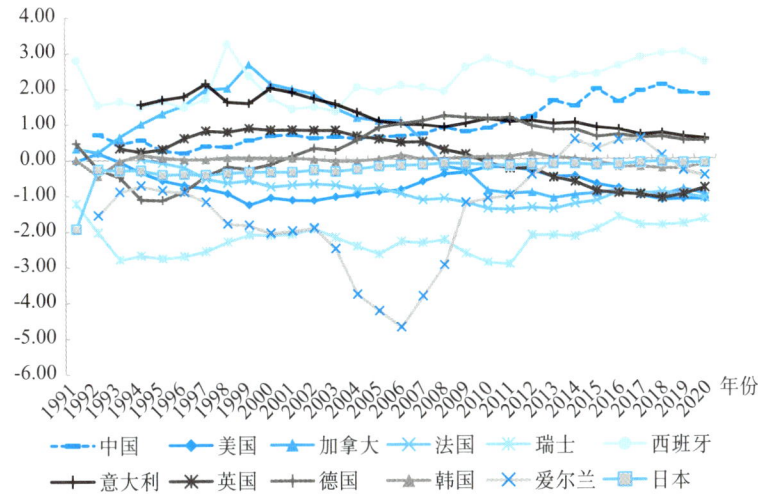

图 5-189　中国与发达国家石膏、水泥制品及类似制品制造显示性竞争优势指数比较

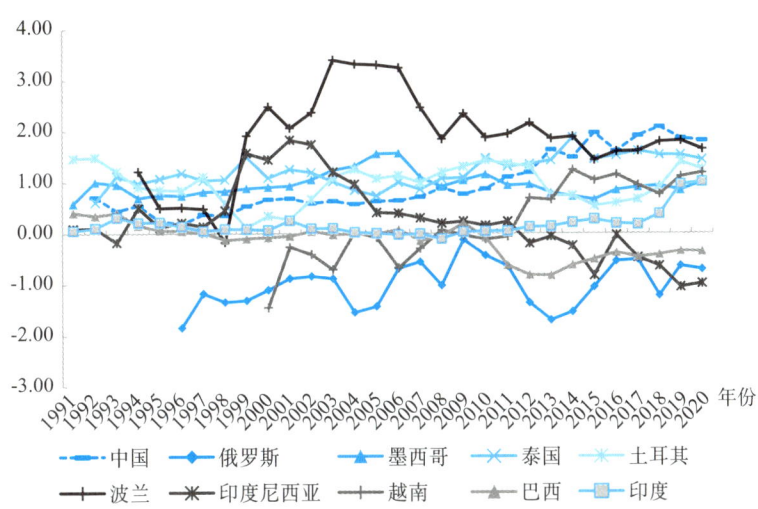

图 5-190　中国与发展中国家石膏、水泥制品及类似制品制造显示性竞争优势指数比较

（3）多个国家在砖瓦、石材等建筑材料制造领域有突出竞争优势。发达国家中，西班牙和意大利表现出色，其竞争优势指数虽呈下降趋势，但基本保持在 2.0 以上；其他发达国家则基本处于竞争劣势地位。发展中国家里，中国、印度、巴西、土耳其优势突出，其竞争优势指数基本保持在 2.0 以上。其中，土耳其优势最为突出，其指数近 20 年基本保持在 4.0 以上，并在 2005 年达到 6.5 的高值。其他发展中国家则基本保持竞争劣势地

位或仅有微弱的竞争优势（见图 5-191 和图 5-192）。

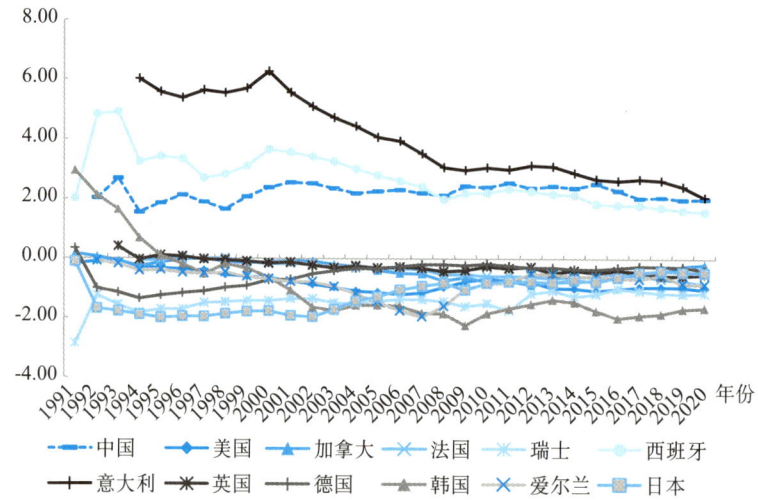

图 5-191　中国与发达国家砖瓦、石材等建筑材料制造显示性竞争优势指数比较

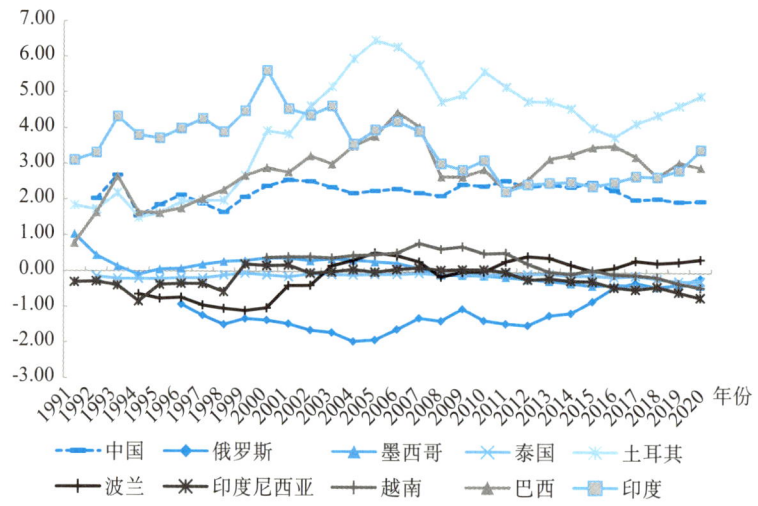

图 5-192　中国与发展中国家砖瓦、石材等建筑材料制造显示性竞争优势指数比较

（4）波兰、日本在玻璃制造的竞争优势较明显。发达国家中，日本优势呈倒"U"形变化，其指数从 2007 年的 0.8 上升至 2010 年的 2.9，又下降至 2015 年的 1.0 并基本保持稳定，在该领域的竞争优势突出。其他发达国家基本仅有微弱的竞争优势或保持竞争劣势地位。发展中国家中，波兰

的竞争优势呈上升态势,其指数从 1995 年的 -0.4 上升至 2020 年的 1.6。土耳其、墨西哥和印度尼西亚在该领域曾有显著竞争优势,但其优势呈明显下降态势。其他发展中国家仅有微弱的竞争优势或处于竞争劣势地位(见图 5-193 和图 5-194)。

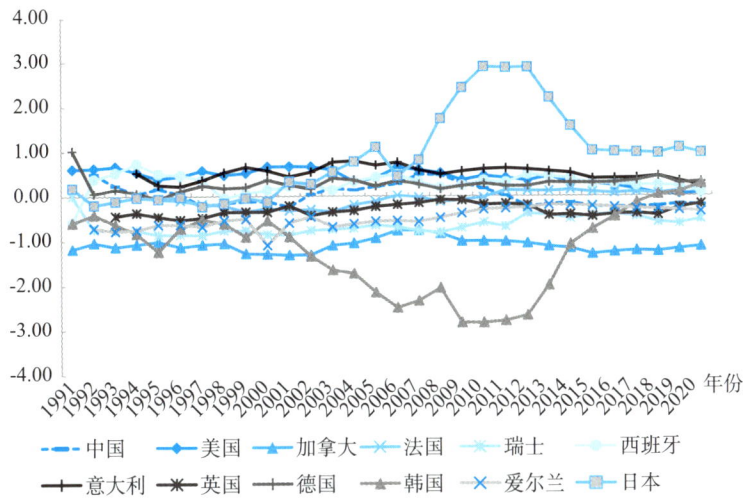

图 5-193　中国与发达国家玻璃制造显示性竞争优势指数比较

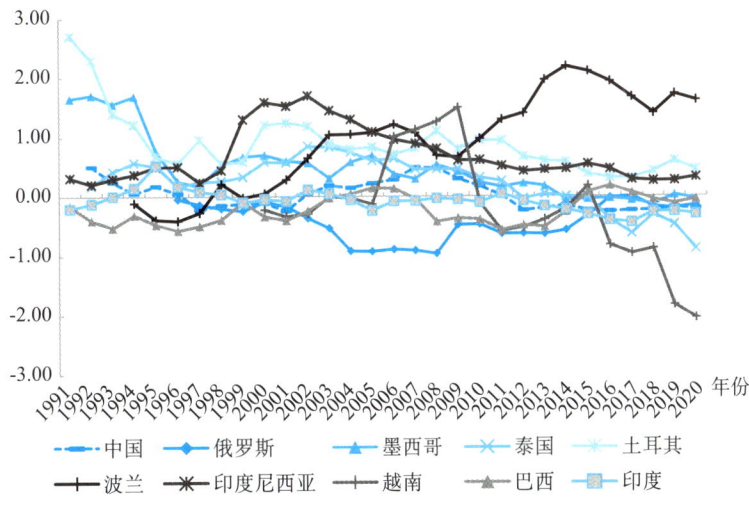

图 5-194　中国与发展中国家玻璃制造显示性竞争优势指数比较

(5)中国、土耳其等发展中国家在玻璃制品制造领域优势较高。发展中国家中,土耳其曾优势突出但其后优势逐渐下降,其竞争优势指数从

1991年的2.5下降至2020年的0.5。中国呈显著的上升趋势,其竞争优势指数由负转正,近10年基本保持在1.0以上。其他发展中国家则处于竞争劣势地位或具有微弱的竞争优势。发达国家中,仅有法国和意大利基本维持竞争优势地位,其指数保持在0~1.0。其他发达国家仅有微弱的竞争优势或处于竞争劣势地位(见图5-195和图5-196)。

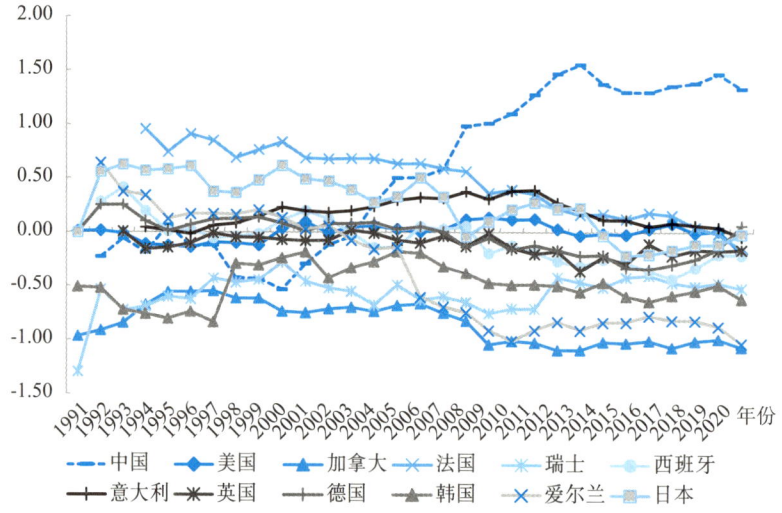

图5-195　中国与发达国家玻璃制品制造显示性竞争优势指数比较

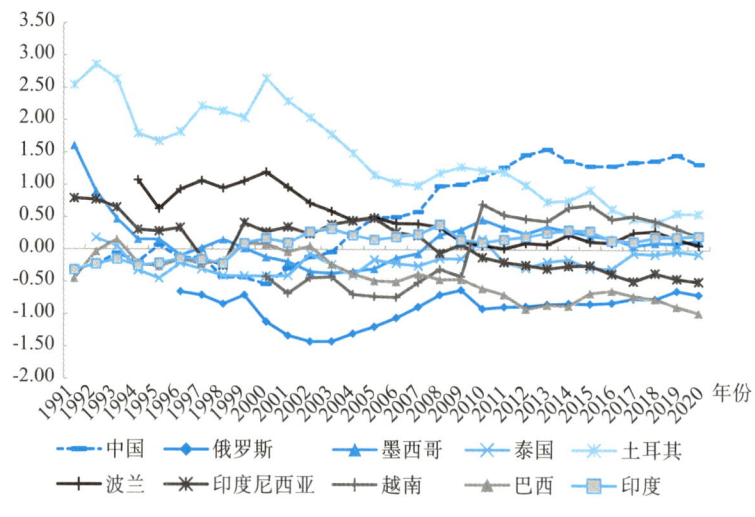

图5-196　中国与发展中国家玻璃制品制造显示性竞争优势指数比较

(6) 中国等发展中国家在陶瓷制品制造领域优势突出。发展中国家中，俄罗斯一直处于竞争劣势地位，泰国、印度尼西亚和波兰在近10年转为竞争劣势地位，其他发展中国家则一直处于竞争优势地位。其中，中国竞争优势平稳且显著，其竞争优势指数基本保持在3.0以上。越南的竞争优势呈下降态势，其指数从2000年的3.8下降至2020年的0.2。发达国家中，仅有意大利一直保持显著的竞争优势，其指数一直保持在1.0以上，其他发达国家基本处于竞争劣势地位或仅有微弱的竞争优势（见图5-197和图5-198）。

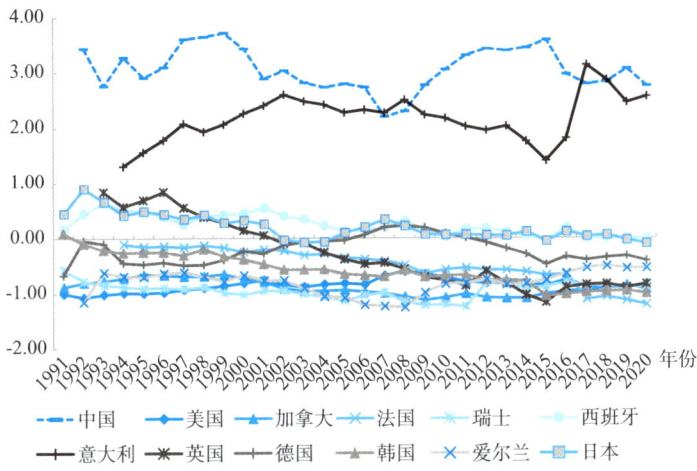

图5-197 中国与发达国家陶瓷制品制造显示性竞争优势指数比较

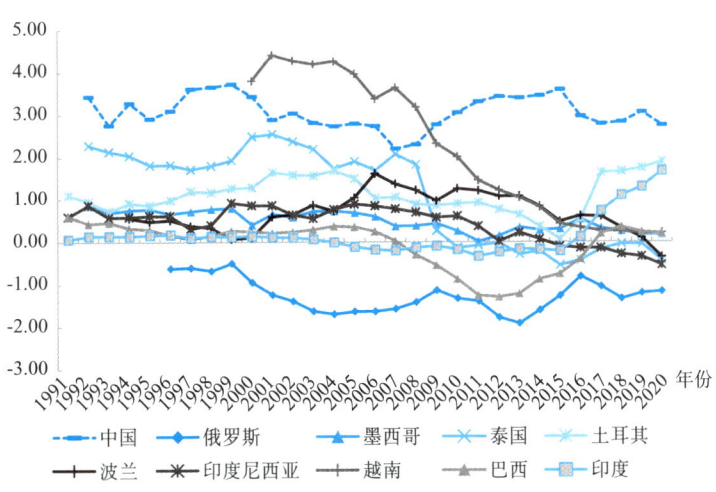

图5-198 中国与发展中国家陶瓷制品制造显示性竞争优势指数比较

(7) 发达国家在耐火材料制品制造领域竞争优势平稳突出。发达国家中，除爱尔兰、加拿大、韩国一直处于竞争劣势地位，其他国家基本均处于竞争优势地位，其竞争优势指数基本处于1.5以下。发展中国家中，中国、波兰、巴西基本处于竞争优势地位，其他发展中国家基本一直处于竞争劣势地位（见图5-199和图5-200）。

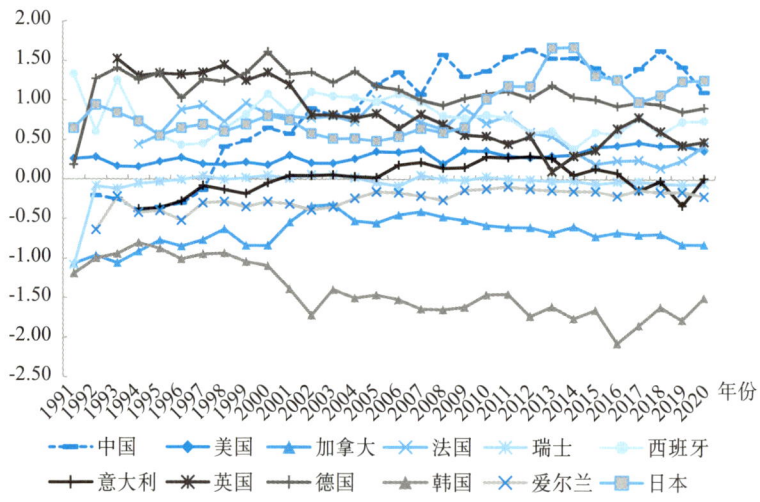

图5-199 中国与发达国家耐火材料制品制造显示性竞争优势指数比较

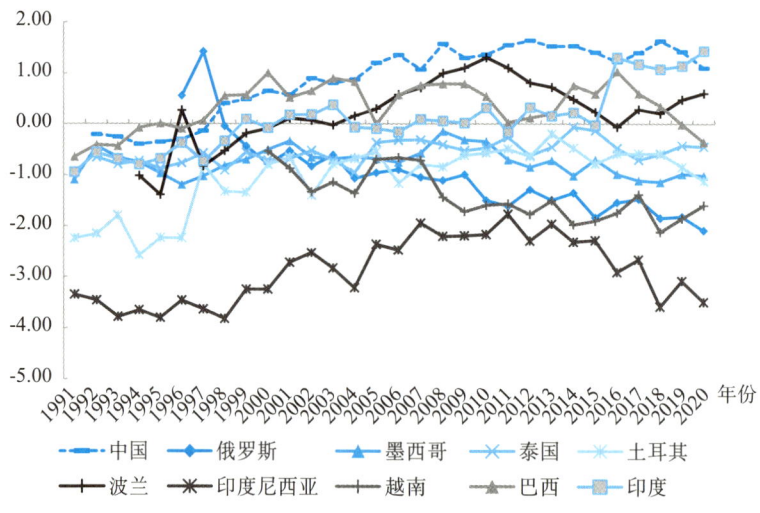

图5-200 中国与发展中国家耐火材料制品制造显示性竞争优势指数比较

(8) 日本在石墨及其他非金属矿物制品制造领域优势突出。在该领域，发达国家较发展中国家更有优势，大部分发达国家均处于竞争优势地位，其中日本竞争优势突出，其指数基本保持在 1.5 以上。发展中国家中，中国、印度、波兰在近 10 年保持微弱竞争优势地位，其指数基本保持在 0～1.0，其他发展中国家则基本处于竞争劣势地位（见图 5-201 和图 5-202）。

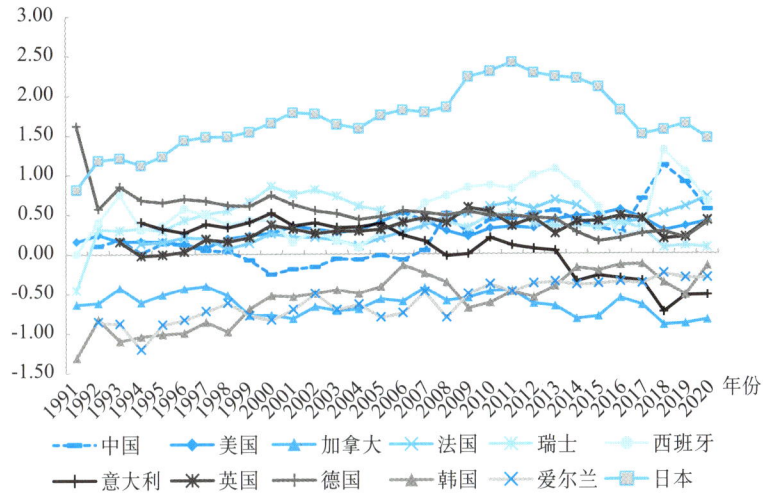

图 5-201　中国与发达国家石墨及其他非金属矿物制品制造显示性竞争优势指数比较

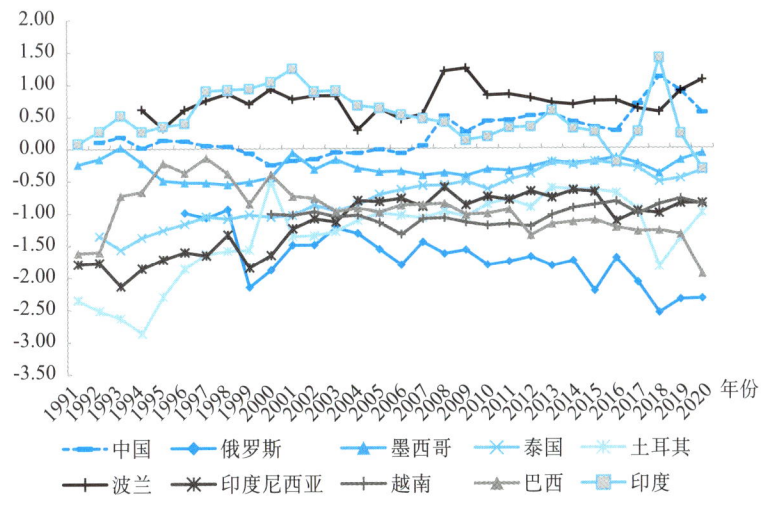

图 5-202　中国与发展中国家石墨及其他非金属矿物制品制造显示性竞争优势指数比较

18. 日本的黑色金属冶炼和压延加工业竞争优势突出

从行业大类看,发达国家和发展中国家优势相近。发达国家中,韩国、日本一直处于竞争优势地位,其中日本优势突出,其竞争优势指数一直处于 1.0 以上。韩国的竞争优势呈倒"U"形,其竞争优势指数由 1993 年的 1.9 下降至 2008 年的 -0.3,后又上升至 2020 年的 1.4。发展中国家中,仅有土耳其一直保持竞争优势地位,其指数保持在 1.0 附近。巴西、俄罗斯的竞争优势则呈下降趋势(见图 5-203 和图 5-204)。

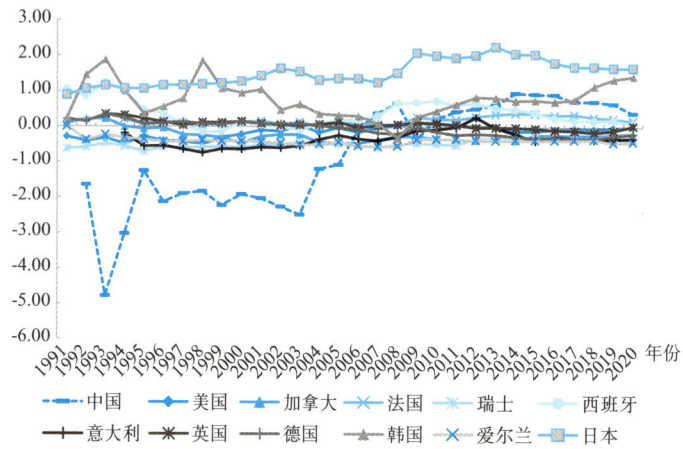

图 5-203 中国与发达国家黑色金属冶炼和压延加工业显示性竞争优势指数比较

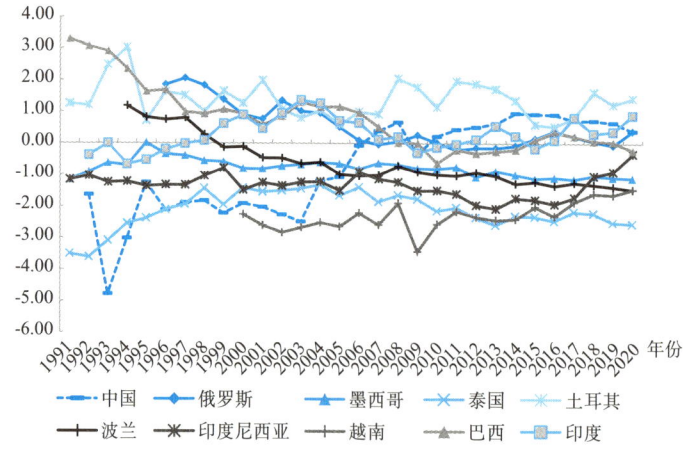

图 5-204 中国与发展中国家黑色金属冶炼和压延加工业显示性竞争优势指数比较

19. 俄罗斯和加拿大的有色金属冶炼和压延加工业优势突出

从行业大类看,发达国家中加拿大在有色金属冶炼和压延加工业优势突出,其竞争优势指数基本保持在 1.0 以上。英国在该领域的竞争优势在近 10 年波动较大,其指数在 2013 年高达 2.6,却在 2016 年下降至 -1.1。其他发达国家则基本处于竞争劣势地位或仅有微弱的竞争优势。发展中国家中,俄罗斯优势突出且较为稳定,其竞争优势指数基本保持在 2.0 以上。波兰和巴西竞争优势较为微弱,其指数基本保持在 1.0 以下。其他发展中国家则基本处于竞争劣势地位(见图 5-205 和图 5-206)。

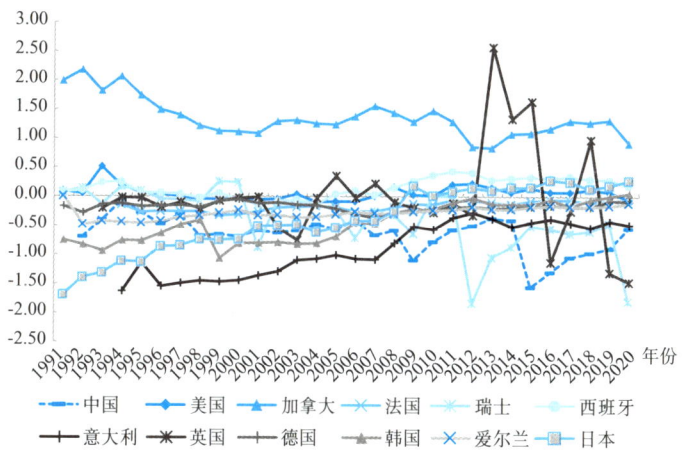

图 5-205 中国与发达国家有色金属冶炼和压延加工业显示性竞争优势指数比较

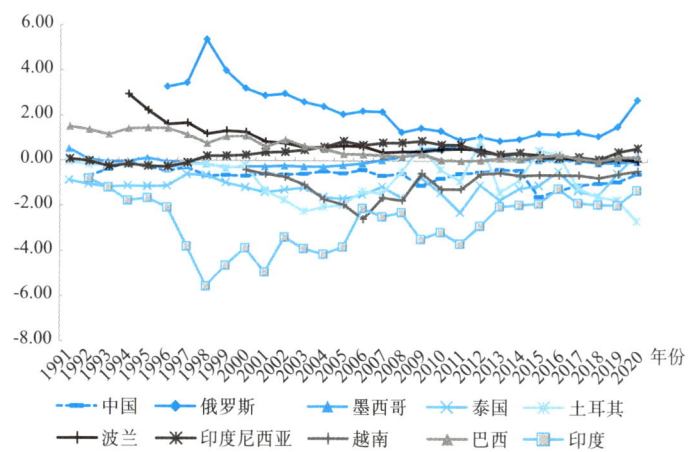

图 5-206 中国与发展中国家有色金属冶炼和压延加工业显示性竞争优势指数比较

从行业中类、小类看,几十年来各国竞争优势呈明显分化态势。

(1) 加拿大、俄罗斯在常用有色金属冶炼行业优势突出。发达国家中,加拿大优势突出,其竞争优势指数基本保持在3.0以上。其他发达国家则基本处于竞争劣势地位或仅有微弱的竞争优势。发展中国家中,俄罗斯竞争优势突出却呈下降趋势,其竞争优势指数从1998年的10.1下降至2020年的3.9。巴西、波兰也一直保持竞争优势地位,但其优势较俄罗斯弱,近10年其竞争优势指数基本保持在2.0附近。印度的竞争优势则呈上升趋势,其竞争优势指数从1991年的-0.6上升至2020年的1.5。其他发展中国家则基本处于竞争劣势地位(见图5-207和图5-208)。

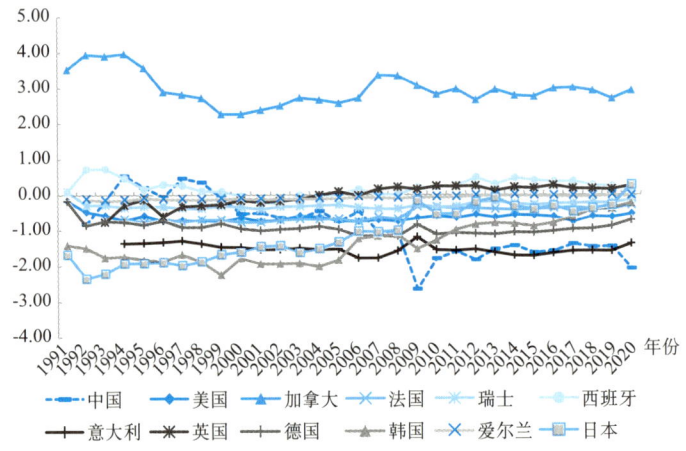

图5-207 中国与发达国家常用有色金属冶炼显示性竞争优势指数比较

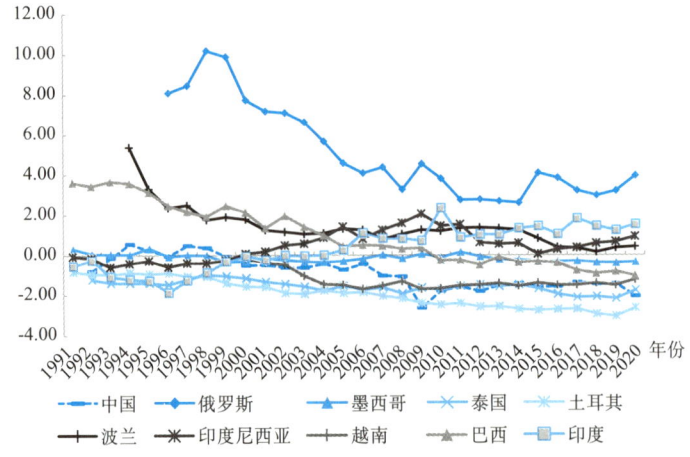

图5-208 中国与发展中国家常用有色金属冶炼显示性竞争优势指数比较

（2）加拿大等发达国家在贵金属冶炼领域的优势突出。发达国家中，加拿大优势突出，但其竞争优势呈下降趋势，其指数从1991年的2.3下降至2020年的0.5。英国在近10年竞争优势波动较大，其指数在2013年高达3.8，但在2016年下降至-1.7。发展中国家中，大多数国家处于竞争劣势地位或仅有微弱的竞争优势（见图5-209和图5-210）。

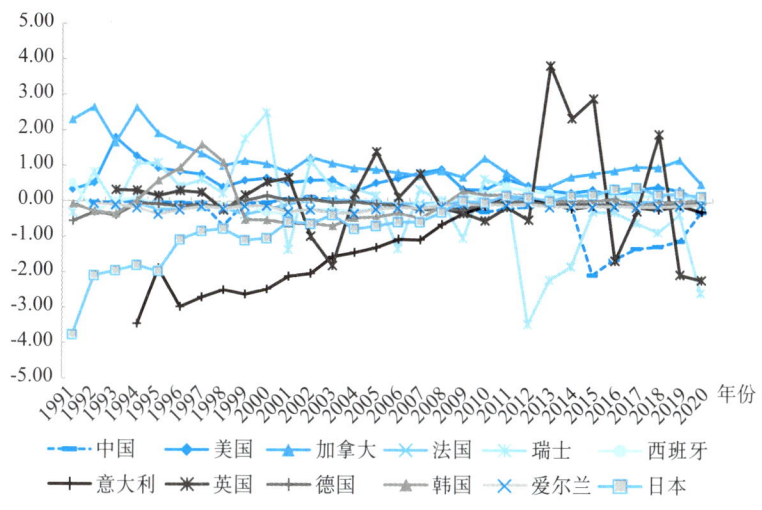

图5-209 中国与发达国家贵金属冶炼显示性竞争优势指数比较

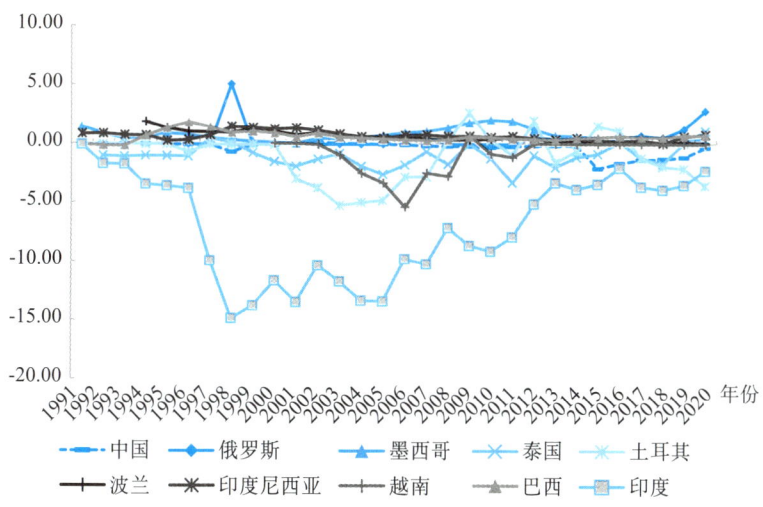

图5-210 中国与发展中国家贵金属冶炼显示性竞争优势指数比较

(3) 土耳其等发展中国家在有色金属压延加工领域有突出竞争优势。发达国家在有色金属压延加工领域并无显著优势，基本处于竞争劣势地位或仅有微弱的竞争优势。发展中国家中，俄罗斯、土耳其一直维持竞争优势地位，其竞争优势指数保持在1.5附近（见图5-211和图5-212）。

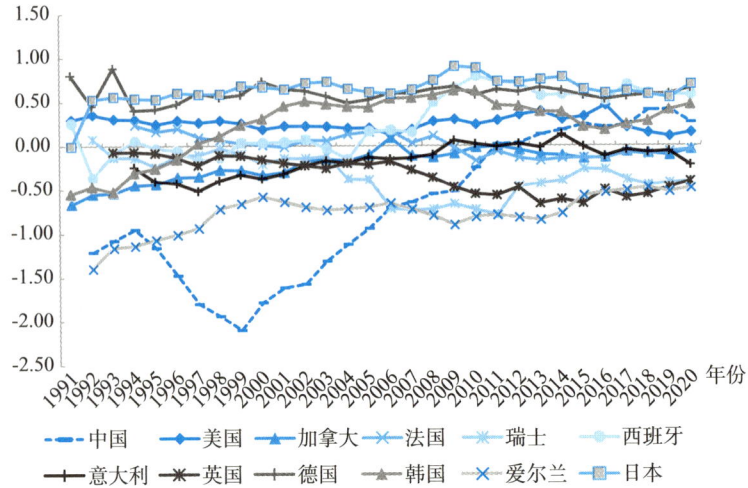

图5-211　中国与发达国家有色金属压延加工显示性竞争优势指数比较

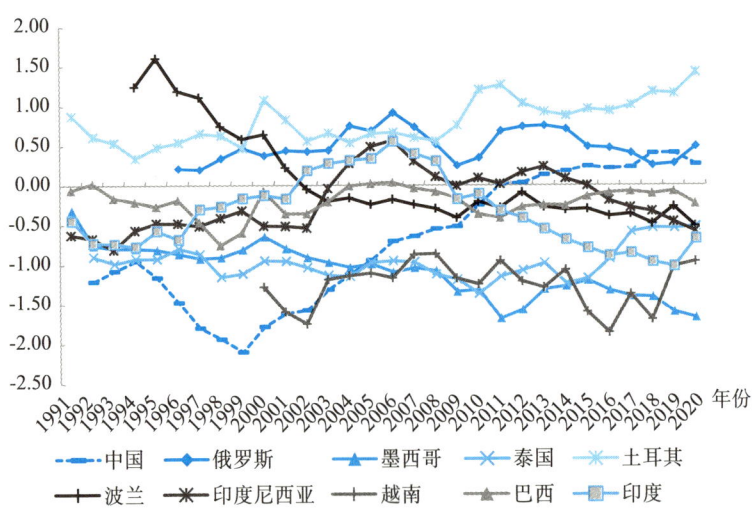

图5-212　中国与发展中国家有色金属压延加工显示性竞争优势指数比较

20. 发达国家金属制品业竞争优势较发展中国家更为突出

从行业大类看，意大利、西班牙、德国、韩国等发达国家略有竞争优势，其中意大利竞争优势较为明显。西班牙、德国等发达国家一直保持微弱的竞争优势，其竞争优势指数基本维持在 0.5 以下。发展中国家中，仅有中国、土耳其、印度和波兰维持在竞争优势地位。其中，中国和土耳其竞争优势较为突出，近 10 年其竞争优势指数基本保持在 1.0 以上，其他国家则仅有微弱的竞争优势（见图 5-213 和图 5-214）。

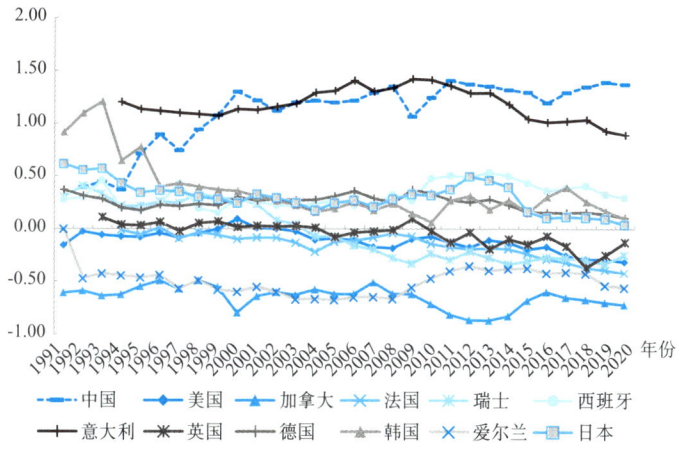

图 5-213　中国与发达国家金属制品业显示性竞争优势指数比较

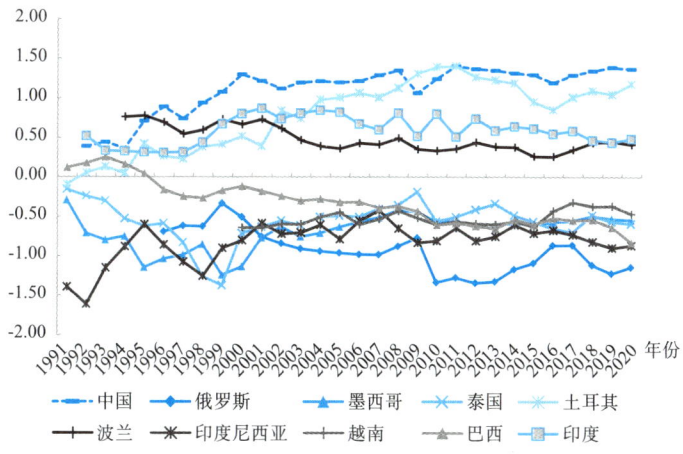

图 5-214　中国与发展中国家金属制品业显示性竞争优势指数比较

从行业中类、小类看,几十年来各国竞争优势呈明显分化态势。

(1) 各国在结构性金属制品制造业竞争较为激烈。发达国家中,意大利竞争优势较为突出,其竞争优势指数一直维持在 1.0 以上。其他发达国家则基本处于竞争劣势地位或仅有微弱的竞争优势。发展中国家中,中国、土耳其优势相对突出,其竞争优势指数近 10 年基本保持在 1.0 以上。波兰和印度一直保持微弱的竞争优势(见图 5-215 和图 5-216)。

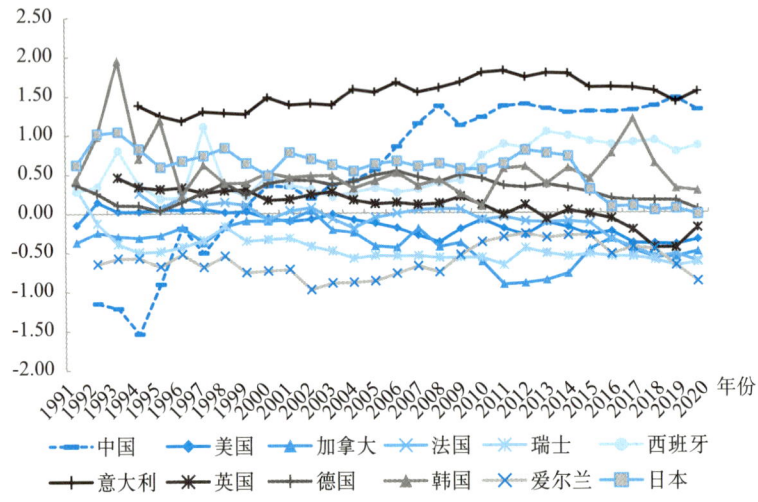

图 5-215 中国与发达国家结构性金属制品制造业显示性竞争优势指数比较

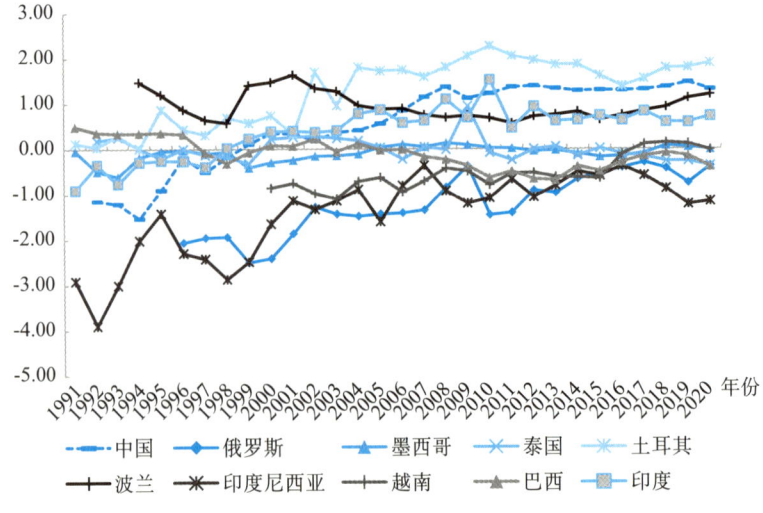

图 5-216 中国与发展中国家结构性金属制品制造业显示性竞争优势指数比较

(2)多数发达国家在金属工具制造领域处于竞争优势地位,但优势并不突出。多数发达国家在该领域处于竞争优势地位,但其竞争优势近20年基本保持在1.0以下,优势并不突出。发展中国家中,仅有中国和印度在该领域一直保持竞争优势地位,其中中国优势相对突出,其竞争优势指数基本保持在1.0以上。波兰的竞争优势指数在2007年由负转正后保持微弱的竞争优势地位。其他发展中国家基本保持竞争劣势地位(见图5-217和图5-218)。

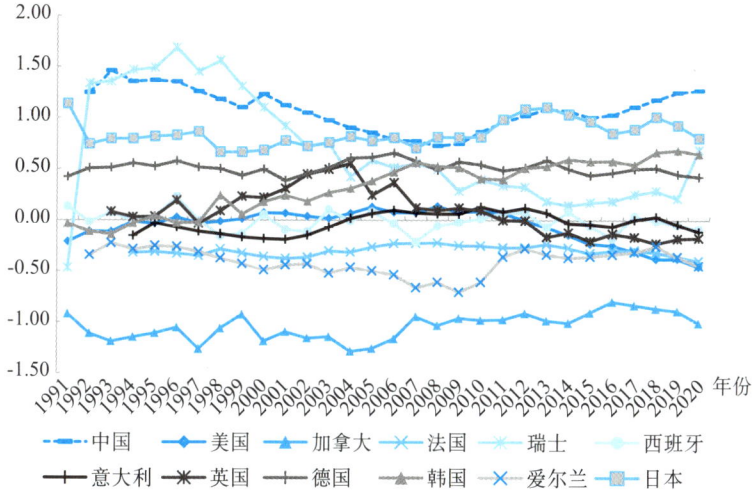

图5-217 中国与发达国家金属工具制造业显示性竞争优势指数比较

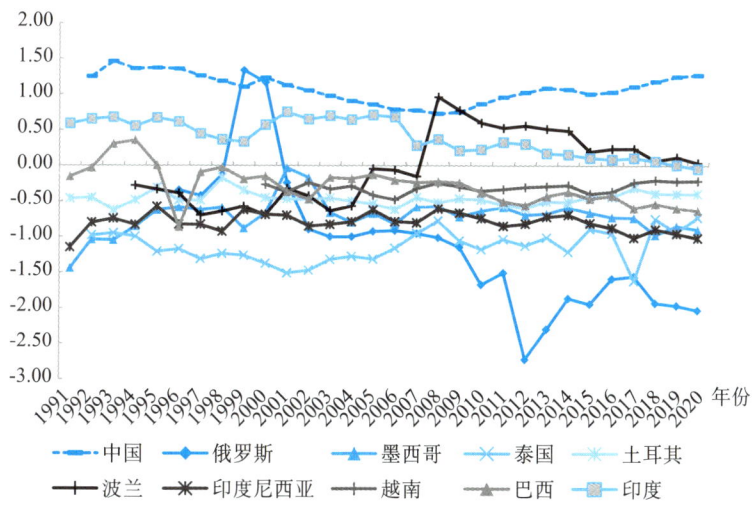

图5-218 中国与发展中国家金属工具制造业显示性竞争优势指数比较

(3) 中国等发展中国家在集装箱及金属包装容器制造业优势突出。发达国家中，多数国家处于竞争劣势地位或微弱的竞争优势。其中，韩国在该领域曾经优势非常突出，但其优势呈显著的下降趋势，其竞争优势指数从1991年的5.1下降至2000年的1.1后一直保持在1.0以下。发展中国家中，中国、土耳其优势显著，其竞争优势指数一直保持在1.0以上（见图5-219和图5-220）。

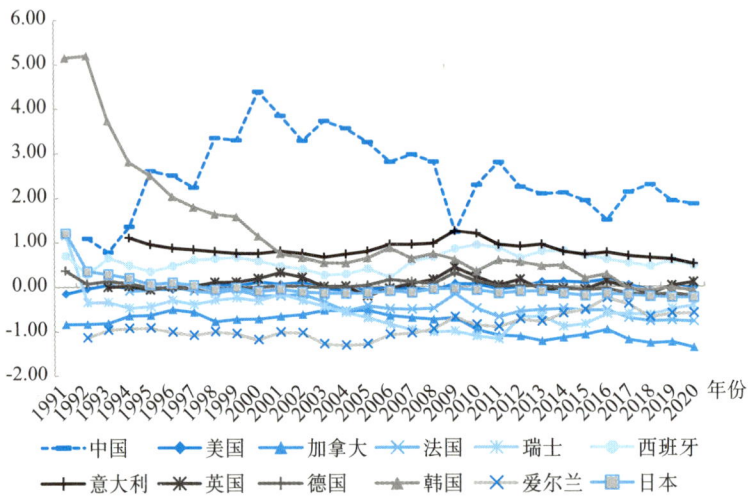

图5-219　中国与发达国家集装箱及金属包装容器制造业显示性竞争优势指数比较

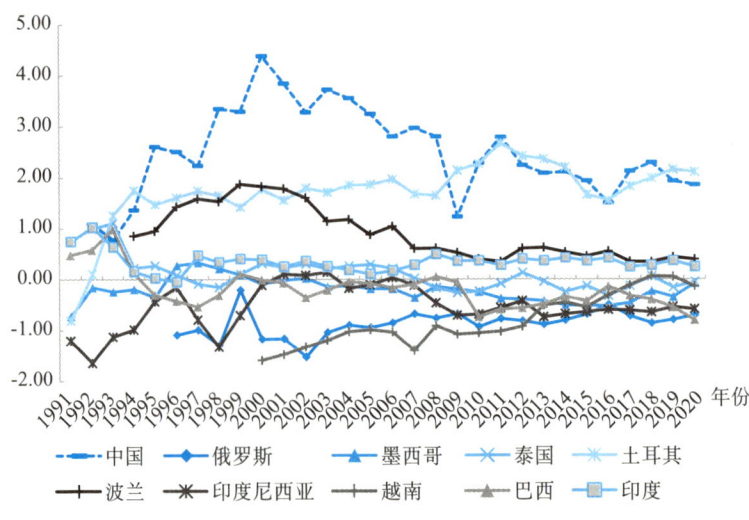

图5-220　中国与发展中国家集装箱及金属包装容器制造业显示性竞争优势指数比较

(4)各国在建筑、安全用金属制品制造业领域竞争较为激烈。发达国家中,意大利表现突出,但其竞争优势呈下降趋势,其优势指数从1994年的1.8下降至2020年的0.5。德国一直保持微弱的竞争优势,其竞争优势指数基本保持在0.5附近。其他发达国家基本处于竞争劣势地位。发展中国家中,中国、土耳其表现突出,近20年其竞争优势指数基本保持在1.0以上。其他发展中国家基本处于竞争劣势地位或具有微弱的竞争优势(见图5-221和图5-222)。

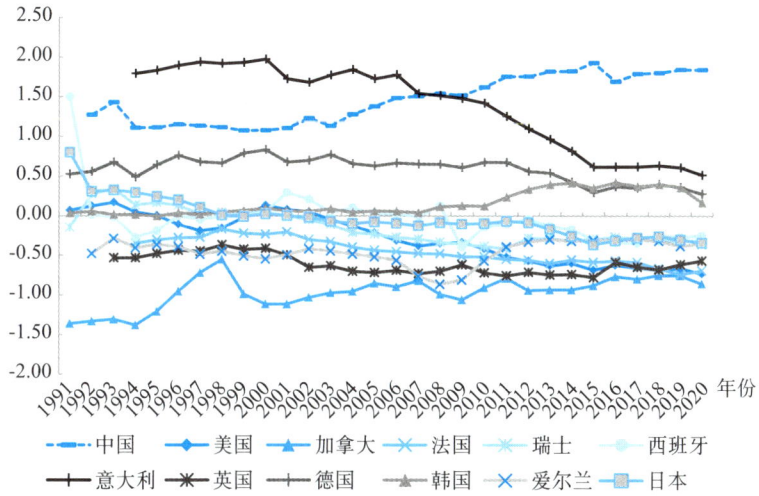

图5-221 中国与发达国家建筑、安全用金属制品制造业显示性竞争优势指数比较

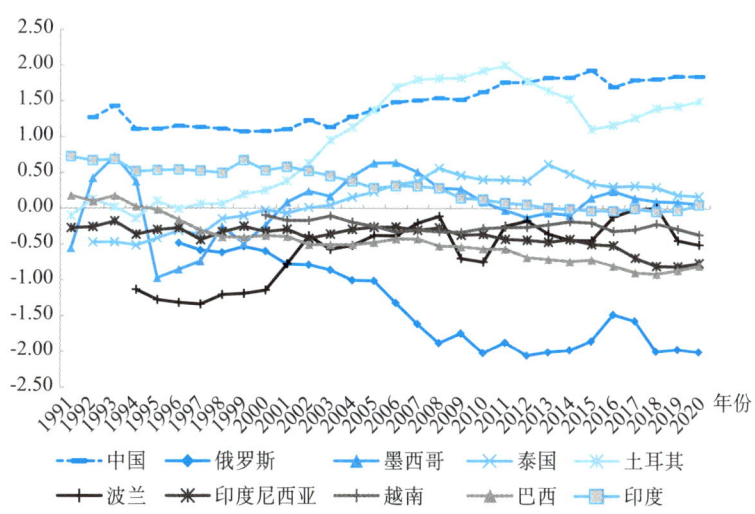

图5-222 中国与发展中国家建筑、安全用金属制品制造业显示性竞争优势指数比较

（5）发展中国家在金属制日用品制造领域竞争优势相对突出。发达国家中，仅有意大利一直保持竞争优势地位，其竞争优势指数基本保持在1.0以上。韩国竞争优势呈显著下降趋势，其竞争优势指数从1991年的2.9下降至2020年的-0.3。其他发达国家基本处于竞争劣势地位。多数发展中国家基本处于竞争优势地位。其中，中国、土耳其优势突出，其竞争优势指数基本保持在2.0以上。印度的竞争优势指数呈下降趋势，其竞争优势指数从2000年的4.5下降至2020年的0.9。其他发展中国家大多具有微弱的竞争优势（见图5-223和图5-224）。

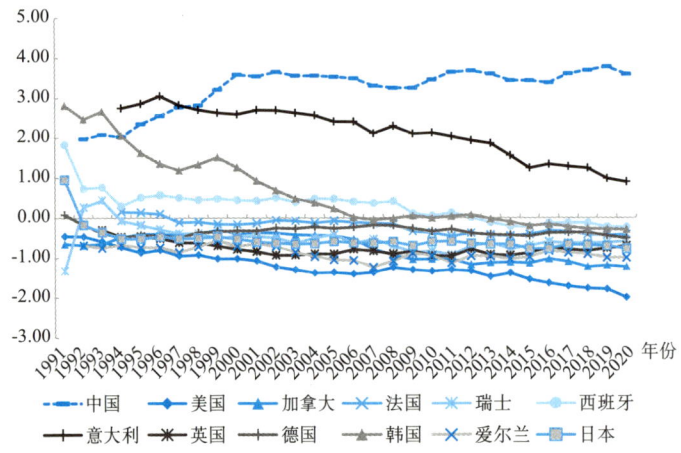

图5-223 中国与发达国家金属制日用品制造业显示性竞争优势指数比较

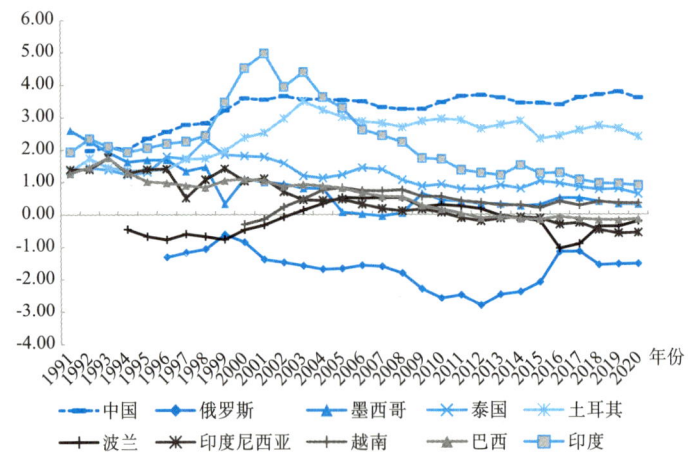

图5-224 中国与发展中国家金属制日用品制造业显示性竞争优势指数比较

(6)意大利等发达国家在铸造及其他金属制品制造竞争优势相对突出。多数发达国家基本处于竞争优势地位。其中,意大利优势突出,其竞争优势指数基本处于1.0以上,其他发达国家基本具有微弱的竞争优势或处于竞争劣势地位。发展中国家中,仅有波兰曾在2000年前具有显著的竞争优势。近20年仅有中国、印度、波兰和土耳其具有微弱的竞争优势,其他发展中国家均处于竞争劣势地位(见图5-225和图5-226)。

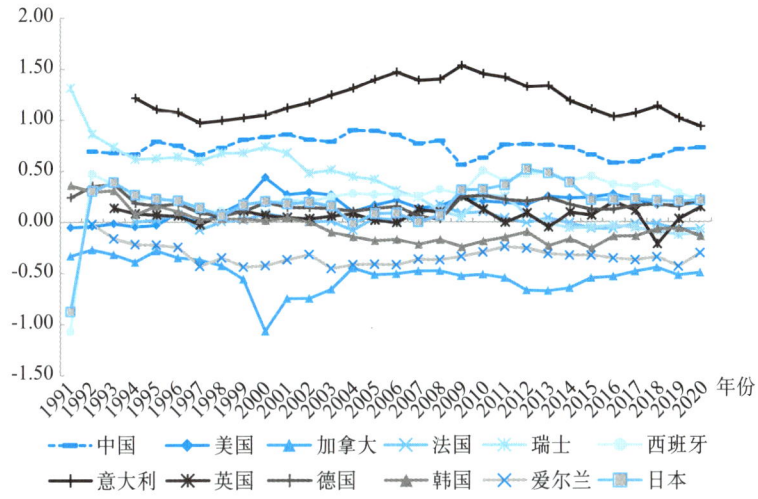

图5-225 中国与发达国家铸造及其他金属制品制造业显示性竞争优势指数比较

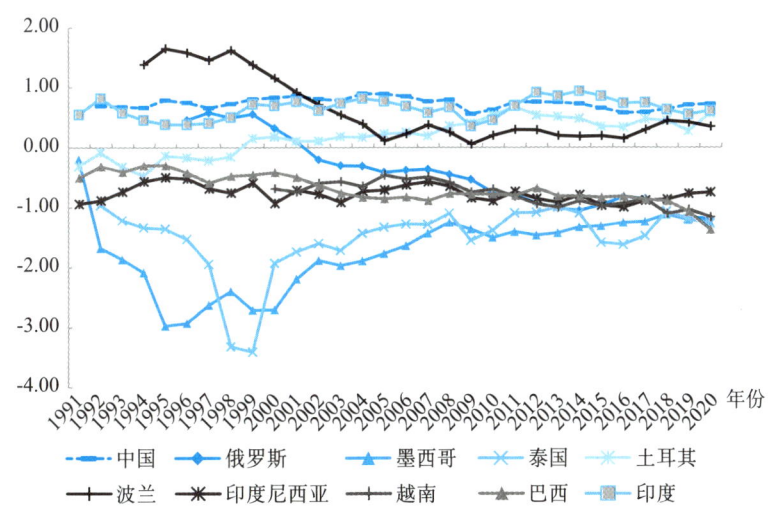

图5-226 中国与发展中国家铸造及其他金属制品制造显示性竞争优势指数比较

21. 各国在通用设备制造业均处于竞争优势地位

从行业大类看，各国在通用设备制造业均处于竞争优势地位。发达国家中，大多数国家的竞争优势指数分布在 0.5~2.0。其中，加拿大、德国和法国表现较为突出，其指数基本保持在 1.0 以上。发展中国家在该领域竞争优势较发达国家更为突出，其中，墨西哥和泰国表现最为突出，其竞争优势指数基本保持在 2.0 以上（见图 5-227 和图 5-228）。

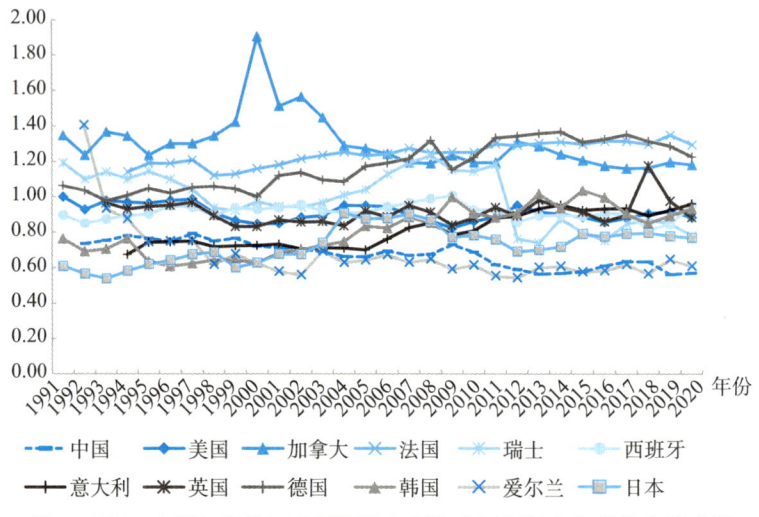

图 5-227　中国与发达国家通用设备制造业显示性竞争优势指数比较

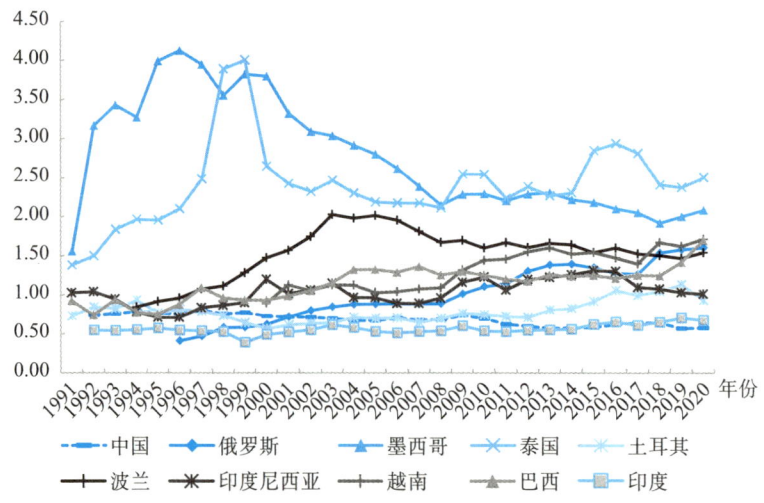

图 5-228　中国与发展中国家通用设备制造业显示性竞争优势指数比较

从行业中类、小类看,几十年来各国竞争优势呈明显分化态势。

(1)发达国家在锅炉及原动设备制造领域竞争较为突出。发达国家中,多数国家处于竞争优势地位,但其优势并不突出,其竞争优势指数基本保持在1.0以下。发展中国家中,近20年仅有中国和泰国一直维持竞争优势地位,但其竞争优势指数一直保持在1.0以下(见图5-229和图5-230)。

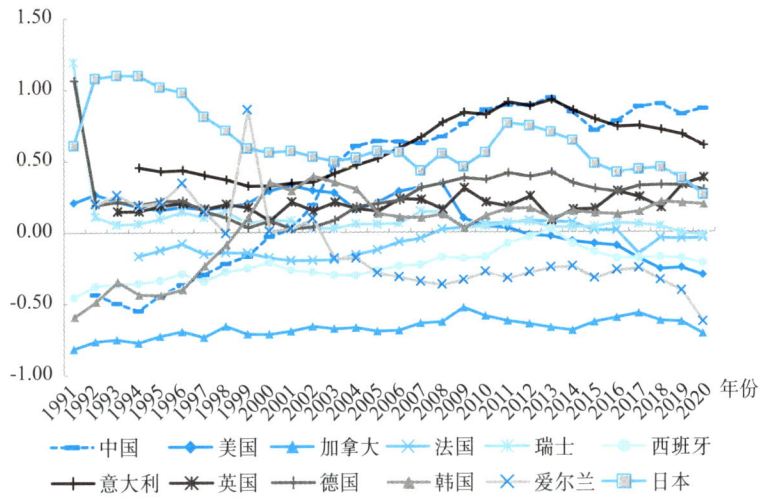

图5-229 中国与发达国家锅炉及原动设备制造显示性竞争优势指数比较

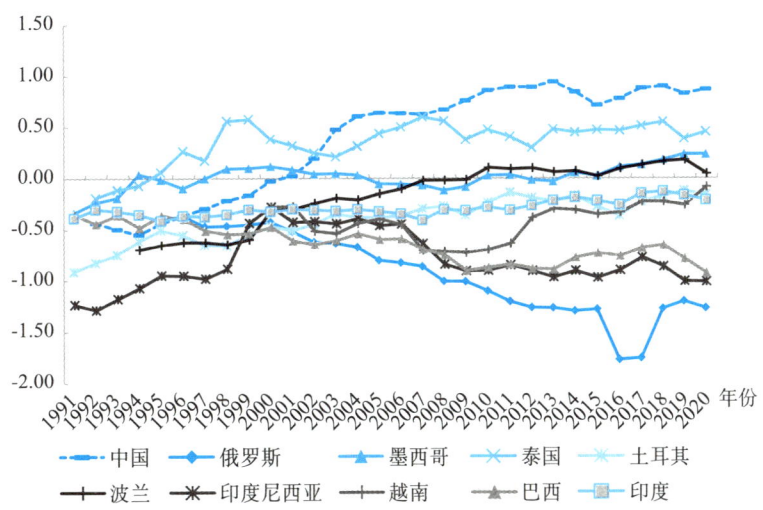

图5-230 中国与发展中国家锅炉及原动设备制造显示性竞争优势指数比较

（2）多数国家在金属加工机械制造领域处于竞争劣势地位。发达国家中，仅有英国、美国、意大利和瑞士一直处于竞争优势地位，其中英国优势突出，近20年其竞争优势指数基本保持在2.0以上。发展中国家中，仅有波兰和墨西哥近20年处于竞争优势地位，但其优势十分微弱，其他发展中国家均处于竞争劣势地位（见图5-231和图5-232）。

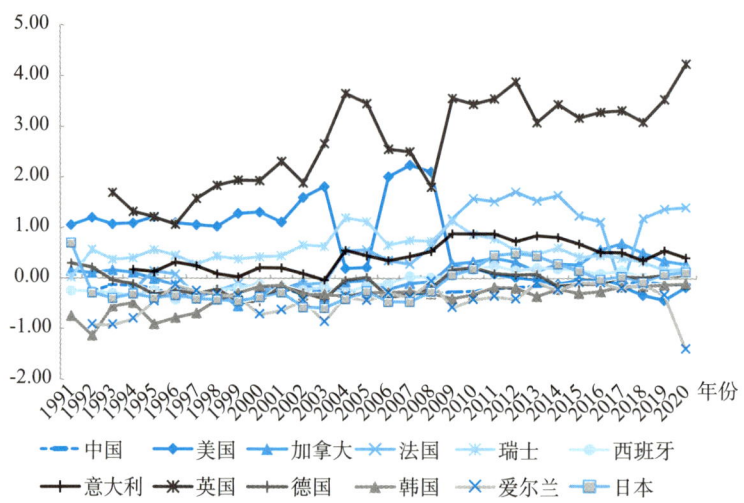

图5-231 中国与发达国家金属加工机械制造显示性竞争优势指数比较

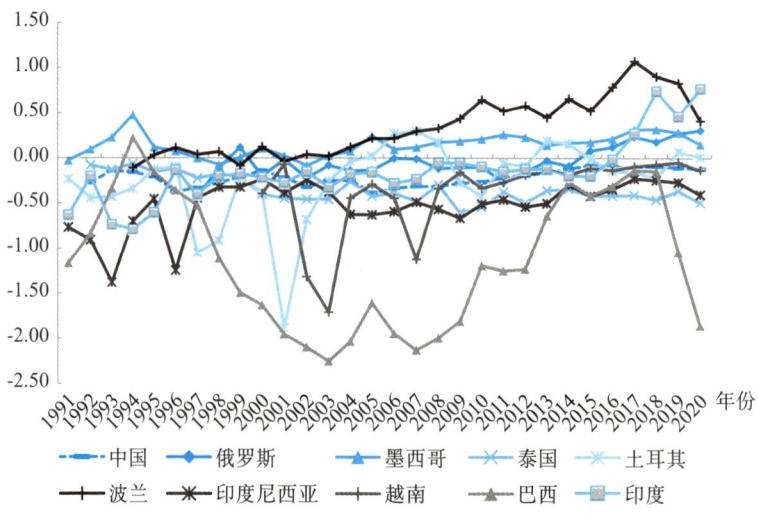

图5-232 中国与发展中国家金属加工机械制造显示性竞争优势指数比较

（3）发达国家在物料搬运设备制造领域优势突出。发达国家中，瑞士和意大利优势突出，其竞争优势指数基本保持在 2.0 以上。日本、美国、德国则保持微弱的竞争优势。所有的发展中国家均处于竞争劣势地位（见图 5–233 和图 5–234）。

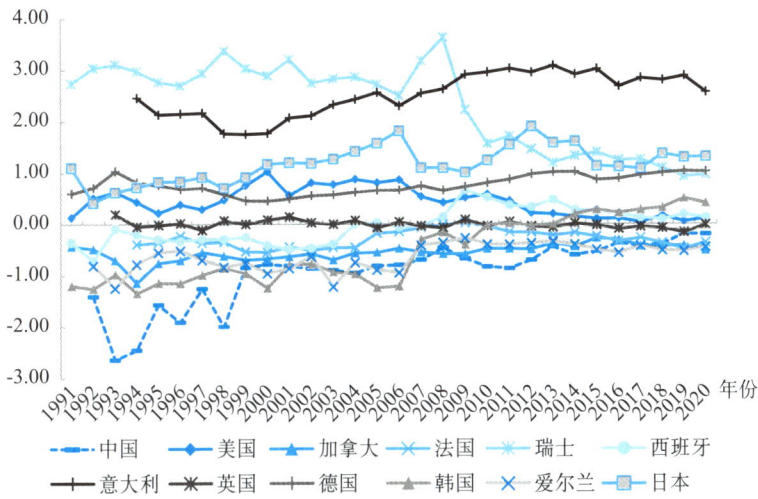

图 5–233　中国与发达国家物料搬运设备制造显示性竞争优势指数比较

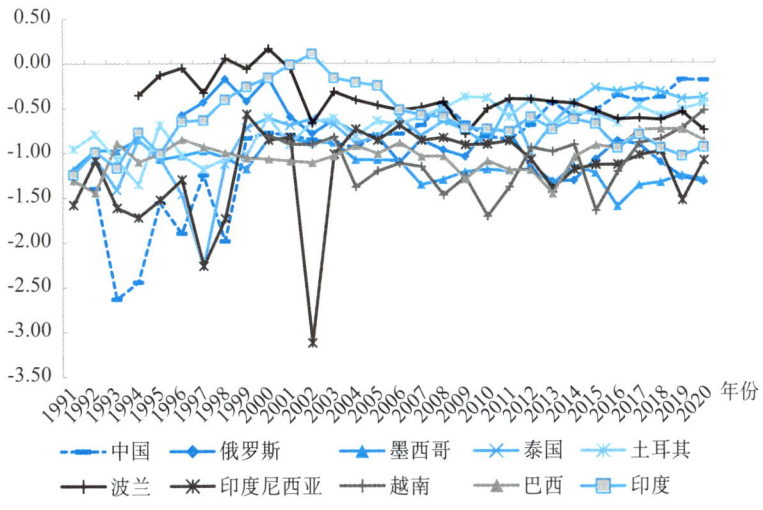

图 5–234　中国与发展中国家物料搬运设备制造显示性竞争优势指数比较

(4) 发达国家在泵、阀门、压缩机及类似机械制造领域竞争优势较为突出。发达国家中，多数国家处于竞争优势地位，其中日本、德国和意大利竞争优势相对突出，其竞争优势指数基本保持在 1.0 以上。发展中国家中，仅有中国在 2008 年以后保持微弱的竞争优势，其他发展中国家均处于竞争劣势地位（见图 5-235 和图 5-236）。

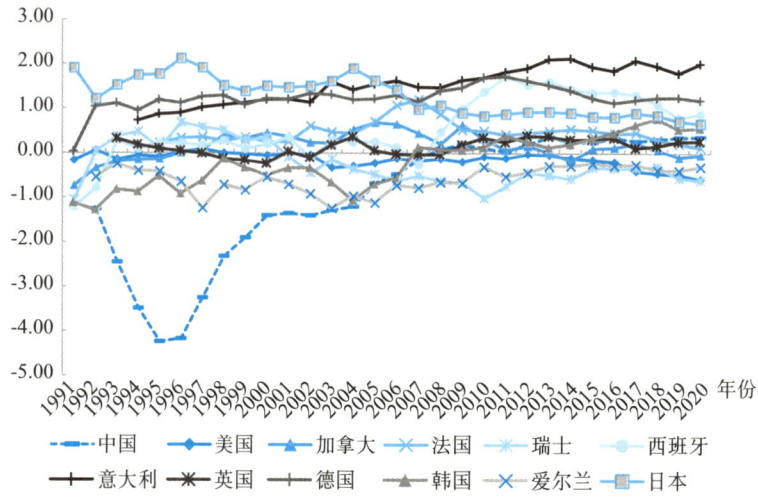

图 5-235　中国与发达国家泵、阀门、压缩机及类似机械制造显示性竞争优势指数比较

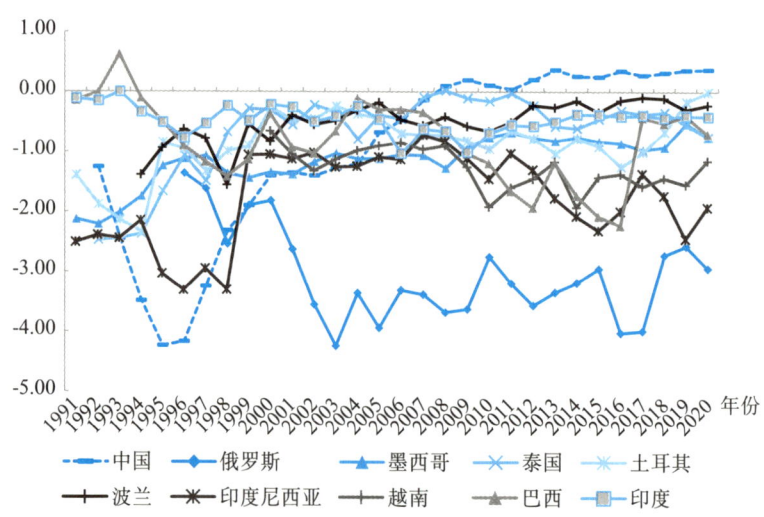

图 5-236　中国与发展中国家泵、阀门、压缩机及类似机械制造显示性竞争优势指数比较

(5)发达国家在轴承、齿轮和传动部件制造领域优势突出。发达国家中,多数发达国家处于竞争优势地位,其中意大利优势突出,其竞争优势指数保持在2.0以上。发展中国家中,近20年仅有中国和印度基本保持微弱的竞争优势,其他发展中国家基本均处于竞争劣势地位(见图5-237和图5-238)。

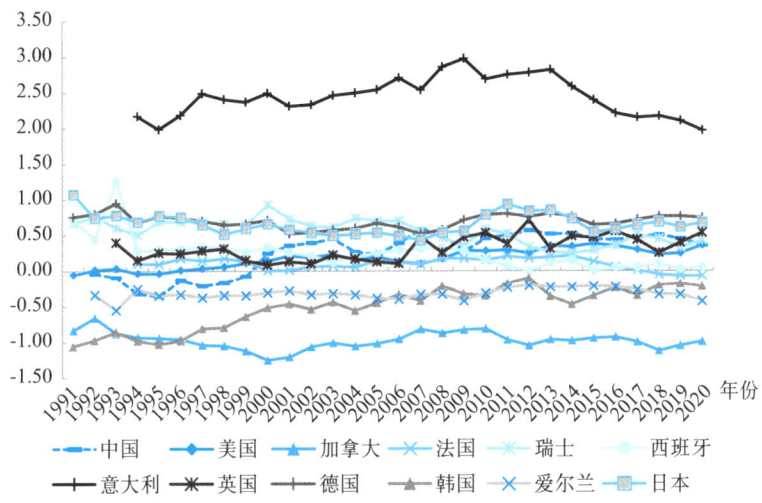

图5-237 中国与发达国家轴承、齿轮和传动部件制造显示性竞争优势指数比较

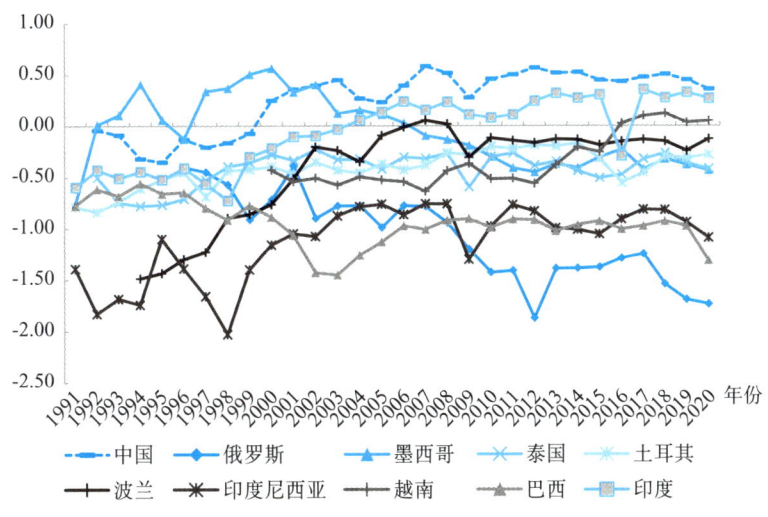

图5-238 中国与发展中国家轴承、齿轮和传动部件制造显示性竞争优势指数比较

（6）发达国家在烘炉、风机、包装等设备制造领域竞争优势突出。发达国家基本均处于竞争优势地位，其中日本、德国和意大利竞争优势突出，近20年其竞争优势指数基本保持在1.0以上。发展中国家则基本处于竞争劣势地位（见图5-239和图5-240）。

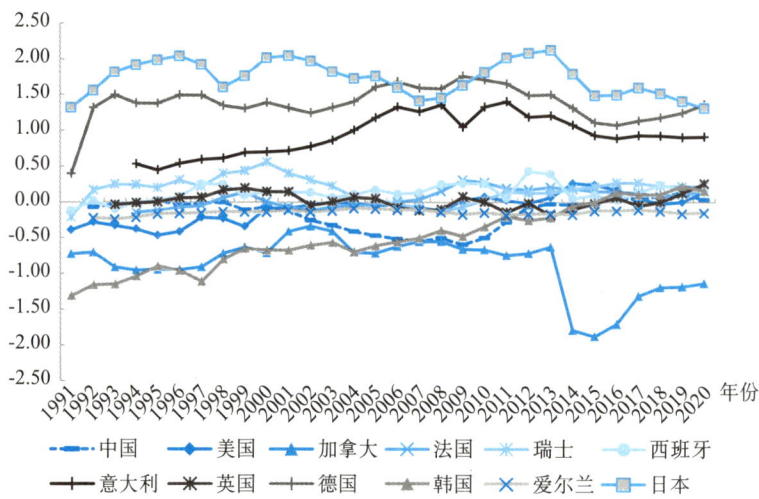

图5-239 中国与发达国家烘炉、风机、包装等设备制造显示性竞争优势指数比较

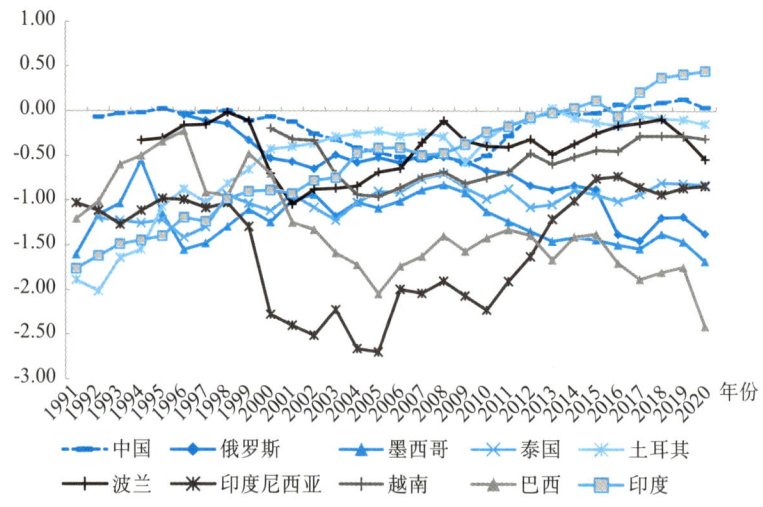

图5-240 中国与发展中国家烘炉、风机、包装等设备制造显示性竞争优势指数比较

（7）发达国家在文化、办公用机械制造领域优势突出。发达国家中，仅有意大利、德国和瑞士一直保持竞争优势地位，其中德国和意大利优势较为突出，其竞争优势指数一直保持在 2.0 以上。发展中国家中，波兰和土耳其在近 10 年处于竞争优势地位，其他国家一直处于竞争劣势地位（见图 5-241 和图 5-242）。

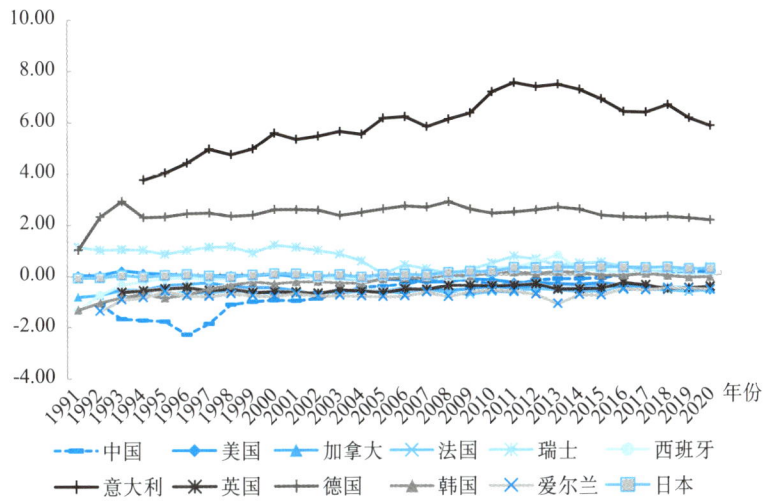

图 5-241　中国与发达国家文化、办公用机械制造显示性竞争优势指数比较

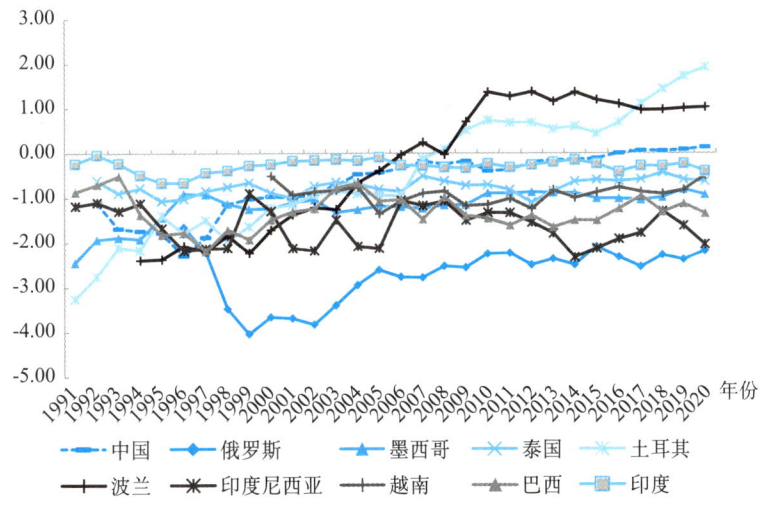

图 5-242　中国与发展中国家文化、办公用机械制造显示性竞争优势指数比较

（8）发展中国家在通用零部件制造领域优势相对突出。发达国家中，基本所有的国家均处于竞争劣势地位或仅有微弱的竞争优势。发展中国家中，泰国在2004年前竞争优势突出，其竞争优势指数在1998年高达2.8。其他发展中国家基本处于竞争劣势地位或具有微弱的竞争优势（见图5-243和图5-244）。

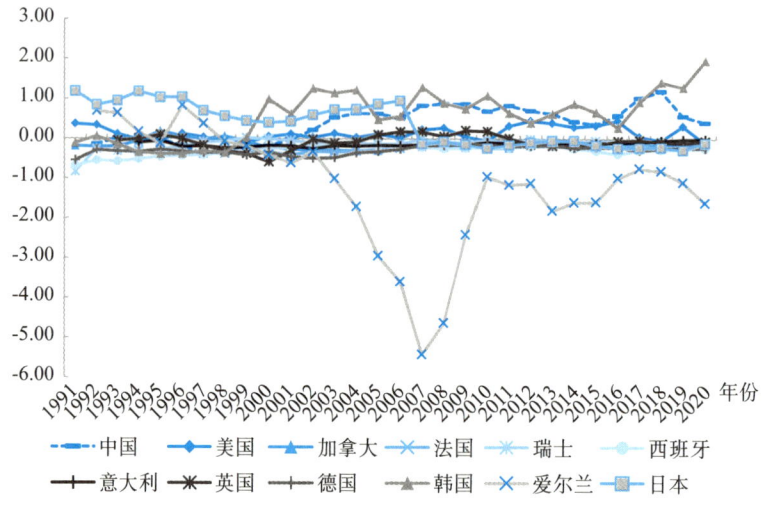

图5-243 中国与发达国家通用零部件制造显示性竞争优势指数比较

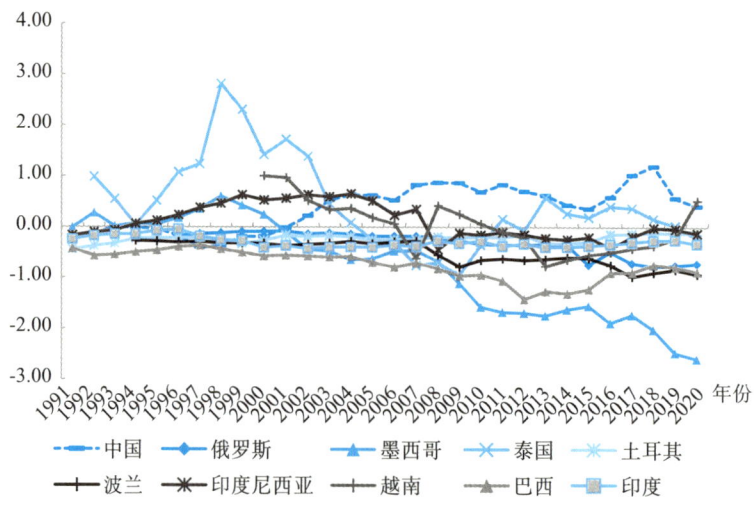

图5-244 中国与发展中国家通用零部件制造显示性竞争优势指数比较

22. 发达国家在专用设备制造业领域均处于竞争优势地位

从行业大类看,发达国家在专用设备制造业优势突出。多数发达国家均保持竞争优势地位,其竞争优势指数大多位于 0~1.5。而发展中国家则基本处于竞争劣势地位。其中墨西哥的竞争优势不断上升,在 2010 年后转为微弱的竞争优势(见图 5-245 和图 5-246)。

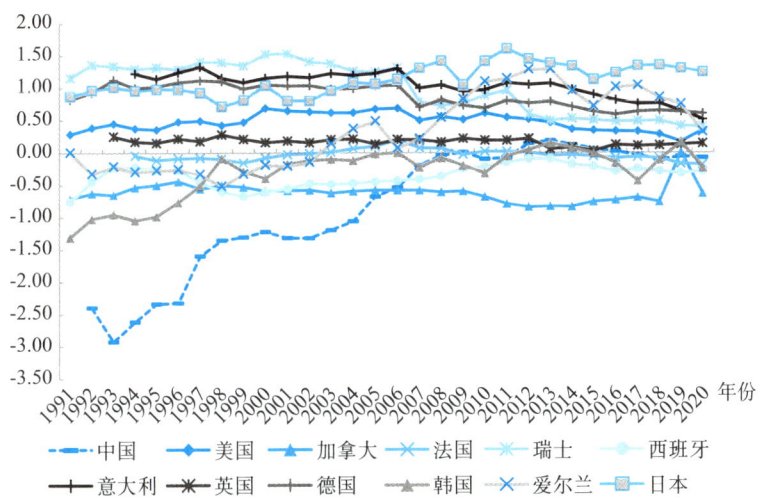

图 5-245　中国与发达国家专用设备制造业显示性竞争优势指数比较

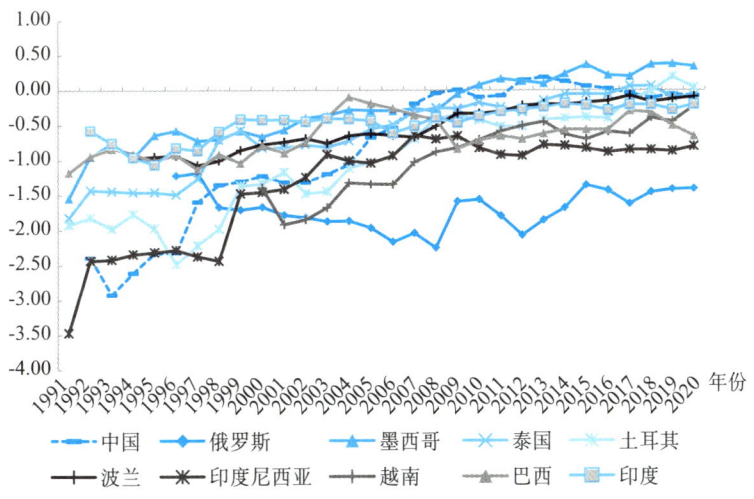

图 5-246　中国与发展中国家专用设备制造业显示性竞争优势指数比较

从行业中类、小类看,几十年来各国竞争优势呈明显分化态势。

(1) 发达国家在采矿、冶金、建筑专用设备制造领域竞争较为突出。发达国家中,多数国家处于竞争优势地位。其中日本优势突出,其竞争优势指数基本保持在2.0以上。发展中国家则大多处于竞争劣势地位,仅有巴西基本保持竞争优势地位(见图5-247和图5-248)。

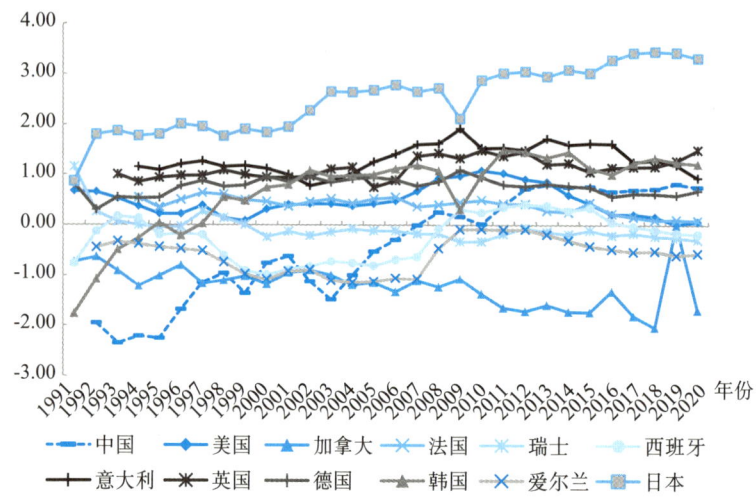

图5-247 中国与发达国家采矿、冶金、建筑专用设备制造显示性竞争优势指数比较

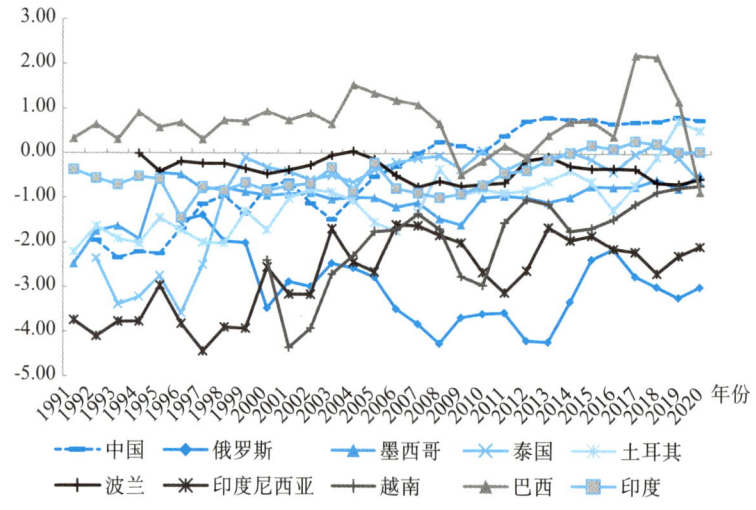

图5-248 中国与发展中国家采矿、冶金、建筑专用设备制造显示性竞争优势指数比较

(2) 发展中国家在化工、木材、非金属加工专用设备制造领域均处于竞争劣势地位。发达国家中，意大利、日本和德国优势较为突出，其竞争优势指数基本保持在 1.0 以上。美国、瑞士和韩国也处于竞争优势地位。发展中国家在该领域则全部处于竞争劣势地位（见图 5-249 和图 5-250）。

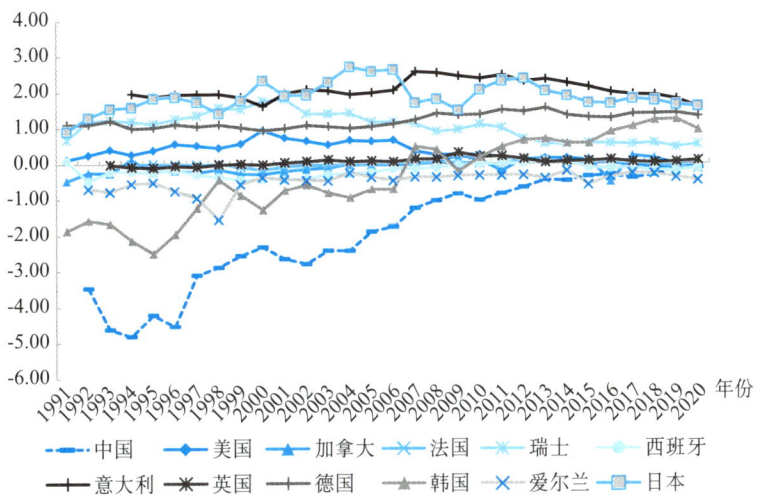

图 5-249 中国与发达国家化工、木材、非金属加工专用设备制造显示性竞争优势指数比较

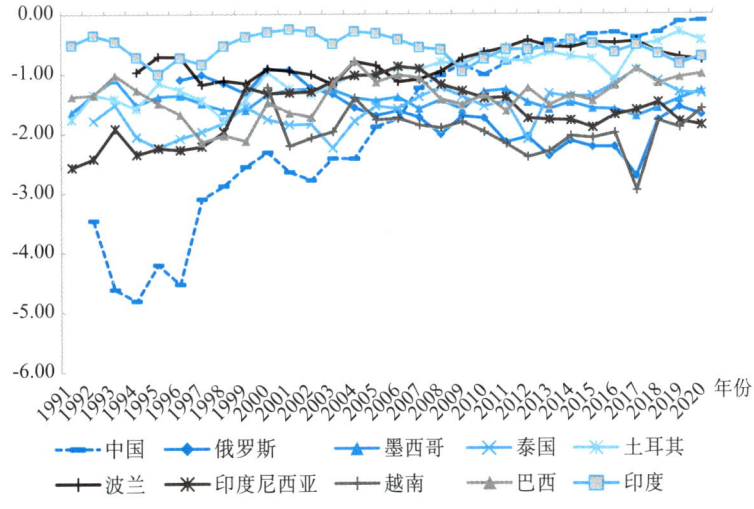

图 5-250 中国与发展中国家化工、木材、非金属加工专用设备制造显示性竞争优势指数比较

（3）发达国家在食品、饮料、烟草及饲料生产专用设备制造领域优势突出。发达国家中，多数国家处于竞争优势地位。其中，意大利和瑞士竞争优势突出，其竞争优势指数基本保持在2.0以上。发展中国家则大多处于竞争劣势地位，仅有土耳其在2007年后一直保持竞争优势地位，且其竞争优势指数在2014年后一直保持在1.0以上（见图5-251和图5-252）。

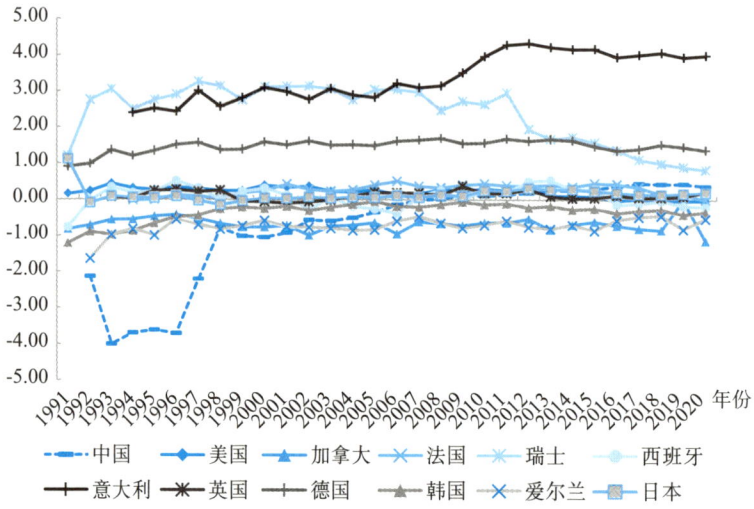

图5-251 中国与发达国家食品、饮料、烟草及饲料生产专用设备制造显示性竞争优势指数比较

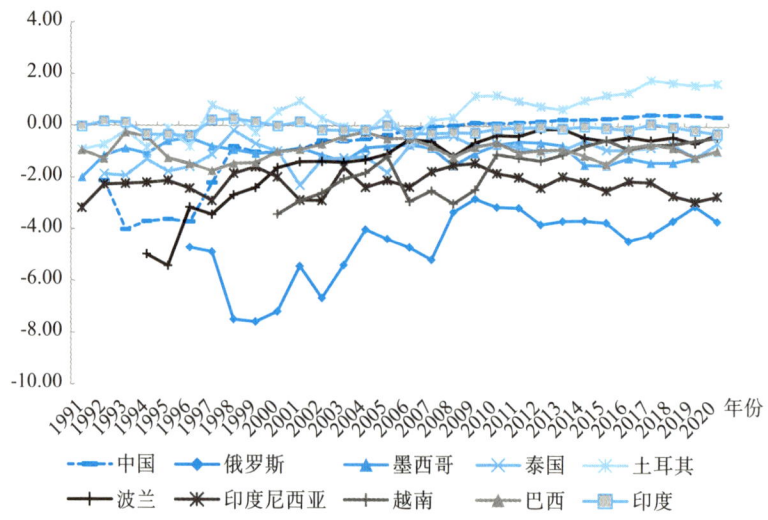

图5-252 中国与发展中国家食品、饮料、烟草及饲料生产专用设备制造显示性竞争优势指数比较

(4) 发达国家和发展中国家在印刷、制药、日化及日用品生产专用设备制造领域竞争优势在2007年发生反转。2007年以前，发达国家在该领域优势显著，其中瑞士优势最为突出，其指数基本保持在2.0以上。但2007年后，瑞士、德国等国家的竞争优势骤然下降，发达国家中仅有日本和爱尔兰竞争优势有所上升。与之相较，2007年以前，发展中国家在该领域均处于竞争劣势地位，但2007年后，各国竞争优势均有上升，其中中国、越南和泰国转为竞争优势地位（见图5-253和图5-254）。

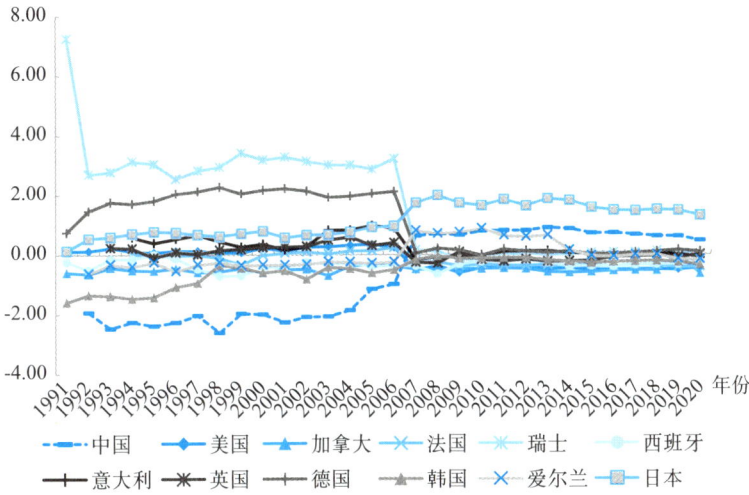

图5-253 中国与发达国家印刷、制药、日化及日用品生产专用设备制造显示性竞争优势指数比较

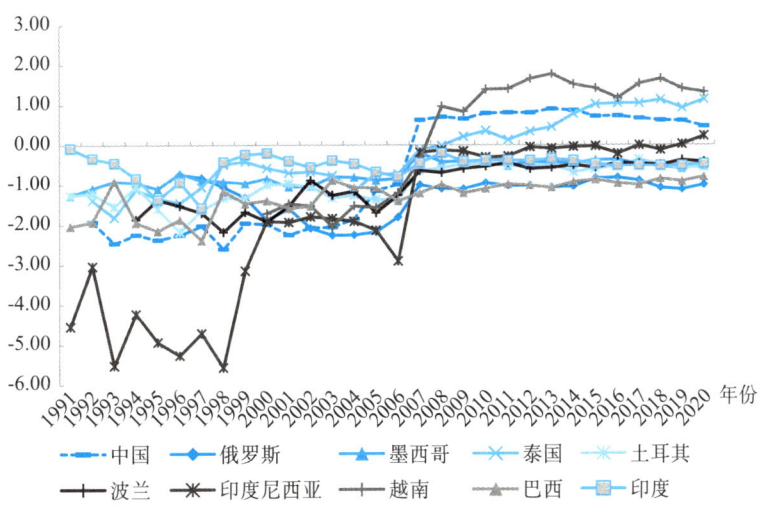

图5-254 中国与发展中国家印刷、制药、日化及日用品生产专用设备制造显示性竞争优势指数比较

(5) 发达国家在纺织、服装和皮革加工专用设备制造领域优势突出。多数发达国家在该领域处于竞争优势地位，其中意大利、瑞士优势突出，其竞争优势指数基本保持在 2.0 以上。发展中国家中，近 10 年仅有波兰、中国、泰国和墨西哥一直处于竞争优势地位。其中，波兰竞争优势较为突出，是最早处于竞争优势地位的发展中国家，且其竞争优势指数基本保持在 2.0 附近（见图 5-255 和图 5-256）。

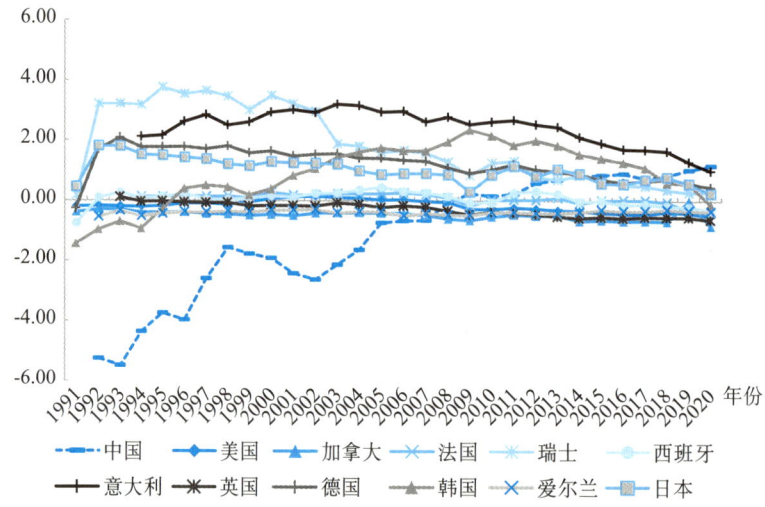

图 5-255　中国与发达国家纺织、服装和皮革加工专用设备制造显示性竞争优势指数比较

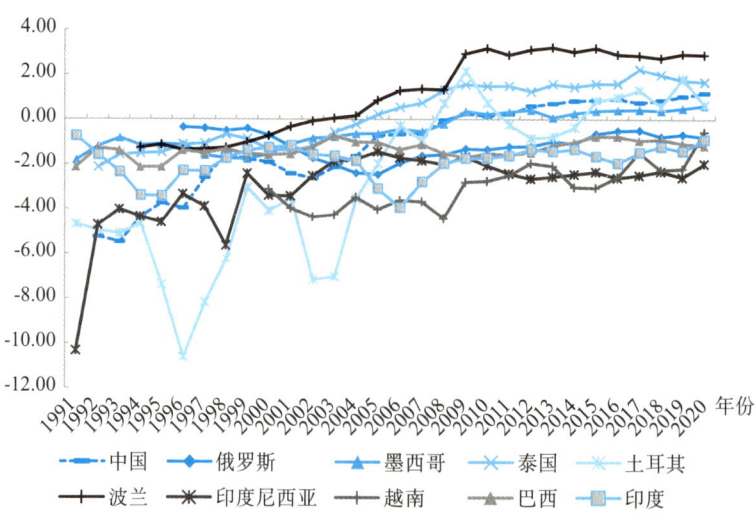

图 5-256　中国与发展中国家纺织、服装和皮革加工专用设备制造显示性竞争优势指数比较

（6）日本等发达国家在电子和电工机械专用设备制造领域竞争优势突出。日本等发达国家在该领域竞争优势突出，其中日本的竞争优势指数基本保持在5.0以上，竞争优势十分突出。美国的竞争优势指数基本保持在2.0附近，竞争优势较为突出。发展中国家大多处于竞争劣势地位或仅有微弱的竞争优势（见图5-257和图5-258）。

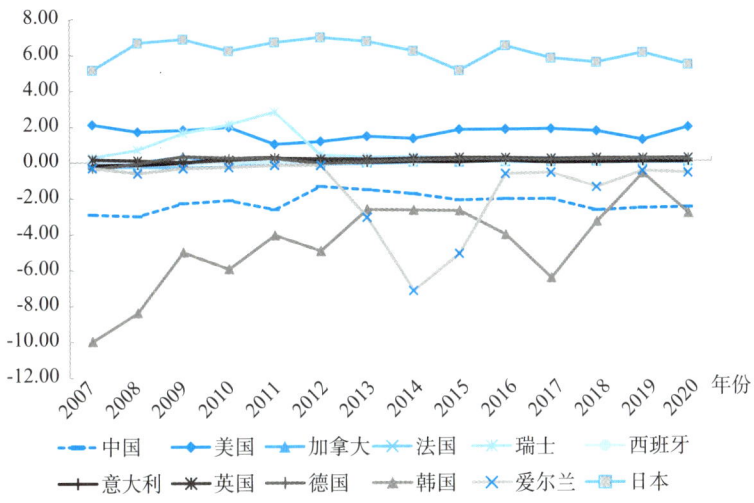

图5-257 中国与发达国家电子和电工机械专用设备制造显示性竞争优势指数比较

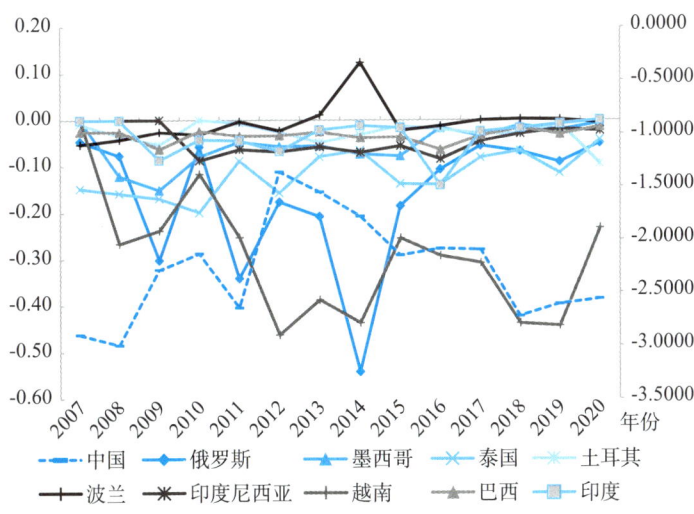

图5-258 中国与发展中国家电子和电工机械专用设备制造显示性竞争优势指数比较

(7) 各国在农、林、牧、渔专用机械制造领域竞争激烈。发达国家中，德国、意大利、美国和日本一直处于竞争优势地位，但其竞争优势指数基本保持在 1.0 以下。发展中国家中，中国、印度、巴西和墨西哥保持竞争优势地位。其中中国优势微弱，墨西哥优势最为突出，近 10 年其竞争优势指数基本保持在 2.0 以上（见图 5-259 和图 5-260）。

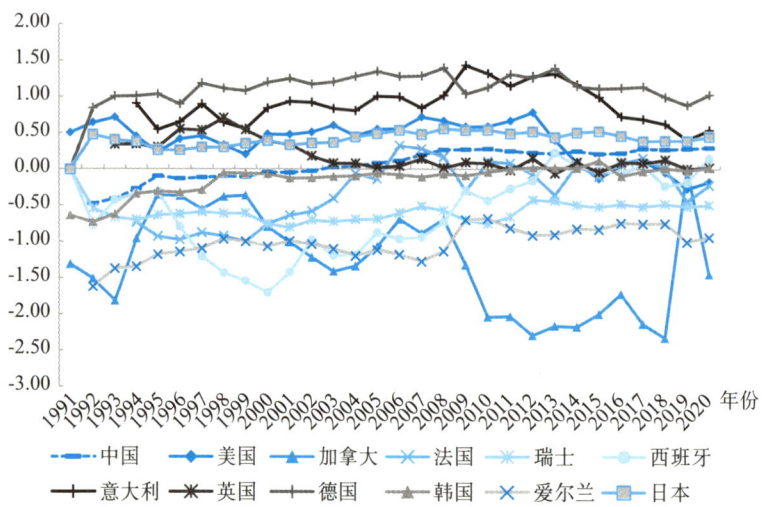

图 5-259　中国与发达国家农、林、牧、渔专用机械制造显示性竞争优势指数比较

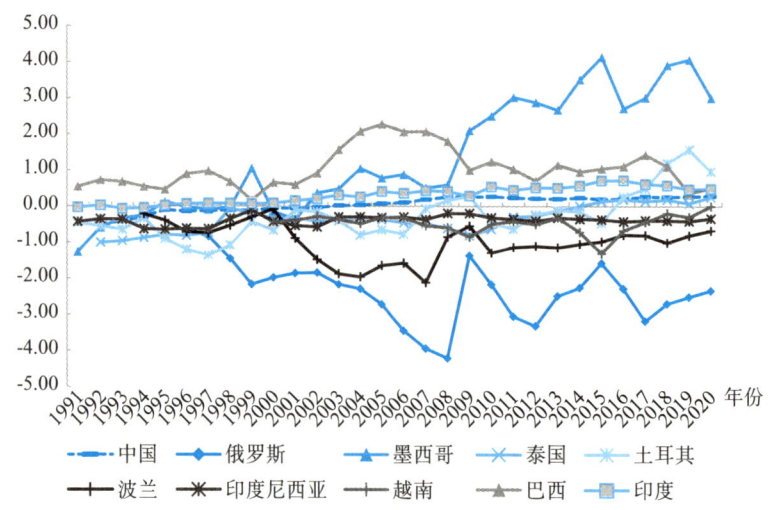

图 5-260　中国与发展中国家农、林、牧、渔专用机械制造显示性竞争优势指数比较

（8）发达国家在医疗仪器设备及器械制造领域优势突出。发达国家在该领域优势突出，其中爱尔兰、瑞士和美国优势最为突出，其竞争优势指数基本保持在 1.0 以上。发展中国家中，仅有墨西哥一直保持竞争优势地位，但其优势较为微弱。其他发展中国家基本处于竞争劣势地位（见图 5-261 和图 5-262）。

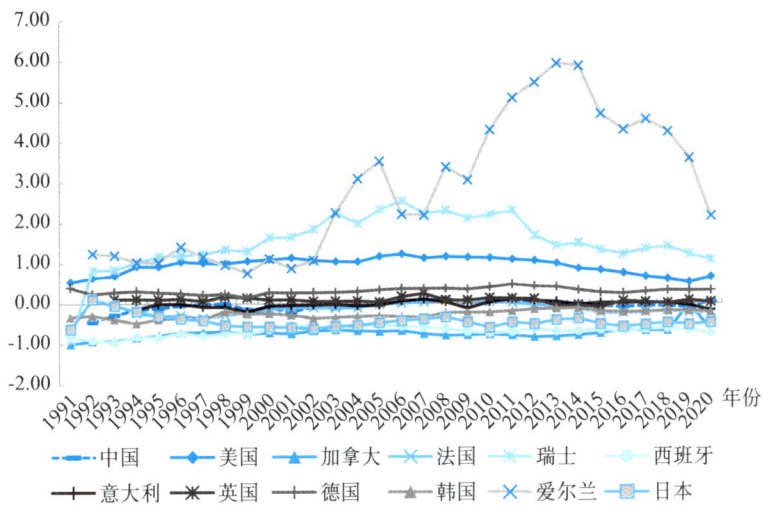

图 5-261　中国与发达国家医疗仪器设备及器械制造显示性竞争优势指数比较

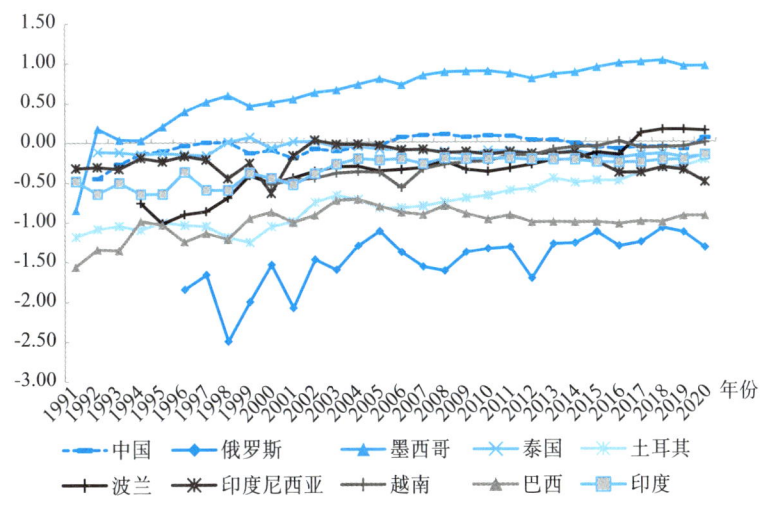

图 5-262　中国与发展中国家医疗仪器设备及器械制造显示性竞争优势指数比较

（9）发达国家在环保、邮政、社会公共服务及其他专用设备制造竞争优势突出。发达国家在该领域竞争优势较高，其中意大利和德国优势最为突出，其竞争优势指数基本保持在2.0以上。发展中国家则基本处于竞争劣势地位，仅有中国在近20年保持微弱的竞争优势（见图5-263和图5-264）。

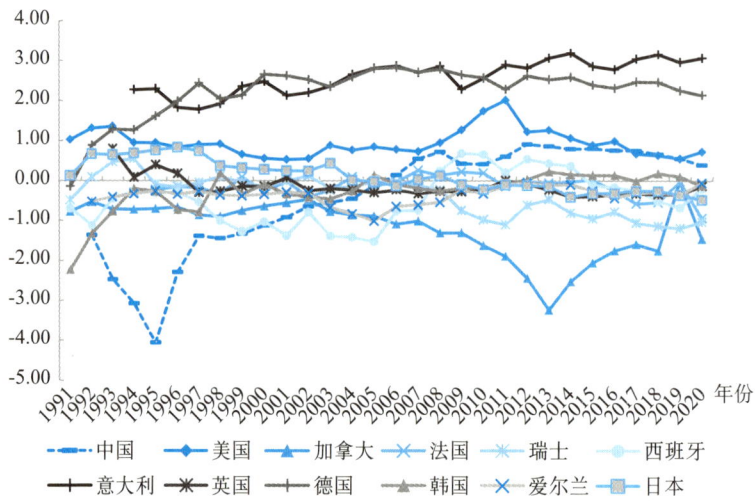

图5-263　中国与发达国家环保、邮政、社会公共服务及其他专用设备制造显示性竞争优势指数比较

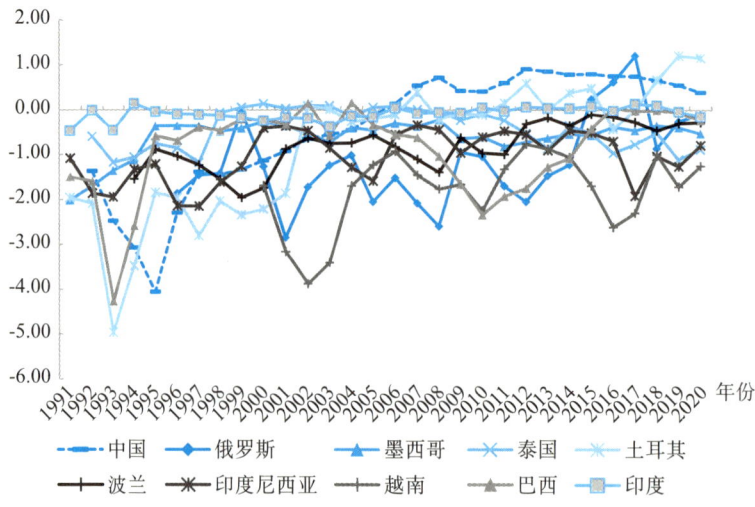

图5-264　中国与发展中国家环保、邮政、社会公共服务及其他专用设备制造显示性竞争优势指数比较

23. 日本等发达国家汽车制造业竞争优势较强

从行业大类看,发达国家在汽车制造业方面优势明显。其中,日本竞争优势最为突出,其竞争优势指数基本保持在1.5以上。韩国、德国和西班牙竞争优势指数平稳保持在1.0附近。发展中国家在2000年后竞争优势有所提升,土耳其、泰国、印度和波兰在近20年保持竞争优势地位(见图5-265和图5-266)。

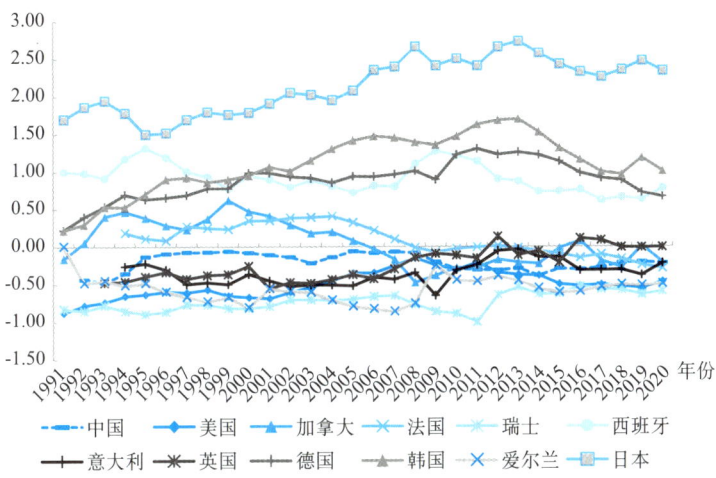

图5-265 中国与发达国家汽车制造业显示性竞争优势指数比较

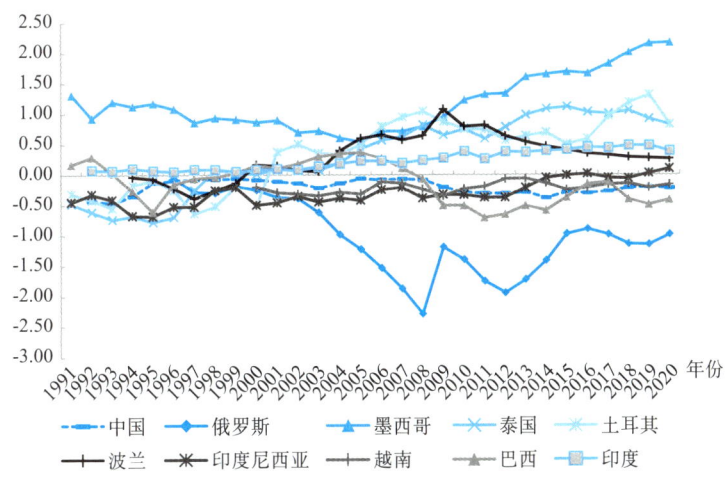

图5-266 中国与发展中国家汽车制造业显示性竞争优势指数比较

从行业中类、小类看,几十年来各国竞争优势呈明显分化态势。

(1) 各国在汽车整车制造领域竞争较为激烈。发达国家中,日本、西班牙、韩国、德国竞争优势平稳且突出,其竞争优势指数基本保持在1.0以上。发展中国家中,墨西哥、土耳其和泰国的竞争优势指数基本保持在1.0附近。其他发展中国家具有微弱竞争优势或处于竞争劣势地位(见图5-267和图5-268)。

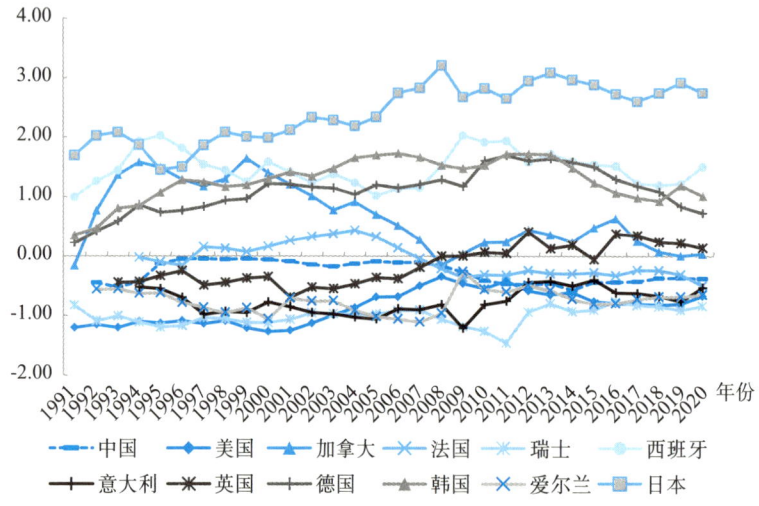

图5-267 中国与发达国家汽车整车制造显示性竞争优势指数比较

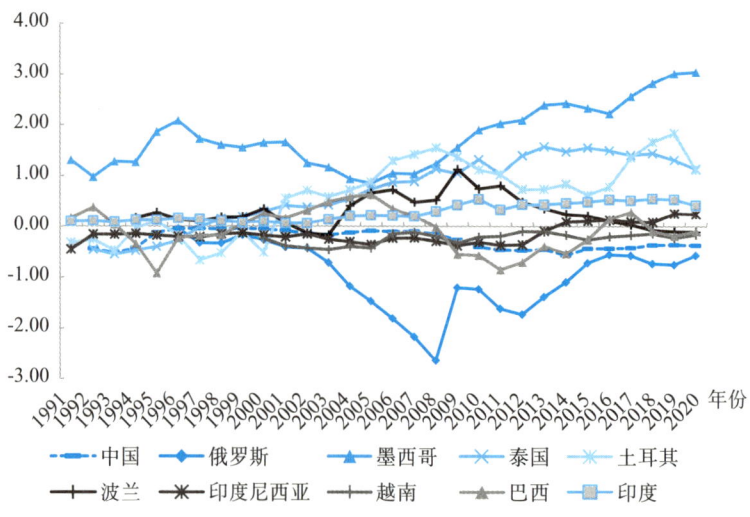

图5-268 中国与发展中国家汽车整车制造显示性竞争优势指数比较

（2）各国在汽车车身、挂车制造领域竞争激烈。对于处于竞争优势的国家，多数国家的竞争优势指数位于 0～2.0，各国竞争较为激烈。发达国家的加拿大和发展中国家的俄罗斯竞争劣势较为突出（见图 5-269 和图 5-270）。

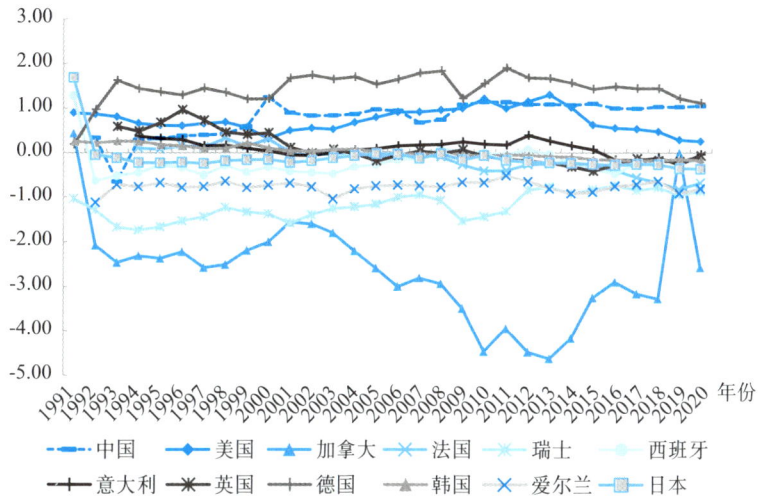

图 5-269　中国与发达国家汽车车身、挂车制造显示性竞争优势指数比较

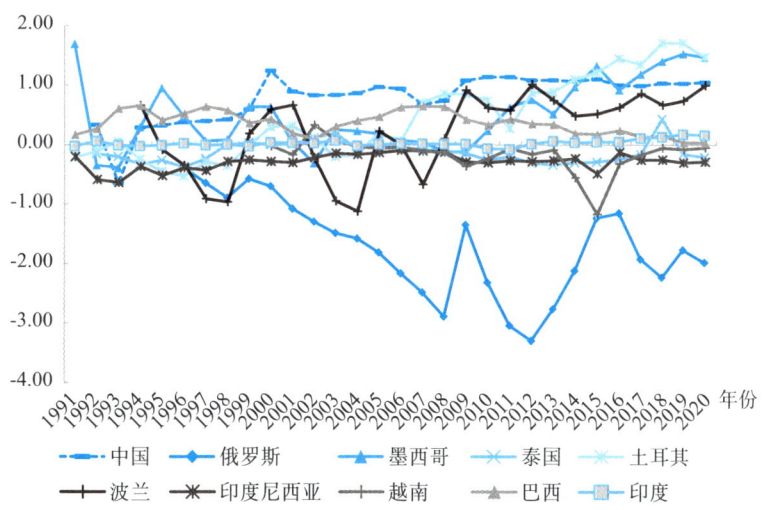

图 5-270　中国与发展中国家汽车车身、挂车制造显示性竞争优势指数比较

(3) 发达国家在汽车零部件及配件制造领域竞争优势相对突出。发达国家中，日本在该领域优势突出，其竞争优势指数基本保持在1.5以上。韩国在该领域的竞争优势有显著增长，其竞争优势指数从1991年的-0.2上升至2020年的1.1。发展中国家中，仅有波兰在近20年一直保持竞争优势地位，但其竞争优势相对较弱，其竞争优势指数基本保持在1.0以下（见图5-271和图5-272）。

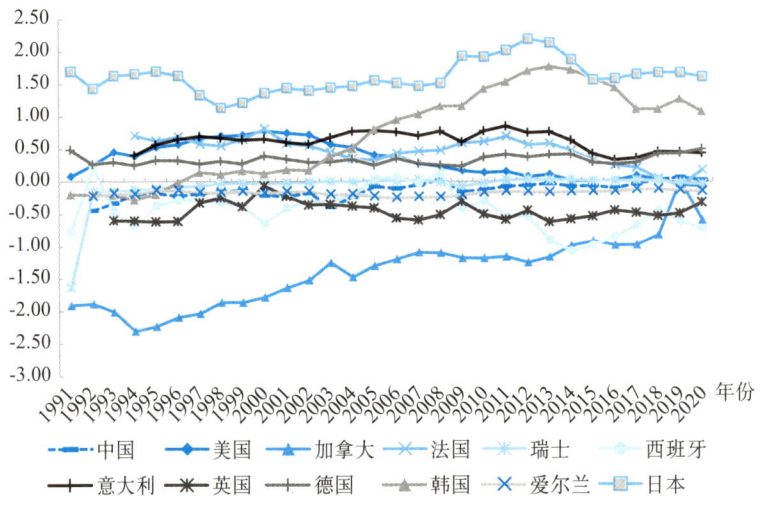

图5-271 中国与发达国家汽车零部件及配件制造显示性竞争优势指数比较

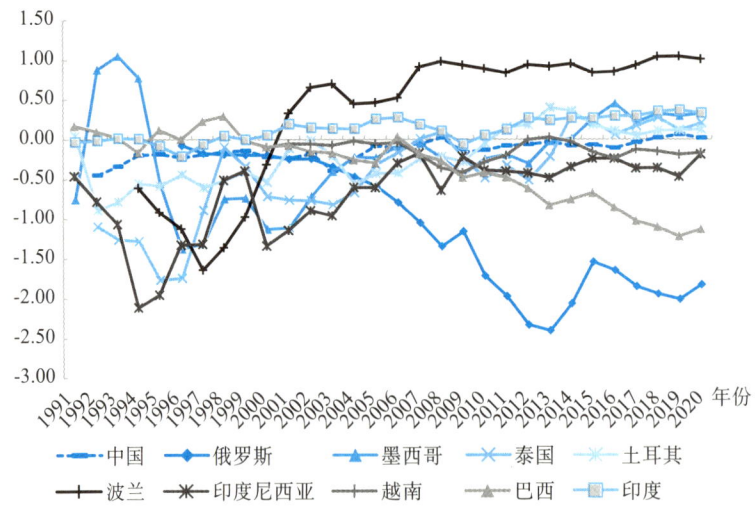

图5-272 中国与发展中国家汽车零部件及配件制造显示性竞争优势指数比较

24. 发达国家铁路、船舶、航空航天和其他运输设备制造业更有优势

从行业大类看,发达国家在该领域优势突出。其中,韩国、法国表现较好,其竞争优势指数基本保持在 1.0 以上;美国在该领域的竞争优势在 2008 年后有所下降,转为竞争劣势地位。发展中国家中,各国在该领域的竞争优势波动较大。近 20 年中国和印度表现较好,其竞争优势指数分布在 0~1.0(见图 5-273 和图 5-274)。

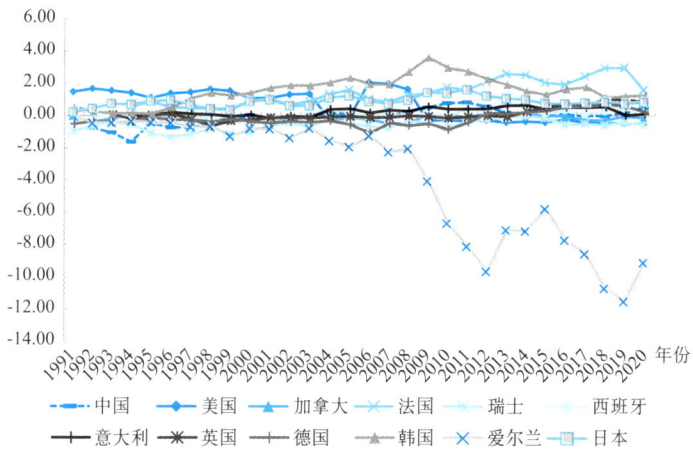

图 5-273 中国与发达国家铁路、船舶、航空航天和其他运输设备制造业显示性竞争优势指数比较

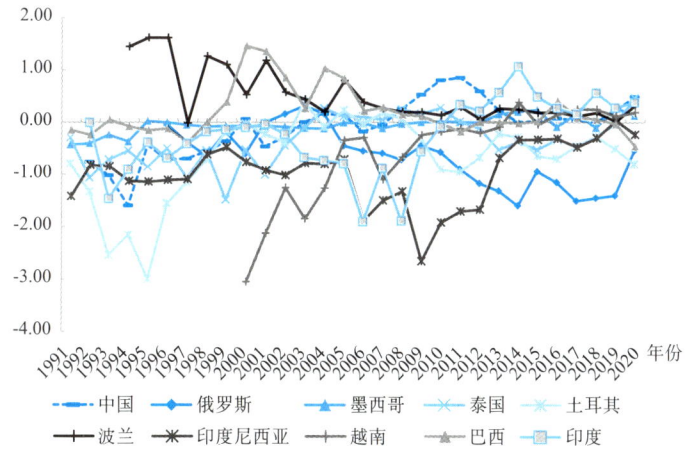

图 5-274 中国与发展中国家铁路、船舶、航空航天和其他运输设备制造业显示性竞争优势指数比较

从行业中类、小类看，几十年来各国竞争优势呈明显分化态势。

（1）墨西哥和西班牙在铁路运输设备制造领域较有优势。发达国家中，西班牙优势突出，近10年竞争优势指数基本保持在2.0以上。美国、瑞士和日本等也有较为稳定的竞争优势。发展中国家里，墨西哥和波兰优势突出。其中，波兰的竞争优势指数基本一直保持在1.0以上；墨西哥的竞争优势则波动较大，其竞争优势指数在-1.0~4.0波动（见图5-275和图5-276）。

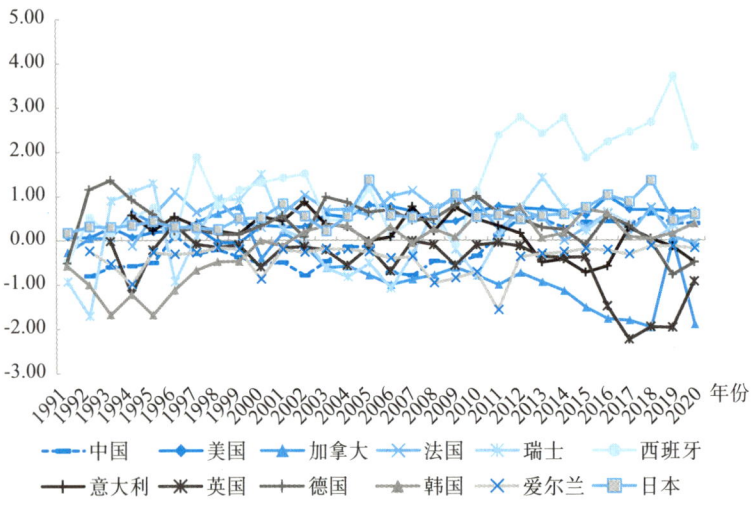

图5-275　中国与发达国家铁路运输设备制造显示性竞争优势指数比较

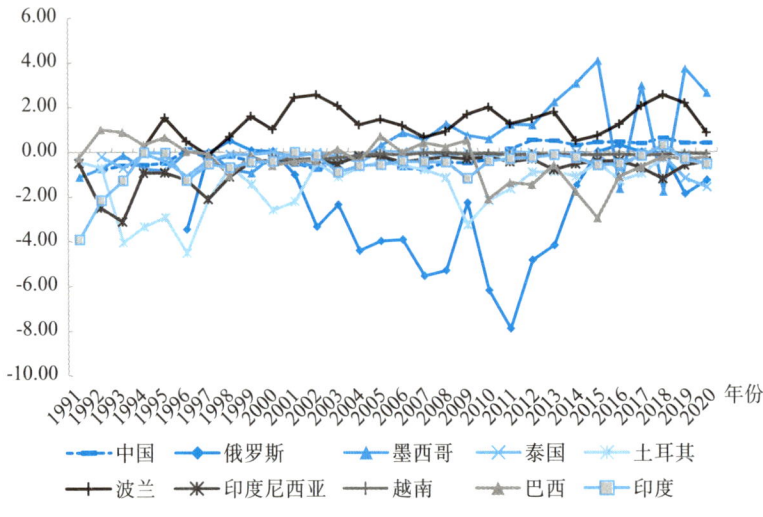

图5-276　中国与发展中国家铁路运输设备制造显示性竞争优势指数比较

(2) 韩国、日本在船舶及相关装置制造领域优势突出。发达国家中，韩国和日本的竞争优势非常突出，其中韩国的竞争优势指数近20年基本保持在4.0以上；日本的竞争优势指数基本保持在2.0以上。发展中国家中，波兰在该领域曾有较为突出的竞争优势，其竞争优势指数在1996年高达6.4。中国在近20年也保持竞争优势地位，竞争优势指数保持在1.0~2.0。其他发展中国家则基本处于竞争劣势地位（见图5-277和图5-278）。

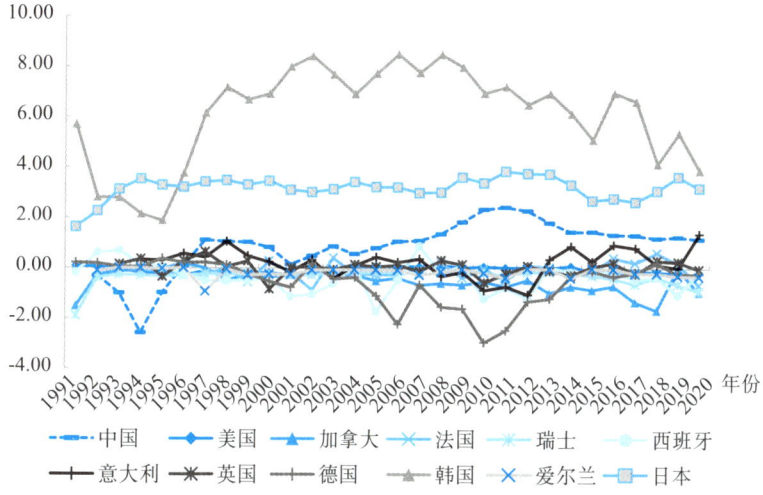

图5-277 中国与发达国家船舶及相关装置制造显示性竞争优势指数比较

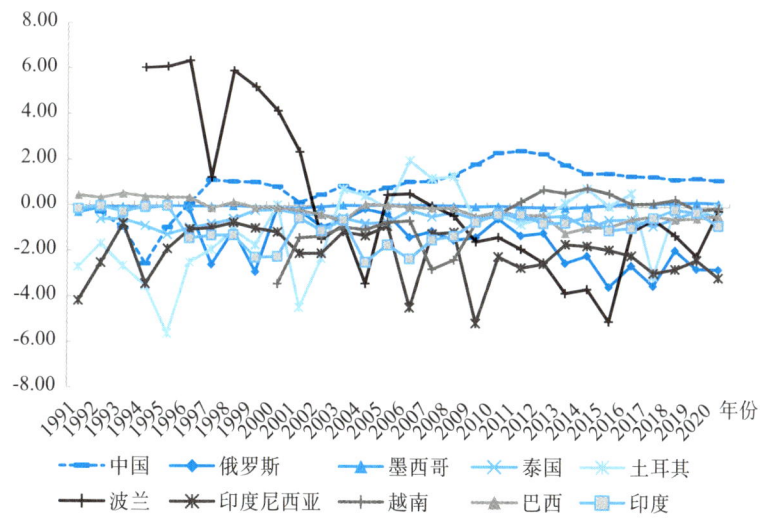

图5-278 中国与发展中国家船舶及相关装置制造显示性竞争优势指数比较

（3）法国等发达国家在航空、航天器及设备制造领域优势突出。发达国家中，法国优势突出，其竞争优势指数近10年基本保持在4.0以上。美国2008年前在该领域也具有较高的竞争优势，其竞争优势指数在2006年高达3.9。发展中国家中，巴西竞争优势较为突出，其竞争优势指数基本保持在1.0以上。其他发展中国家则基本处于竞争劣势地位（见图5-279和图5-280）。

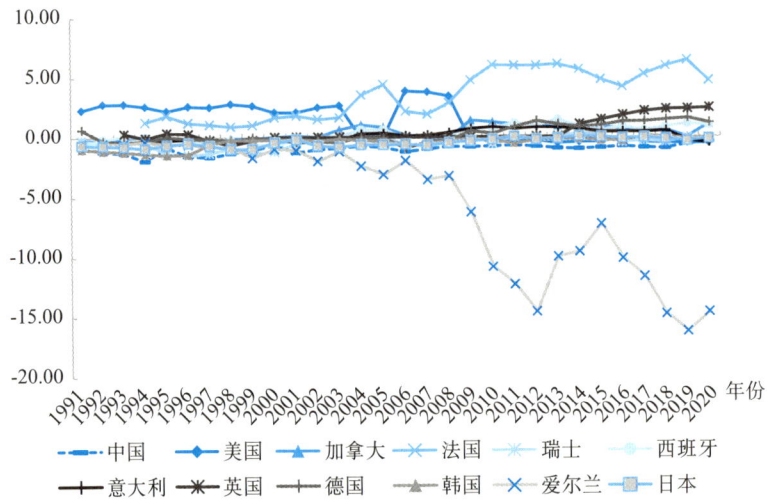

图5-279　中国与发达国家航空、航天器及设备制造显示性竞争优势指数比较

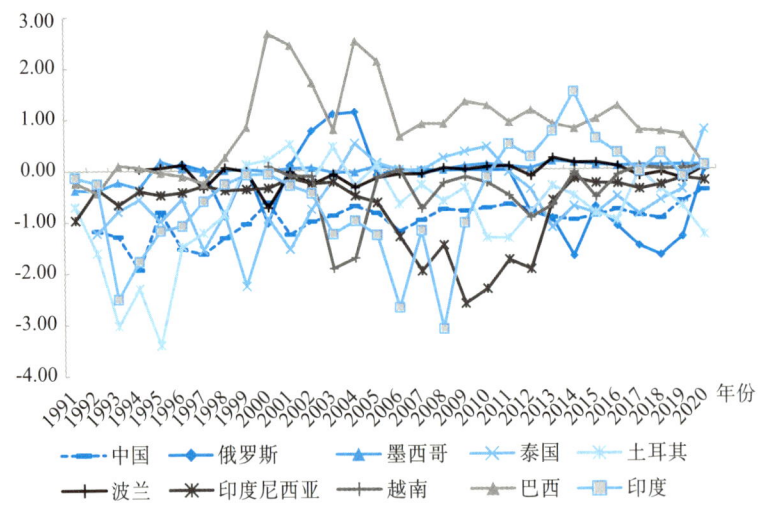

图5-280　中国与发展中国家航空、航天器及设备制造显示性竞争优势指数比较

(4) 日本、中国、泰国和越南在摩托车制造领域优势突出。发达国家中，日本的竞争优势虽然呈下降趋势，但仍较为突出。其竞争优势指数从2000年前的4.0下降至2020年的1.1。发展中国家中，中国、泰国和越南表现出色，其竞争优势指数基本保持在1.0以上。其他国家则基本处于竞争劣势地位（见图5-281和图5-282）。

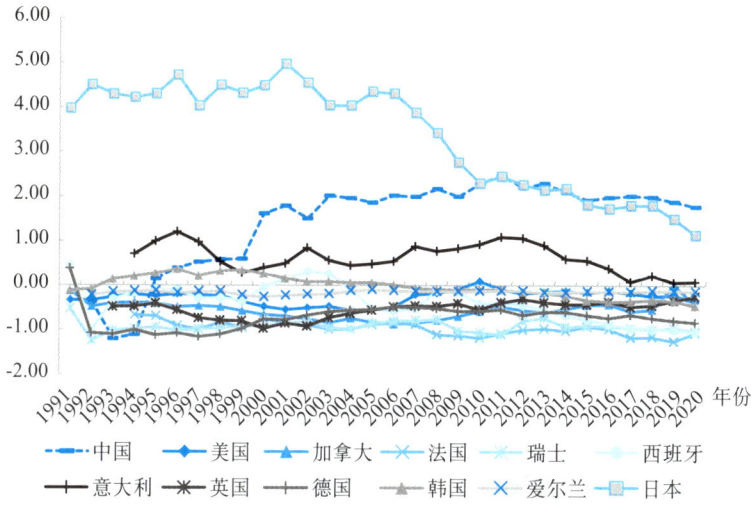

图5-281　中国与发达国家摩托车制造显示性竞争优势指数比较

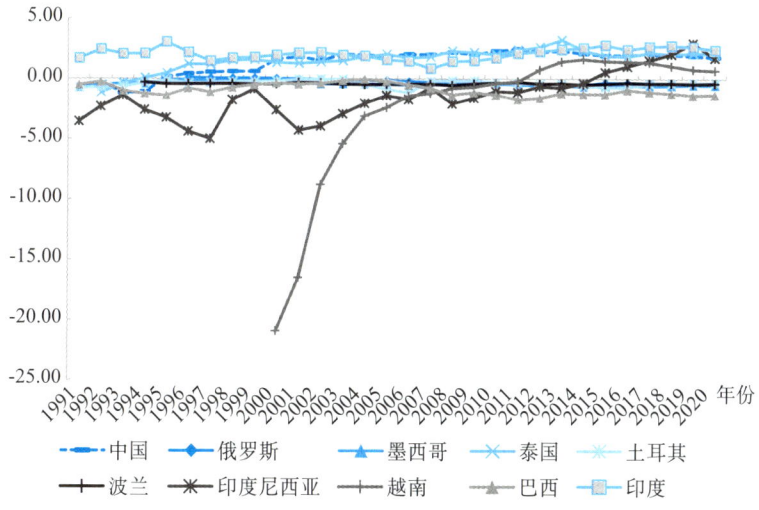

图5-282　中国与发展中国家摩托车制造显示性竞争优势指数比较

(5) 中国等发展中国家在自行车和残疾人座车制造领域优势突出。发达国家中，仅有波兰在 2010 年前在该领域保持竞争优势地位，其他国家基本处于竞争劣势地位。发展中国家中，中国竞争优势虽然呈下降趋势，但优势较为突出，其竞争优势指数基本保持在 4.0 以上。越南在 2000~2008 年在该领域有显著的竞争优势，其竞争优势指数在 2004 年高达 13.7（见图 5-283 和图 5-284）。

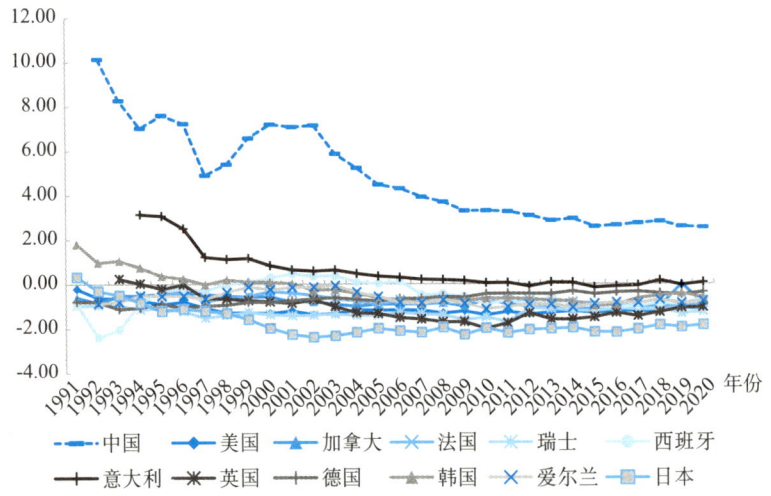

图 5-283　中国与发达国家自行车和残疾人座车制造显示性竞争优势指数比较

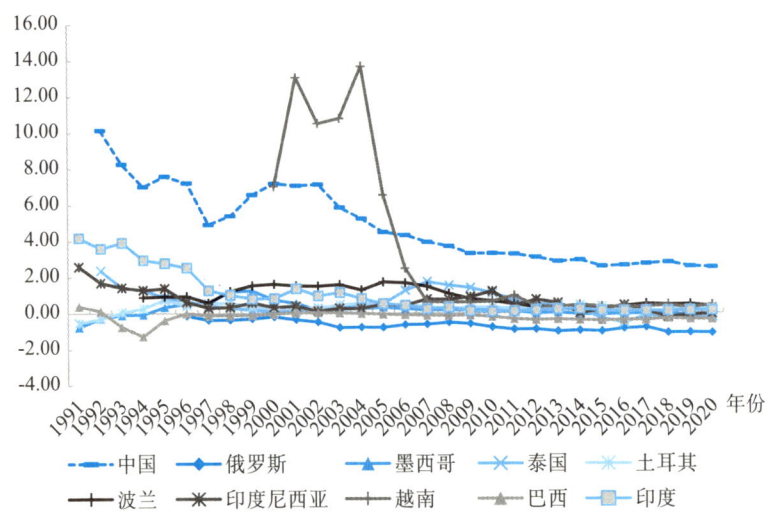

图 5-284　中国与发展中国家自行车和残疾人座车制造显示性竞争优势指数比较

25. 各国在电气机械和器材制造业领域竞争激烈

从行业大类看,各国在电气机械和器材制造业竞争激烈。发达国家中,除美国、爱尔兰和加拿大外,其他国家基本具有微弱的竞争优势。发展中国家中,中国、墨西哥、波兰和土耳其均处于微弱的竞争优势地位,各国竞争较为激烈(见图5-285和图5-286)。

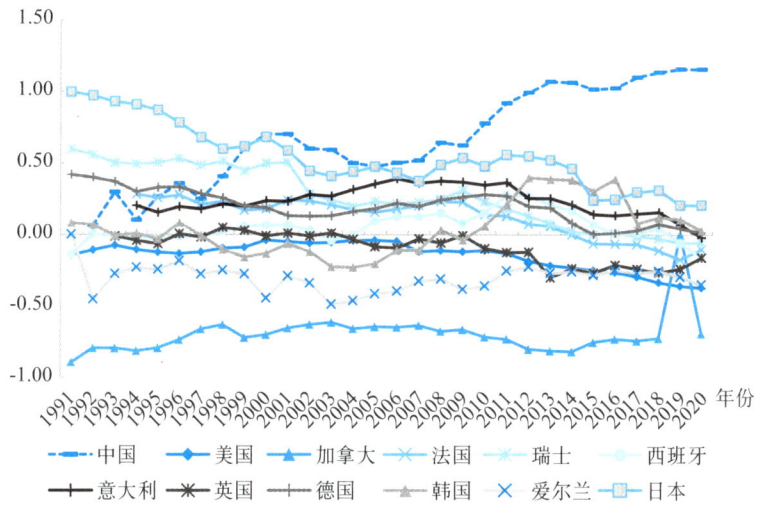

图5-285 中国与发达国家电气机械和器材制造业显示性竞争优势指数比较

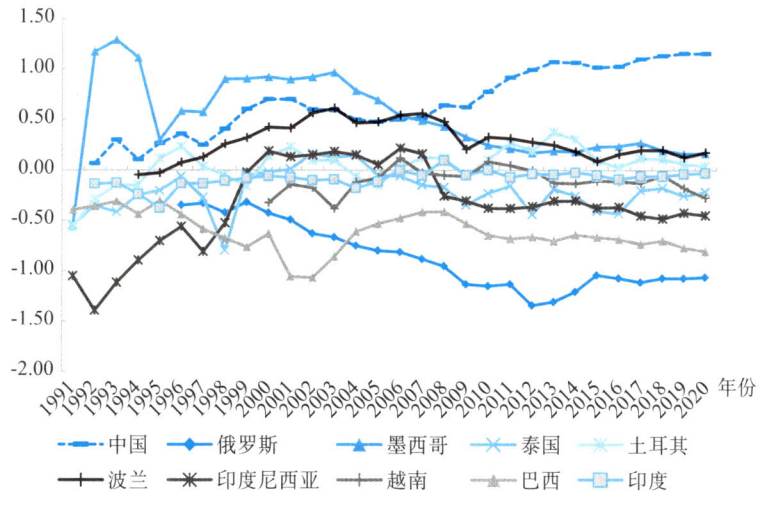

图5-286 中国与发展中国家电气机械和器材制造业显示性竞争优势指数比较

从行业中类、小类看，几十年来各国竞争优势呈明显分化态势。

（1）发达国家在电机制造领域竞争优势突出。发达国家中，仅有加拿大、韩国和爱尔兰一直保持竞争劣势地位，其他国家基本保持竞争优势地位。其中，日本竞争优势突出，其竞争优势指数基本保持在1.0以上。发展中国家中，仅有中国在近20年基本保持竞争优势地位，其他国家基本处于竞争劣势地位（见图5-287和图5-288）。

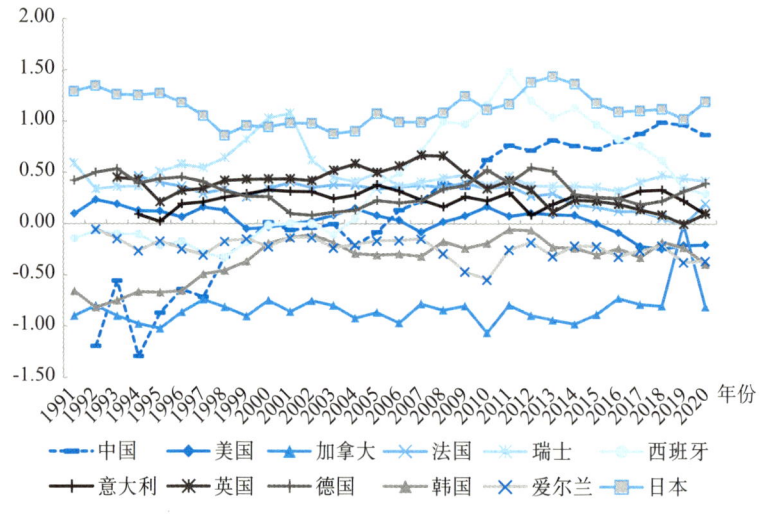

图5-287 中国与发达国家电机制造显示性竞争优势指数比较

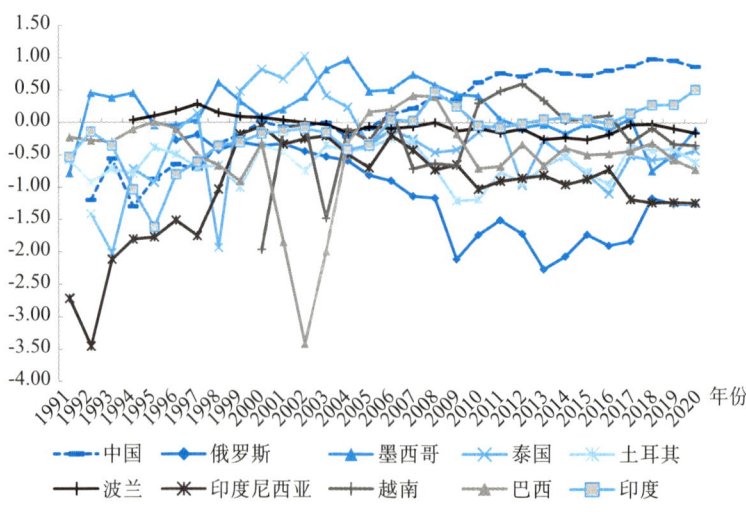

图5-288 中国与发展中国家电机制造显示性竞争优势指数比较

（2）墨西哥和西班牙在铁路运输设备制造领域较有优势。发达国家中，西班牙优势突出，近10年竞争优势指数基本保持在2.0以上。美国、瑞士和日本等也有较为稳定的竞争优势。发展中国家中，墨西哥和波兰优势突出。其中，波兰的竞争优势指数基本一直保持在1.0以上；墨西哥的竞争优势则波动较大，其竞争优势指数在-1.0~4.0波动（见图5-289和图5-290）。

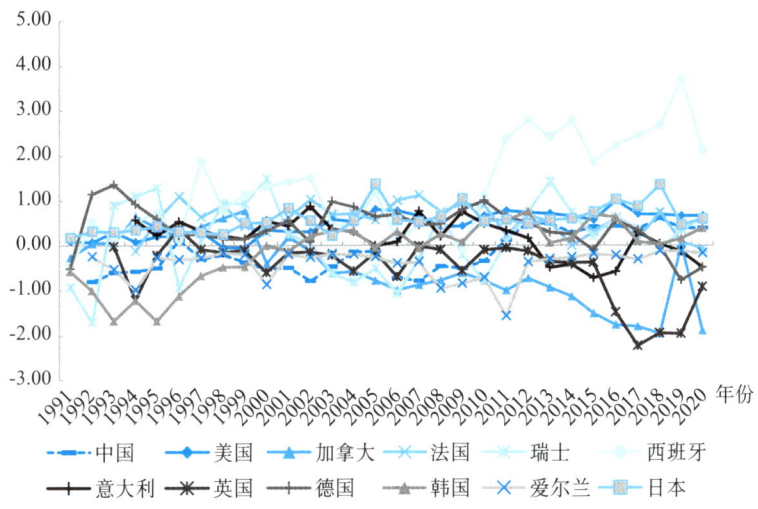

图5-289 中国与发达国家铁路运输设备制造显示性竞争优势指数比较

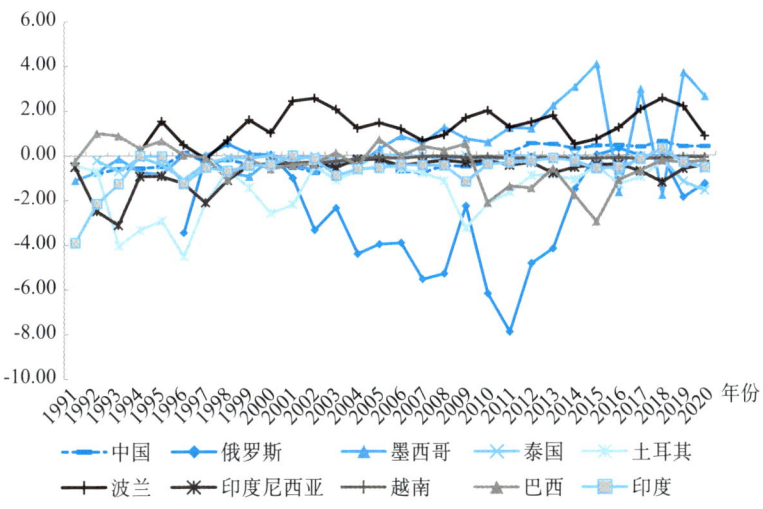

图5-290 中国与发展中国家铁路运输设备制造显示性竞争优势指数比较

（3）发达国家在输配电及控制设备制造领域竞争优势相对较强。发达国家中，日本、西班牙和德国等国家处于微弱的竞争优势地位，其竞争优势指数处于0~1.0。发展中国家中，除中国在近10年具有微弱的竞争优势，其他发展中国家基本处于竞争劣势地位（见图5-291和图5-292）。

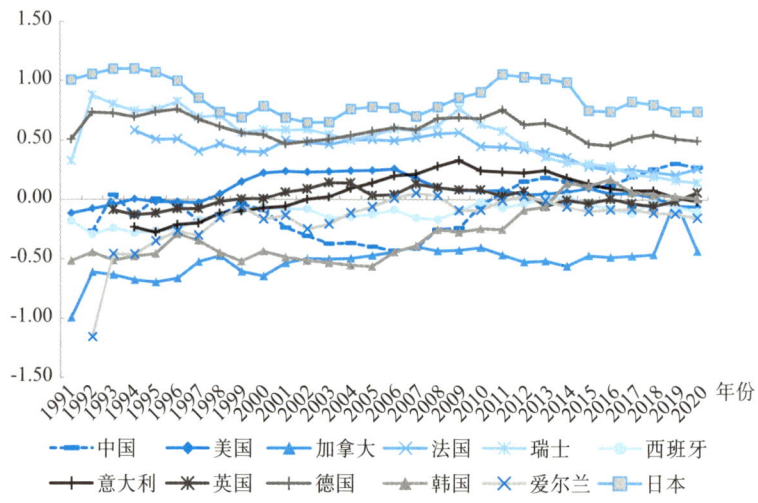

图5-291　中国与发达国家输配电及控制设备制造显示性竞争优势指数比较

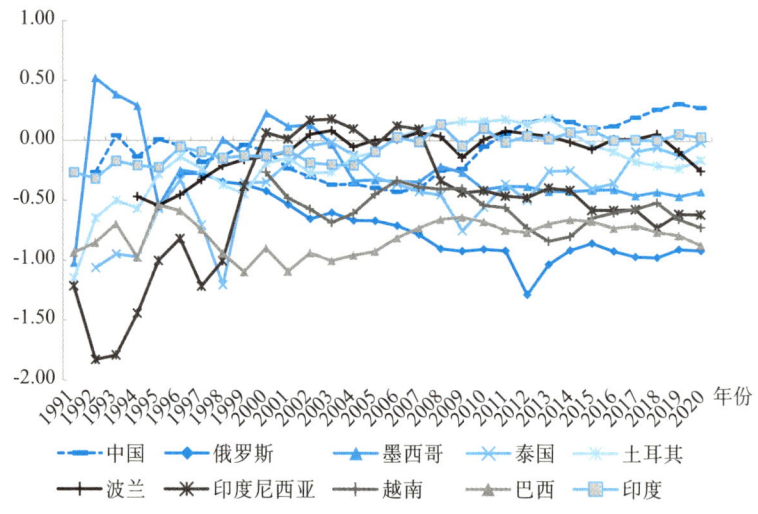

图5-292　中国与发展中国家输配电及控制设备制造显示性竞争优势指数比较

（4）墨西哥等发展中国家在电线、电缆、光缆及电工器械制造领域优势突出。发达国家在该领域基本处于竞争劣势地位或仅有微弱的竞争优势。发展中国家中，墨西哥、土耳其、波兰和越南竞争优势突出，其竞争优势指数基本保持在1.0以上（见图5-293和图5-294）。

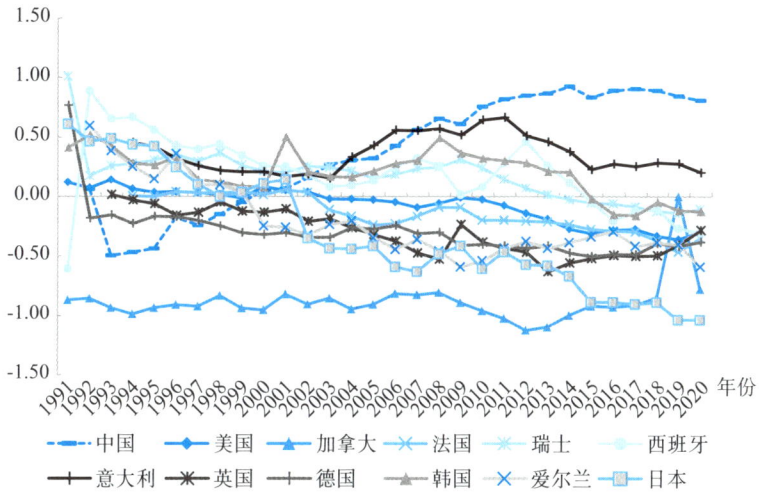

图5-293　中国与发达国家电线、电缆、光缆及电工器械制造显示性竞争优势指数比较

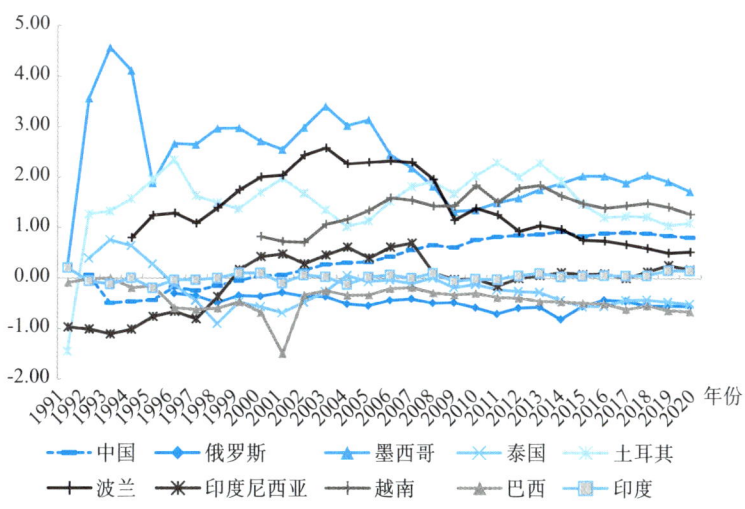

图5-294　中国与发展中国家电线、电缆、光缆及电工器械制造显示性竞争优势指数比较

(5)日本等发达国家在电池制造领域优势突出。发达国家中,日本、韩国优势突出,其中日本的竞争优势指数基本保持在 1.0~3.0;而韩国的竞争优势指数上升趋势显著,其竞争优势指数从 1999 年的 -1.2 上升至 2011 年的 3.0 后基本保持平稳。发展中国家中,印度尼西亚的竞争优势指数基本保持在 1.0 以上,其他国家基本处于微弱的竞争优势地位或竞争劣势地位(见图 5-295 和图 5-296)。

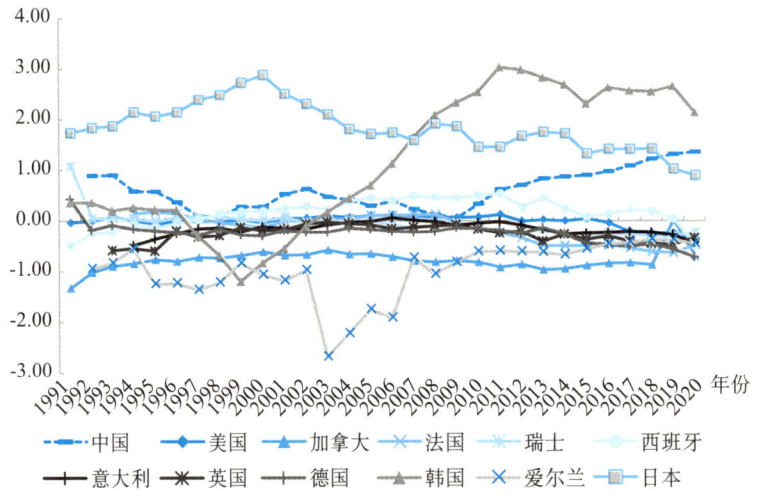

图 5-295 中国与发达国家电池制造显示性竞争优势指数比较

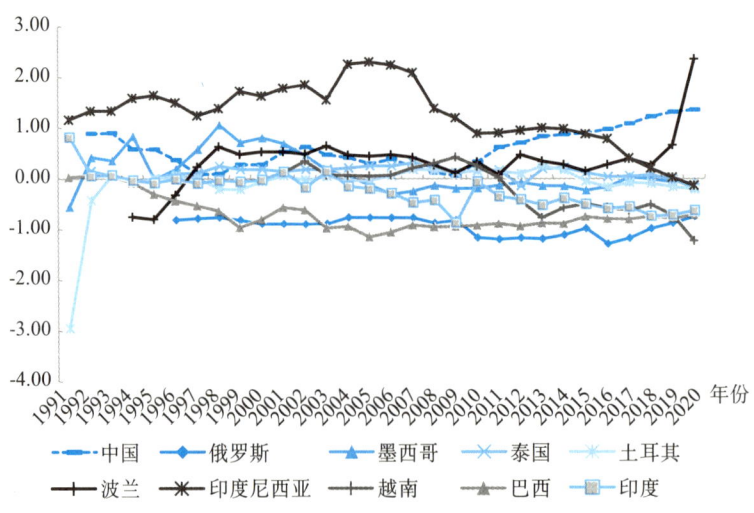

图 5-296 中国与发展中国家电池制造显示性竞争优势指数比较

(6）中国等在家用电力器具制造领域优势突出。发达国家中，仅有意大利和韩国保持了较长时间的竞争优势地位，但其竞争优势均较弱。发展中国家中，中国优势突出，其竞争优势指数近 20 年基本保持在 3.0 以上。其他发展中国家则基本处于微弱的竞争优势或竞争劣势地位（见图 5-297 和图 5-298）。

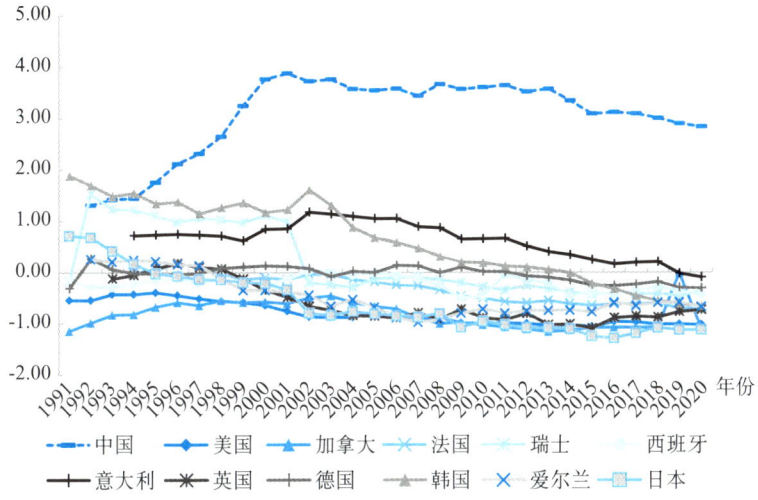

图 5-297　中国与发达国家家用电力器具制造显示性竞争优势指数比较

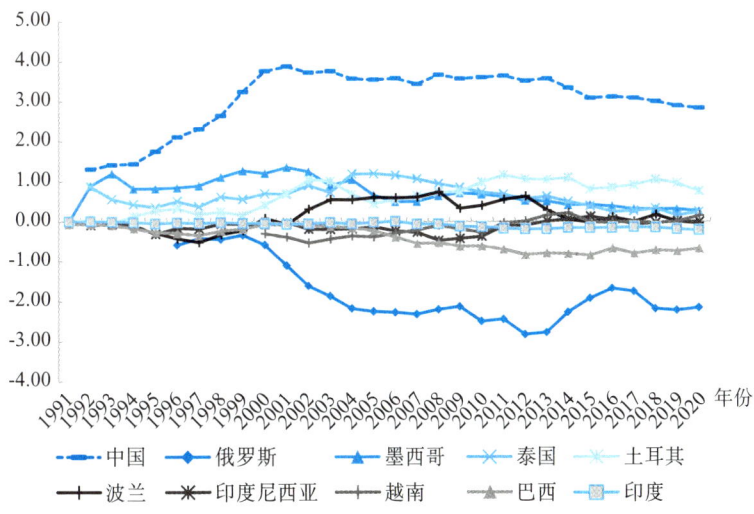

图 5-298　中国与发展中国家家用电力器具制造显示性竞争优势指数比较

(7) 中国在照明器具制造领域竞争优势较强。发达国家中，仅有波兰和德国保持了较长时间的竞争优势，其他国家基本处于竞争劣势地位。发展中国家中，中国竞争优势突出，其竞争优势指数基本保持在 2.0 以上。波兰和墨西哥也保持微弱的竞争优势。其他发展中国家则基本处于竞争劣势地位（见图 5-299 和图 5-300）。

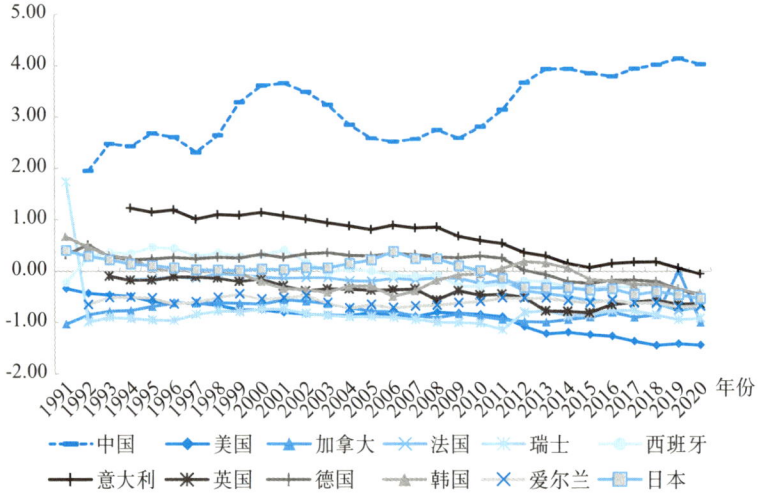

图 5-299　中国与发达国家照明器具制造显示性竞争优势指数比较

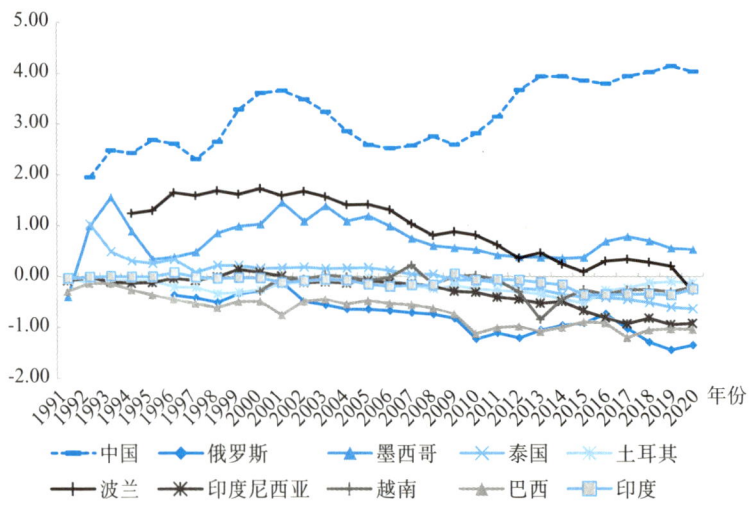

图 5-300　中国与发展中国家照明器具制造显示性竞争优势指数比较

（8）韩国等发达国家在其他电气机械及器材制造领域优势突出。发达国家中，韩国在2009~2016年优势突出，其竞争优势指数保持在2.0~3.0。日本等发达国家也保持微弱的竞争优势。发展中国家中，墨西哥在2000年前保持较强的竞争优势地位，其竞争优势指数保持在1.0以上。2000年后，仅有中国、墨西哥和波兰具有微弱的竞争优势（见图5-301和图5-302）。

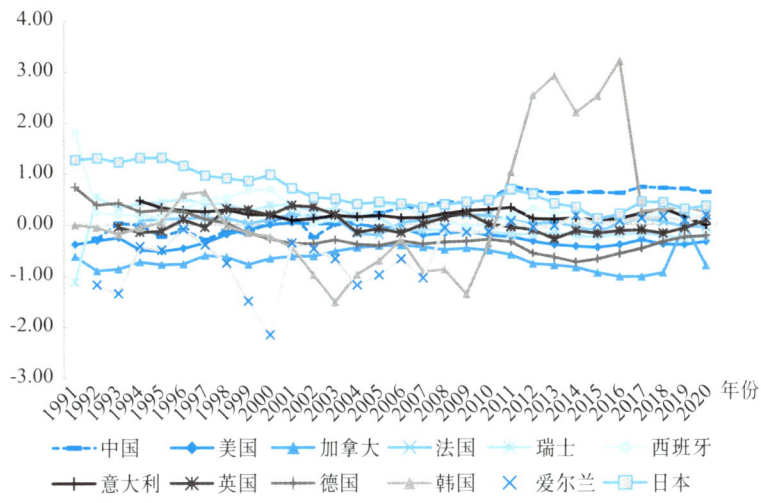

图 5-301 中国与发达国家其他电气机械及器材制造显示性竞争优势指数比较

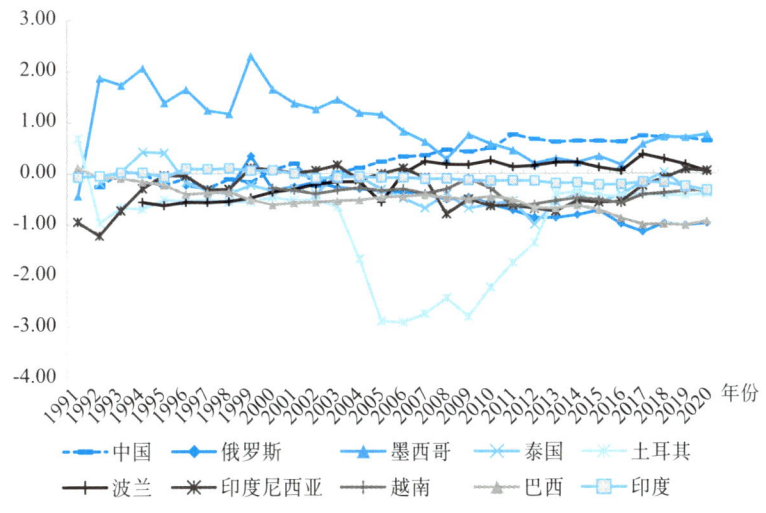

图 5-302 中国与发展中国家其他电气机械及器材制造显示性竞争优势指数比较

26. 各国在仪器仪表制造业方面竞争激烈

从行业大类看，发达国家仪器仪表制造业竞争优势突出。其中瑞士竞争优势最为突出，其竞争优势指数基本保持在 2.5 以上。日本、韩国、美国、英国和德国也一直保持微弱的竞争优势地位。发展中国家在该领域则全部处于竞争劣势地位（见图 5-303 和图 5-304）。

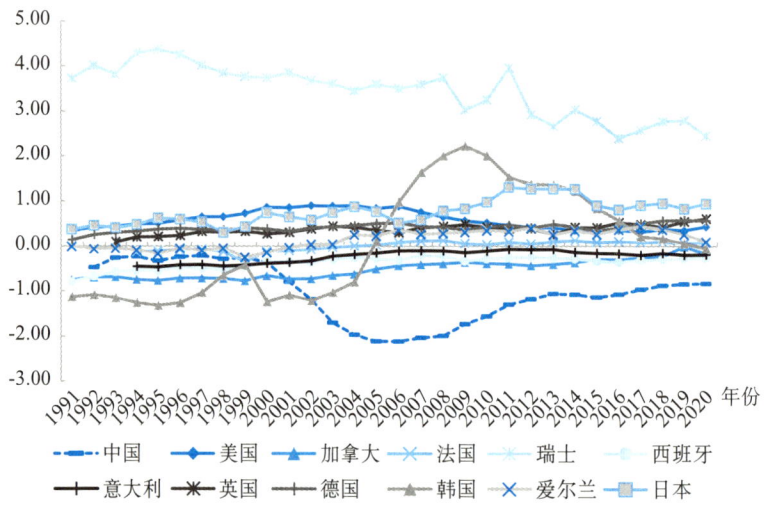

图 5-303　中国与发达国家仪器仪表制造业显示性竞争优势指数比较

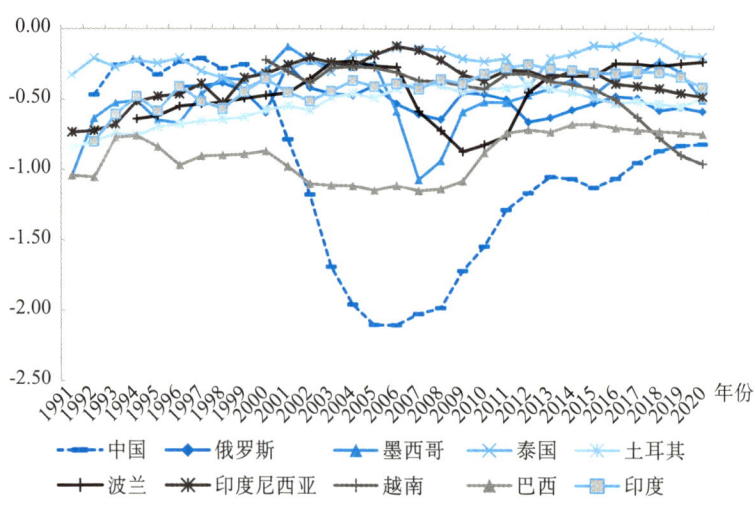

图 5-304　中国与发展中国家仪器仪表制造业显示性竞争优势指数比较

从行业中类、小类看,几十年来各国竞争优势呈明显分化态势。

(1) 发达国家在通用仪器仪表领域竞争优势突出。发达国家中,瑞士、美国、英国、德国和日本一直保持竞争优势地位。其中,瑞士和美国优势突出,其竞争优势指数基本保持在 1.0 以上。发展中国家中,除墨西哥在近 20 年具有微弱的竞争优势外,其他国家均处于竞争劣势地位(见图 5-305 和图 5-306)。

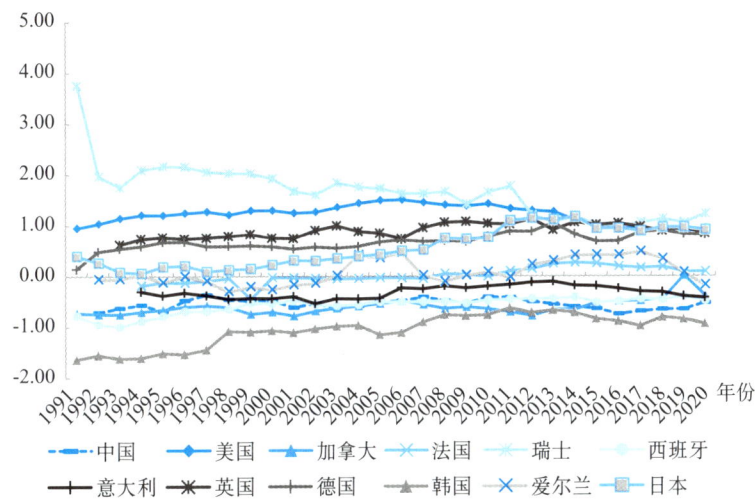

图 5-305　中国与发达国家通用仪器仪表制造显示性竞争优势指数比较

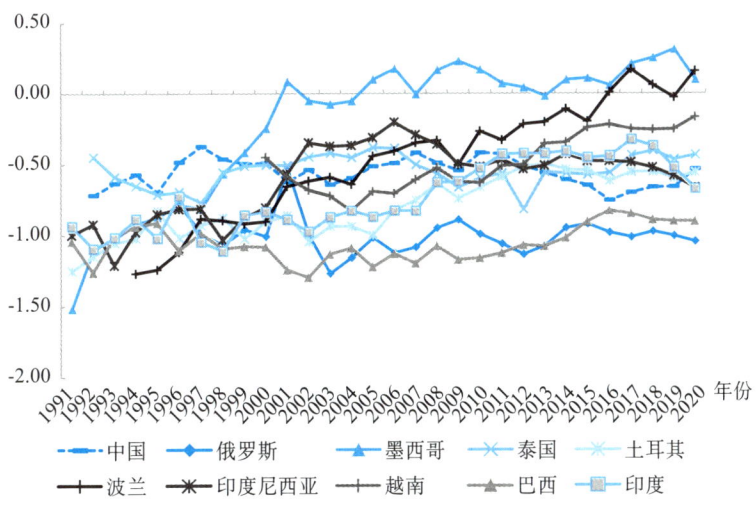

图 5-306　中国与发展中国家通用仪器仪表制造显示性竞争优势指数比较

(2) 发达国家在专用仪器仪表制造领域优势突出。发达国家中，美国、英国等国家竞争优势突出。其中，美国的竞争优势指数基本保持在 1.0 以上。发展中国家中，近 10 年仅有墨西哥处于微弱的竞争优势地位，其他发展中国家则全部处于竞争劣势地位（见图 5-307 和图 5-308）。

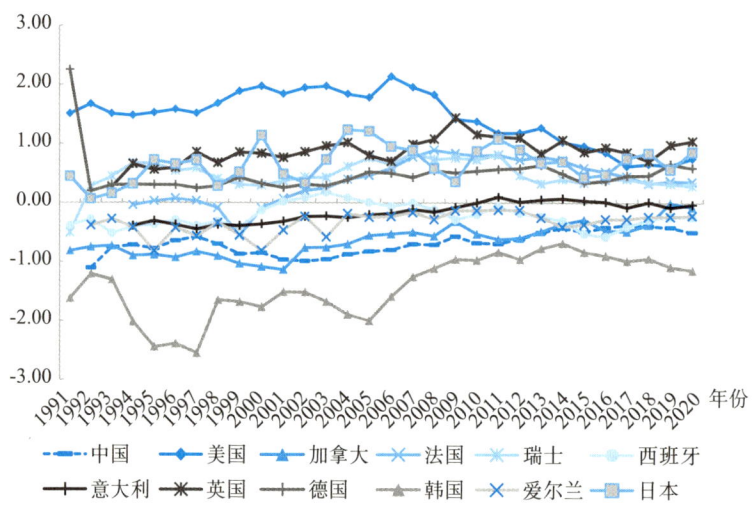

图 5-307　中国与发达国家专用仪器仪表制造显示性竞争优势指数比较

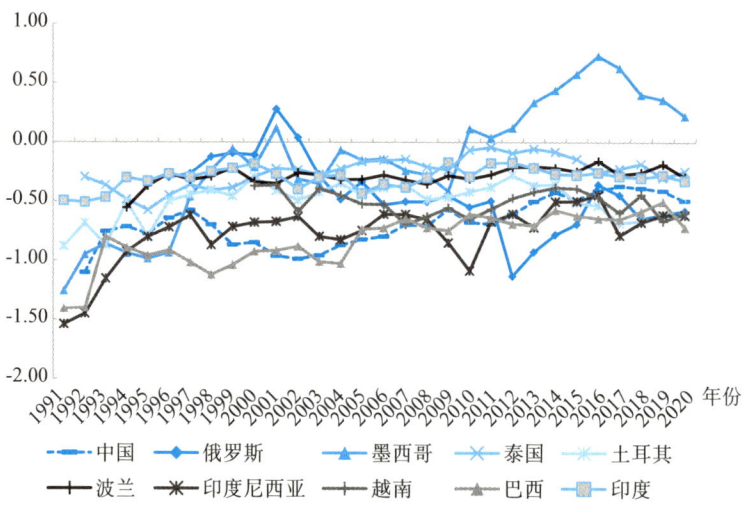

图 5-308　中国与发展中国家专用仪器仪表制造显示性竞争优势指数比较

（3）瑞士在钟表与计时仪器制造领域优势突出。发达国家中，瑞士优势十分突出，其竞争优势指数基本保持在15以上。发展中国家中，仅有中国保持较长时间的竞争优势，但竞争优势较弱，竞争优势指数基本在0～1.0（见图5-309和图5-310）。

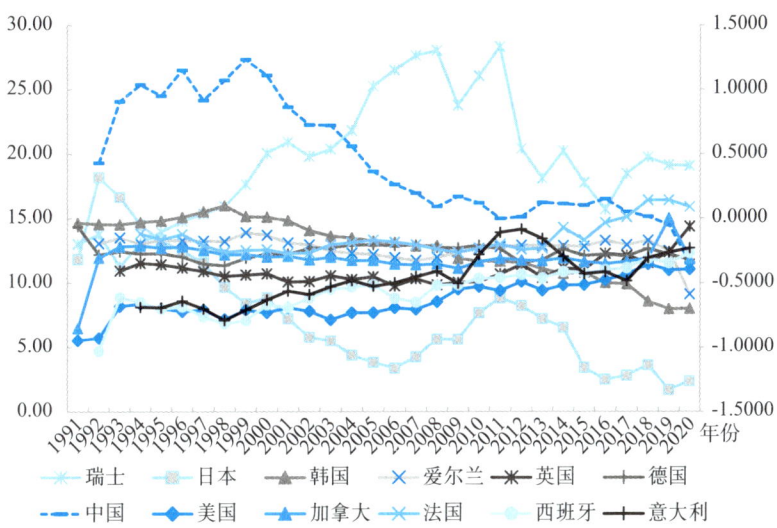

图5-309 中国与发达国家钟表与计时仪器制造显示性竞争优势指数比较

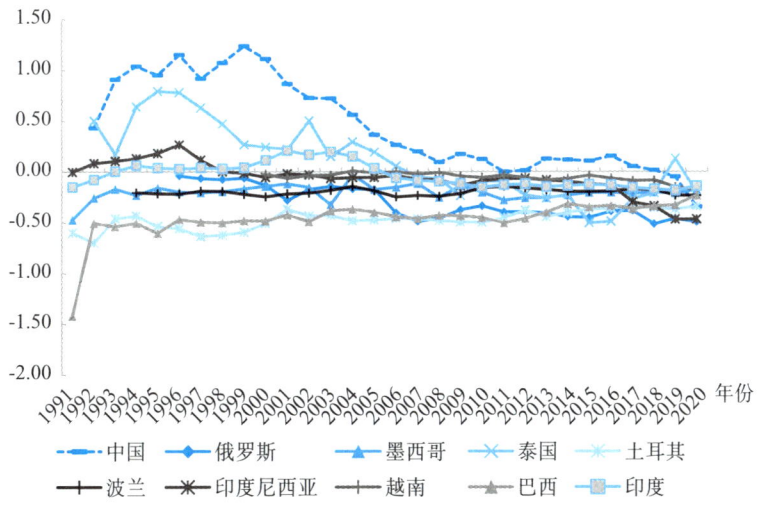

图5-310 中国与发展中国家钟表与计时仪器制造显示性竞争优势指数比较

(4) 日本、爱尔兰和泰国在光学仪器制造领域优势突出。发达国家中，日本和爱尔兰优势突出，其竞争优势基本保持在 2.0 附近。发展中国家中，泰国优势较为突出，其竞争优势指数基本保持在 1.0～2.0，其他发展中国家则基本处于竞争劣势地位（见图 5-311 和图 5-312）。

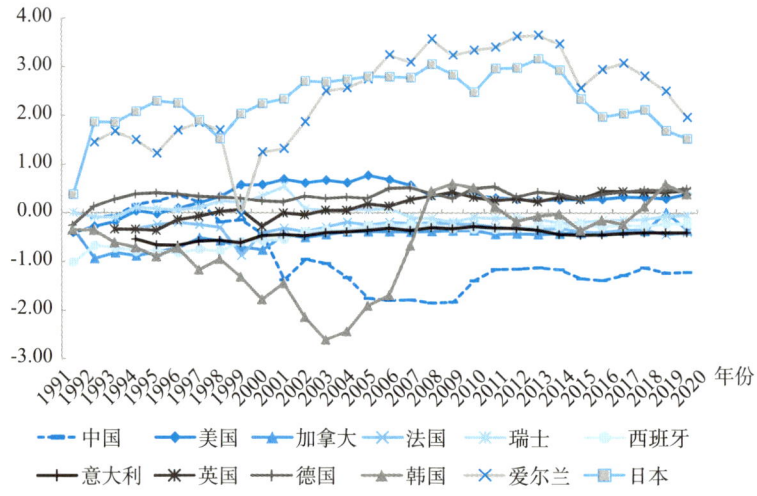

图 5-311　中国与发达国家光学仪器制造显示性竞争优势指数比较

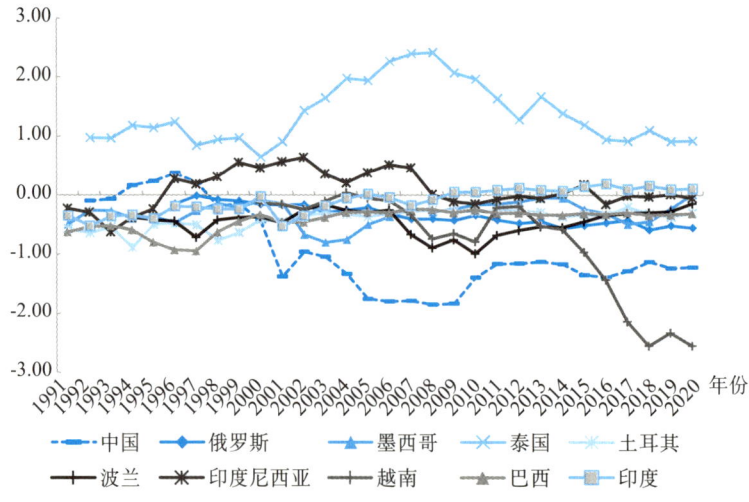

图 5-312　中国与发展中国家光学仪器制造显示性竞争优势指数比较

（5）中国和瑞士在衡器制造领域优势突出。发达国家中，瑞士在衡器制造领域曾有突出优势，但其竞争优势下降显著，其竞争优势指数从1995年的3.8下降至2020年的-0.3。发展中国家中，中国竞争优势显著且呈上升趋势，其竞争优势指数从1992年的0上升至2020年的2.5（见图5-313和图5-314）。

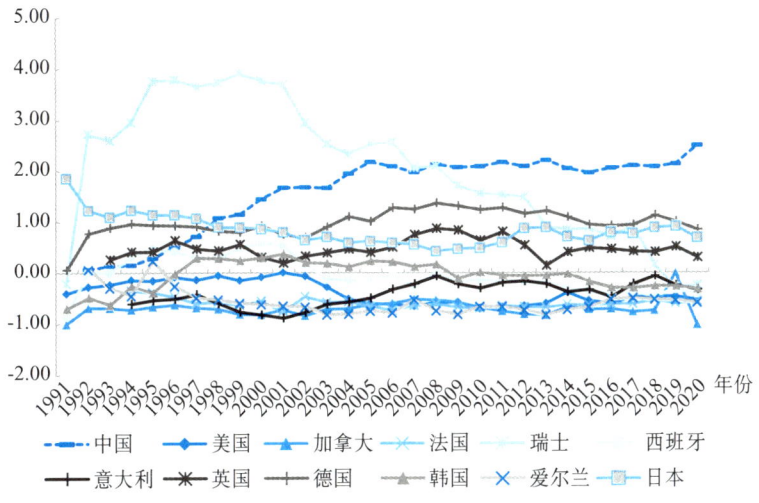

图5-313　中国与发达国家衡器制造显示性竞争优势指数比较

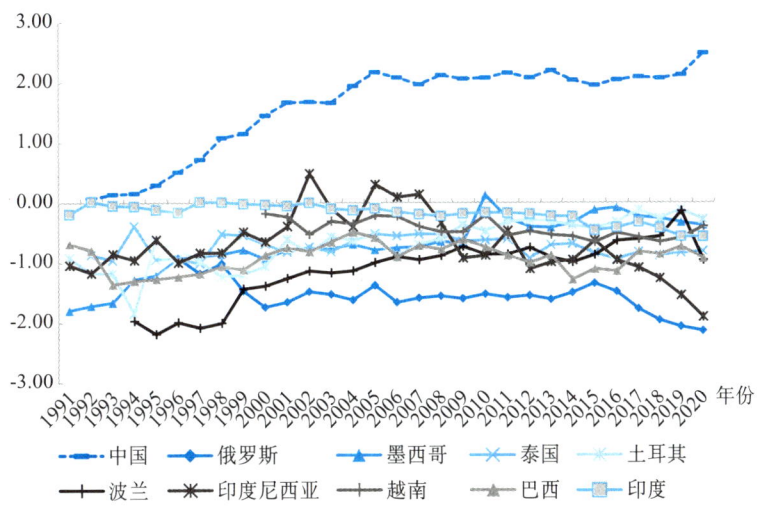

图5-314　中国与发展中国家衡器制造显示性竞争优势指数比较

（6）韩国和日本等在其他仪器仪表制造领域优势突出。发达国家中，仅有日本和韩国保持了较长时间的竞争优势地位，但其竞争优势均较弱。发展中国家则基本处于竞争劣势地位（见图5-315和图5-316）。

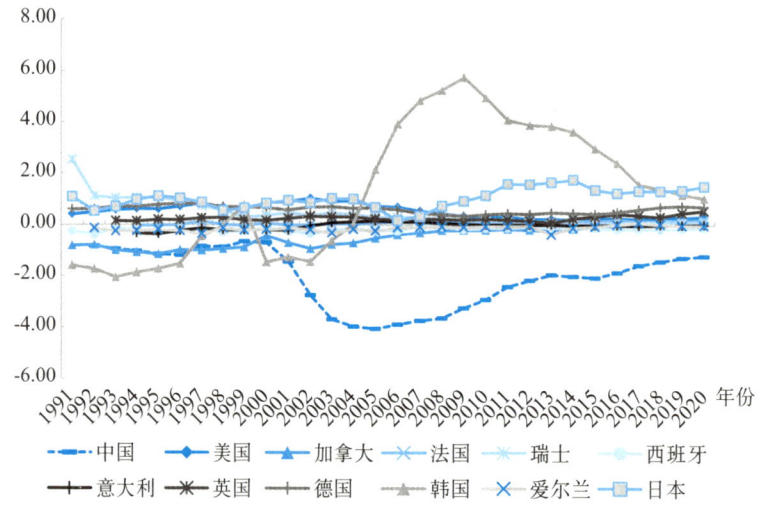

图5-315　中国与发达国家其他仪器仪表制造显示性竞争优势指数比较

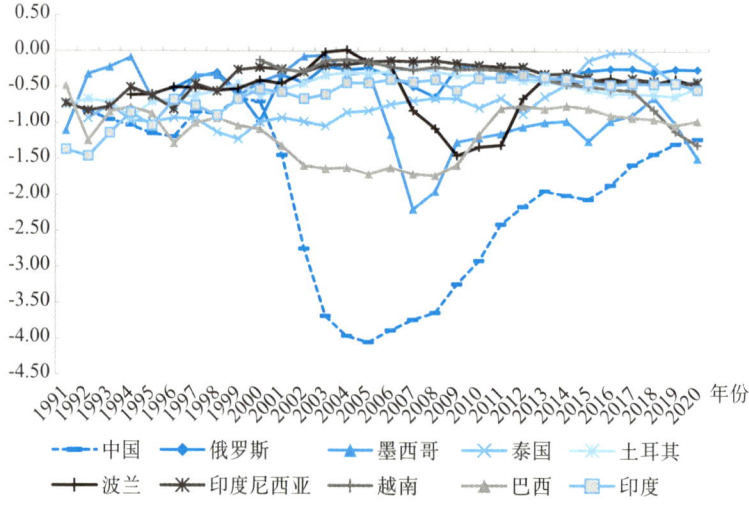

图5-316　中国与发展中国家其他仪器仪表制造显示性竞争优势指数比较

27. 各国在其他制造业领域竞争较为激烈

从行业大类看，各国在该领域竞争较为激烈。发达国家中，大多数国家的竞争优势指数集中在 0~1.0。但英国在该领域竞争优势波动较大，其竞争优势指数在 2019 年高达 3.3，但 2020 年又降至 0.3。发展中国家中，中国优势突出，其竞争优势指数基本保持在 2.0 附近。印度竞争优势呈下降趋势，其竞争优势指数从 2003 年的 3.1 下降至 2020 年的 0.1（见图 5-317 和图 5-318）。

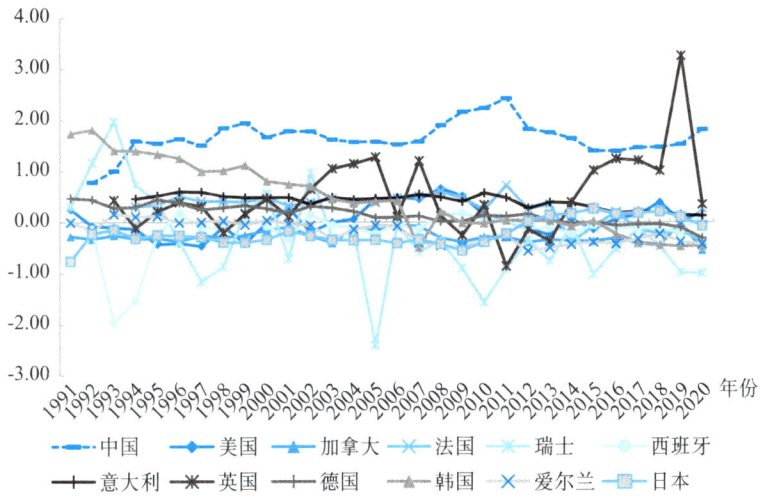

图 5-317 中国与发达国家其他制造业显示性竞争优势指数比较

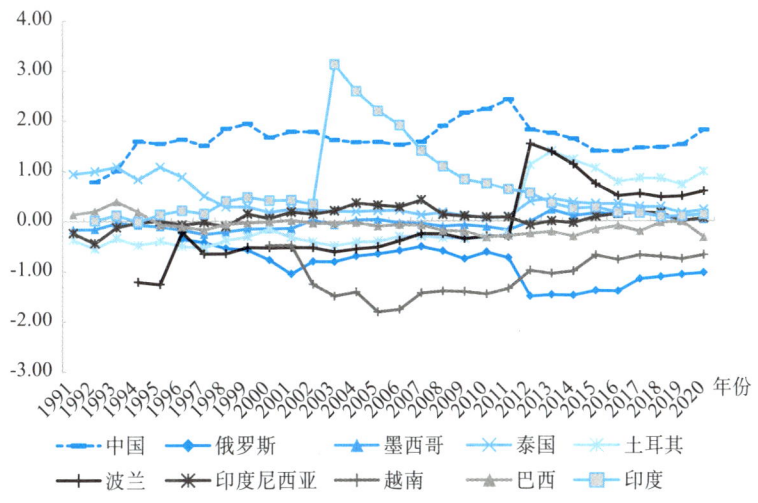

图 5-318 中国与发展中国家其他制造业显示性竞争优势指数比较

从行业中类、小类看，几十年来各国竞争优势呈明显分化态势。

（1）各国在日用杂品制造领域竞争激烈。发达国家中，大多数国家的竞争优势指数集中在 0~1.0。但英国在该领域竞争优势波动较大，其竞争优势指数在 2019 年高达 3.6，但 2020 年又降至 0.5。发展中国家中，中国优势突出，其竞争优势指数基本保持在 1.0~2.0。印度竞争优势呈下降趋势，其竞争优势指数从 2003 年的 2.8 下降至 2020 年的 -0.2。土耳其和波兰的竞争优势在近 10 年有所提高，由竞争劣势转为微弱的竞争优势地位（见图 5-319 和图 5-320）。

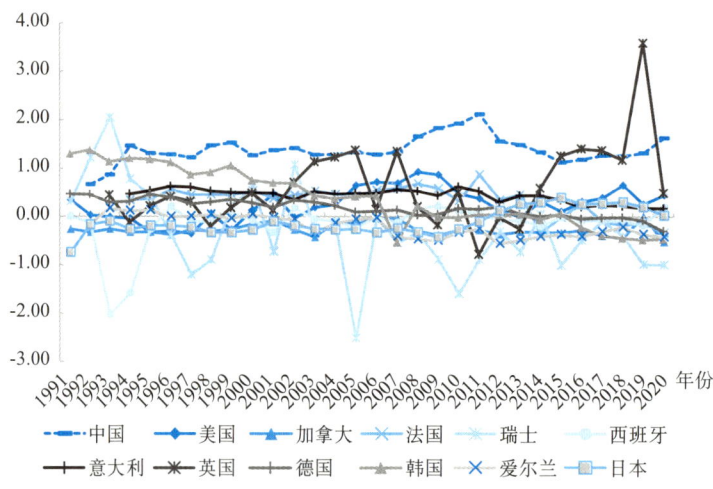

图 5-319 中国与发达国家日用杂品制造显示性竞争优势指数比较

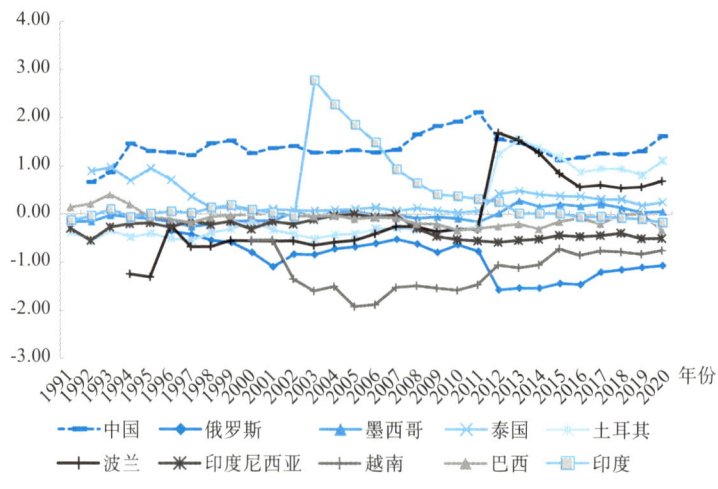

图 5-320 中国与发展中国家日用杂品制造显示性竞争优势指数比较

（2）中国等发展中国家在其他未列明制造业领域优势突出。发达国家中，韩国在该领域呈显著下降趋势，其竞争优势指数从1991年的18.7下降至2020年的-0.5。其他发达国家基本处于竞争劣势地位或具有微弱的竞争优势。发展中国家中，中国、印度、印度尼西亚和泰国优势突出。其中，中国、印度和印度尼西亚的竞争优势指数较为稳定地保持在4.0以上；而泰国的竞争优势呈显著下降趋势，其竞争优势指数从1994年的6.0下降至2020年的0.5（见图5-321和图5-322）。

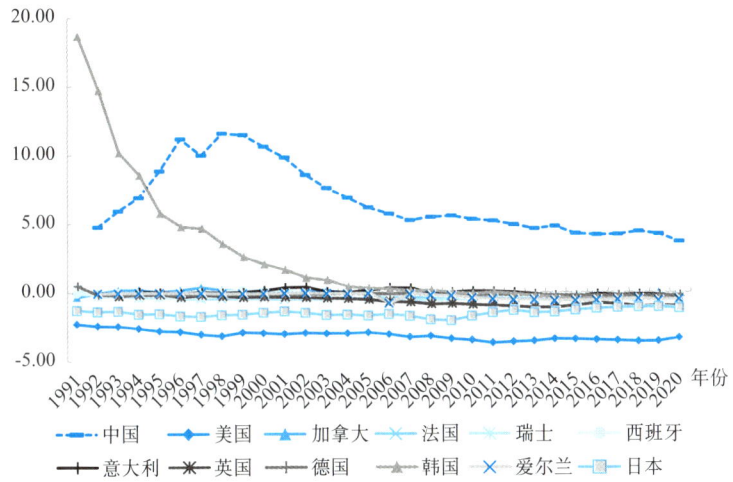

图5-321　中国与发达国家其他未列明制造业显示性竞争优势指数比较

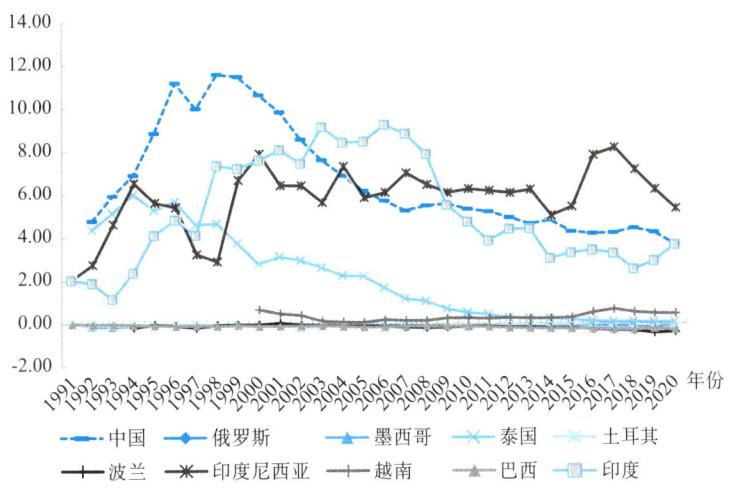

图5-322　中国与发展中国家其他未列明制造业显示性竞争优势指数比较

第六章 制造业竞争优势总体评价

从各国制造业的综合成本竞争优势及其细分行业贸易竞争优势看，本书主要结论如下。

一、发展中国家制造业成本竞争优势较强

1. 中国劳动力成本优势趋于下降但综合成本优势依然存在

2007～2019 年，中国制造业劳动力成本、综合成本竞争优势虽趋于下降，但与欧美发达国家相比，中国的劳动力成本和综合成本优势依旧比较明显。除税负成本、制度性交易成本较高外，劳动力、用能、融资、物流等成本指标均低于或接近世界平均水平。特别是综合成本竞争优势排名在我国之前的 6 个国家制造业增加值累计占比仅为 12.0%，而排名在我国之后的各国制造业增加值累计占比就达到 59.5%。

2. 发展中国家的综合成本竞争优势普遍强于发达国家

2007～2019 年，多数发展中国家的综合成本优势排名仍然位居前列且综合成本竞争优势指数值均高于世界平均水平，而瑞士、德国、法国、意大利、爱尔兰、日本和英国等发达国家综合成本竞争优势指数值则长期低

于世界平均水平。发展中国家中,印度尼西亚、泰国、俄罗斯、中国和墨西哥等国家始终保持着较强的综合成本竞争优势,特别是印度的综合成本竞争优势提升较快,排名从 2007 年的第 10 位跃升至 2019 年的第 2 位。

3. 发达国家之间的综合成本竞争优势差异较大

发达国家中,加拿大、美国和韩国的综合成本竞争优势较强,特别是加拿大的综合成本竞争优势指数值始终较高,在发达国家中居于领先地位。英国、意大利的综合成本竞争优势指数值近年来有所上升,表明其综合成本出现一定程度的下降。法国和德国的综合成本竞争优势排名及其指数值均有所下降。受世界经济增速下滑影响,2019 年发达国家的综合成本竞争优势指数值均出现不同程度的下降。

二、各国制造业贸易竞争优势差异较大

1. 中国劳动密集型产业内部优势与外部挑战并存

从国内产业看,纺织服装服饰业、皮革毛皮羽毛及其制品和制鞋业、文教工美体育和娱乐用品制造业的竞争优势地位依旧稳固,特别是机织服装制造、针织或钩针编织服装制造、服饰制造、羽毛(绒)加工及制品制造、皮革制品制造、制鞋业、玩具制造、体育用品制造、游艺器材及娱乐用品制造等多个领域仍具备较强的优势。纺织业、家具制造业、非金属矿物制品业的竞争优势整体趋于上升,特别是在丝绸纺织及印染精加工、家用纺织制成品制造、麻纺织及染整精加工、化纤织及印染精加工、针织或钩针编织物及其制品制造、产业用纺织制成品制造、竹、藤、棕、草等制品制造、家具制造、砖瓦石材等建筑材料制造、陶瓷制品制造、石膏水泥

制造与石膏水泥制品制造等多个领域优势较为突出。农副食品加工业、食品制造业、酒饮料和精制茶制造业、烟草制品业、木材加工和木竹藤棕草制品业的竞争优势较弱，造纸和纸制品业长期缺乏竞争优势。

从典型行业的国际比较看，纺织服装服饰业等劳动密集型产业的外部挑战主要来自越南、土耳其、印度和印度尼西亚等同样具有丰富劳动力资源的国家，这些国家在劳动密集型产业的竞争优势较为突出，且部分国家已经超过中国。如越南、土耳其在机织服装制造、针织或钩针编织服装制造领域已经赶超中国，印度、印度尼西亚的针织或钩针编织服装制造优势与中国相当，越南、土耳其在服饰制造领域的优势也与中国较为接近。

2. 中国资本密集型产业竞争优势明显弱于资源型国家

从国内产业看，金属制品业、橡胶和塑料制品业、印刷和记录媒介复制业始终具备一定竞争优势，虽然整体竞争力不强，但个别细分领域的优势依然比较突出，如本册印制、日用塑料制品制造、轮胎制造、金属制日用品制造、建筑安全用金属制品制造、集装箱及金属包装容器制造、金属工具制造等优势均较为突出。黑色金属冶炼和压延加工业、化学纤维制造业的竞争优势上升较快，特别是铁合金冶炼、纤维素纤维原料及纤维制造、合成纤维制造的优势上升明显。化学原料和化学制品制造业、有色金属冶炼和压延加工业、石油煤炭及其他燃料加工业长期缺乏竞争优势，仅有个别领域具备微弱优势，如铝压延加工、农药制造、日用化学产品制造、肥料制造、涂料油墨颜料及类似产品制造领域优势较弱，但炸药、火工及焰火产品制造的竞争优势较强。

从典型行业的国际比较看，对于以资源开发为主的资本密集型产业，俄罗斯、美国、印度和印度尼西亚的竞争优势较为突出，中国明显不具备优势。如俄罗斯、印度在精炼石油产品制造特别是原油加工及石油制品制造领域中竞争优势突出，美国、韩国、意大利和西班牙也具备一定优势。印度尼西亚、俄罗斯在煤制品制造领域优势突出，美国、加拿大优势较弱。波兰在炼焦领域竞争优势较强，俄罗斯、日本的优势近两年来持续快速上升并已超过中国。

3. 中国的技术密集型产业在国际竞争中已初具优势

从国内产业看，电气机械和器材制造业始终保持一定优势，其中电池制造、电线电缆光缆及电工器械制造、电机制造、输配电及控制设备制造等多个领域优势普遍较弱，而家用电力器具制造、照明器具制造领域优势较强。通用设备制造业、铁路船舶航空航天和其他运输设备制造业竞争优势上升明显，特别是文化办公用机械制造、自行车和残疾人座车制造、摩托车制造、船舶及相关装置制造等领域竞争优势明显，烘炉风机包装等设备制造、物料搬运设备制造、泵阀门压缩机及类似机械制造、通用零部件制造、铁路运输设备制造领域也已初具优势。计算机通信和其他电子设备制造业、汽车制造业、专用设备制造业、仪器仪表制造业虽长期缺乏竞争优势，但在纺织服装和皮革加工专用设备制造、采矿冶金建筑专用设备制造、环保邮政社会公共服务及其他专用设备制造、印刷制药日化及日用品生产专用设备制造、食品饮料烟草及饲料生产专用设备制造、农、林、牧、渔专用机械制造、非专业视听设备制造、通信设备制造、雷达及配套设备制造、电子元件及电子专用材料制造、钟表与计时仪器制造、卫生材料及医药用品制造、汽车车身及挂车制造等多个细分领域也已初步具备一定优势，广播电视设备制造、衡器制造领域竞争优势较强。

从典型行业的国际比较看，日本、韩国等发达国家的整体优势较强，越南、泰国等发展中国家的追赶态势明显。如越南在通信设备制造领域的优势超过中国，成为最具优势的国家。泰国、越南在广播电视设备制造领域的优势与中国大体相当。墨西哥、波兰、法国和德国在雷达及配套设备制造领域的优势与中国接近。韩国在非专业视听设备制造领域竞争优势突出，中国、墨西哥和越南的优势趋同。美国、日本和韩国在电子器件制造领域长期保持优势，发展中国家中仅泰国、俄罗斯略具优势。日本在电子元件及电子专用材料制造领域优势最为突出，美国、英国的优势偏弱，中国、韩国的优势相当且上升较为明显。

第七章　中国制造业根植性不强的四大表现

从前述分析可以看出，在国际竞争中，中国制造业综合成本仍具有一定优势，但这种优势并不突出，劳动力、用能、融资、物流等分项成本竞争优势处于中等水平，税负成本劣势较为明显。面对拥有先进技术的欧美制造业强国以及更低成本的东南亚国家，中国制造的优势地位有所动摇，制造业根植性不强的特点逐渐显现。

一、"招工难""用工贵"正在削弱传统产业低成本优势

十几年来，中国劳动力成本上升较快，加之年轻人就业观念发生转变、疫情导致人员流动受阻等影响，传统行业用工贵、招工难问题凸显，国家统计局调查显示[①]，我国约有44%的企业都面临着"招工难"的问题，这一比例已达近年来最高点，特别是高端人才和一线熟练工两头缺现象十分普遍。部分电气企业反映2022年春节以来企业员工的缺口率均在90%左右；浙江某服饰企业反映相较2021年，2022年工人的月工资已经上浮近500元；广东部分制衣企业反映，制衣工的日工资已经超过500元，最紧

---

① 国家统计局于2021年对9万多家规模以上工业企业进行的调查。

缺的车位工、四线工、烫工月工资已涨至 6000 元至 1 万元。

此外，受人民币升值、融资成本高企以及原材料成本持续上涨等影响，纺织服装/服饰业、皮革/毛皮/羽毛及其制品和制鞋业、文教/工美/体育和娱乐用品制造等行业企业利润空间不断缩小甚至出现亏损倒闭，劳动密集型行业低成本优势正面临严峻挑战。相对而言，越南、印度、泰国、墨西哥和土耳其等国家不仅劳动力资源丰富而且人力成本低廉，其劳动密集型产业的竞争优势不断提高，这些都为国际巨头和国内部分沿海企业提供了另外的产业选择地，造成部分产品订单外流。贸易竞争优势对比结果显示，纺织服装/服饰业特别是运动机织服装、运动休闲针织服装制造未来有可能进一步流向越南、印度等国，同时土耳其在服饰制造领域的竞争优势也不容小觑，我国劳动密集型产业的根植性亟待巩固。

二、自主创新能力不足弱化"中国制造"优势地位

中国制造业通过技术模仿在价值链中低端形成了强大的供给能力，但自主创新研发能力与发达国家差距仍然较大，尖端技术、核心零部件、关键装备和基础软件依然高度依赖进口，对产业链关键环节的掌控力度远远不够。所以即使我国在一些制造领域拥有较高的市场占有率，一旦遭遇发达国家关键技术"卡脖子"，已形成的优势也会大大削弱。中美经贸摩擦以来，美国先后对中兴通讯、华为等进行技术封锁，从禁止美国企业提供端芯片到禁止使用美国芯片设计软件，再到禁止含有美国技术的代工企业供应芯片，再到禁止拥有美国技术成分的芯片出口，遏制举措不断升级，造成部分企业生产经营一度陷入停滞，中国通信设备、5G 技术的竞争优势地位遭遇严峻挑战。

同时，自主创新研发能力不足也导致中国制造业依然处于全球价值链中低端，很难获得市场的较高收益。海关数据显示，2021 年我国数控镗床出口均价在 8 万美元/台，而进口均价却高达 62.5 万美元/台，相当于出口

近 8 台国产机床才能换 1 台进口机床。此外，近些年来中国与越南等拥有更低成本的国家在低端制造领域竞争越发激烈，如果中国制造业不能加快创新步伐，将不利于向全球价值链高端的攀升，并影响制造业转型升级，传统优势也将被国际竞争逐渐侵蚀。贸易竞争优势对比结果显示，未来在通信设备、广播电视节目制作及发射设备、非专业视听设备、广播电视接收设备等制造领域，我国将主要面对来自越南、泰国和墨西哥等低成本国家的竞争，而在电子真空器件、集成电路、光电子器件、电阻电容电感元件、电子电路等制造领域，则要进一步加大创新研发力度，缩小与日本、美国、法国和韩国等技术领先国家的差距。

三、区域经济发展不均衡造成东部产业内迁意愿不高

随着要素成本攀升和环境保护约束趋紧，东部沿海地区纺织服装、鞋帽、玩具、电子加工以及化工等相关产业不得不面临转移，但究竟是转向东南亚地区还是内陆地区，很多企业陷入两难。国内中西部、东北地区虽然在劳动力、土地、能源等要素成本上具有一定优势，但受现代物流服务体系落后、产业链上下游配套不完整、通关不便等影响，原有供应链难以有效支撑，反而造成内迁企业管理和物流成本大幅上升。同时，中西部、东北地区金融市场不发达，不少内迁的中小企业融资难、融资贵问题较为突出。此外，中西部、东北地区营商环境远落后于东部沿海地区，行政审批烦琐、政府服务意识不强等造成制度性交易成本普遍偏高。这些都在一定程度上降低了投资者的热情，进而影响产业梯度转移的规模和速度。

从广东迁往湖南的企业普遍反映，多数内陆地区的劳动力、土地、能源资源成本优势难以抵消较高的物流成本、融资成本等，造成企业生产经营成本实际上是"明降暗升"。湖南某电子企业反映，远离沿海地区零部件配套企业后，往往难以保障及时稳定地供应手机生产所需各类零部件，进而影响订单交货周期；因原料需求有限，部分原料供应商拒绝送货上门，

企业只能通过东莞的总部工厂中转而来。深圳某安防设备企业反映，迁入内陆地区后基本使用自有资金购买原材料，与沿海地区采取的第三方机构垫资模式相比，融资渠道锐减的同时资金使用效率也大大降低。

四、现行能耗双控制度阻碍高载能产业再布局

我国自"十三五"时期开始实施能耗总量和强度"双控"，以提高能源利用效率，倒逼经济发展方式转变，促进产业结构优化升级。但随着新能源行业的发展，能源生产和消费结构已经发生了较大变化。中国电力企业联合会数据显示，2021年1~12月，东部、中部、西部和东北地区全社会用电量占比分别为47.4%、18.6%、28.6%和5.4%，能源需求主要集中在东部地区，而西部地区总发电量居全国第1位，占全国总发电量的38.1%，其中四川的水力发电、内蒙古风力发电量居全国第1位，分别占全国水力发电量、风力发电量的29.8%、14.8%，内蒙古和青海太阳能发电量居全国第3位、第4位，二者合计占全国太阳能发电量的13.0%，清洁能源集聚西部的特征十分明显。

在推进"碳达峰、碳中和"过程中，部分地区未能结合能源结构和经济发展实际，仍按照能耗双控制度对控碳进行间接考核管理，而能耗控制总量指标又以各地经济总量为基础，经济越发达的东部地区能耗指标越多，而经济相对落后的中西部地区能耗指标较少，这就使得西部地区承接东部地区高载能产业转移普遍面临着"能耗指标不足"的制约，在一定程度上阻碍了东部地区石化、建材、钢铁、有色等产业向西部地区有序转移。

现阶段，中国经济的平稳运行和高质量发展显然在相当长一段时间内还无法摆脱化石能源消耗。若"一刀切"要求地方政府减少碳排放和能源消耗，不仅难以实现有效低成本减排，还可能会影响经济发展。因此，为了确保中国经济朝着绿色低碳方向继续平稳运行，不仅需要推行碳"双控"指标，还必须配备良好的节能减排设施和政策环境。

国家统计局石嘴山调查队抽选石嘴山市 62 家规模以上工业企业通过实地走访、问卷星、电话、微信等信息化手段进行调研。结果显示，本次调研中逾七成企业受"能耗双控"影响，加速生产设备折旧、订单无法如期交付、原料损耗及产品质量下降等成为企业面临的主要难题。

1. 设备开机停机导致能耗增加及浪费原材料是企业面临的困境

受"能耗双控"影响，企业限电停产、限产的方式及时间不同，但整体或部分生产设备停电后重新开机导致能耗增加及浪费原材料等问题难以避免，已成为企业面临的困境。在本次参与调查的企业中，受设备开机停机导致能耗增加困扰的企业约占政策影响下企业的 73.3%，表示"浪费原材料"为直接损失的企业占 31.1%。企业生产设备停电后重新开机增加耗能，尤其是部分大型生产设备需要一定温度保证，在正常生产条件下为 24 小时生产，受停电影响，设备停转后重新启动需要再次预热造成一定时间内的资源浪费，同时会加速生产设备折旧甚至造成设备损坏。例如，宁夏某活性炭生产企业表示，为了合理分配仅剩的能耗额度，目前两台生产活性炭的炉子轮流开工，在停炉后需要给炉子降温，开炉需要再次预热，造成了一定的损耗。石嘴山某贸易企业表示，限电造成炉温不达标，生产的产品不达标，造成大量生产浪费。

2. 订单无法如期交付成为多数企业面临的共性难题

"能耗双控"政策条件下，企业受用电限制，订单无法如期交付，部分企业还将面临索赔，受此困扰的企业约占政策影响下企业的 55.6%。首先，按订单需求生产企业受此影响较为严重，由于部分订单计划产生于"限电限产令"之前，企业按照正常生产方式设定计划及交付时间，限电限产后生产周期延长，产品难以按计划如期出厂，造成订单无法如期交付甚至面临索赔。某碳素生产企业反映，自限电以来，企业用电量每天下降 30% 左右，因限电改变了原有的生产模式，打破了原有的生产计划调度，每天影响发货产值 15 万元左右。

3. 开工不足,部分人力资源闲置,增加企业运营成本

受"能耗双控"影响,企业开工不足,造成部分人员闲置。例如,某冶金企业表示,该企业正常条件下为 24 小时生产,企业按工期安排工人在单位住宿生产,但停电后造成人员在单位无效留滞,增加企业运营成本。石嘴山某化工企业表示,企业位置地处偏远,每日由通勤车辆将大量工人送至生产单位,一旦发生停电停产还需临时联系车辆并安排人员将工人送回。调研显示,在受影响企业停工停产期间,20.0% 的企业选择照常发放工资;28.9% 的企业选择发放基本工资;6.7% 的企业选择不再发放工资,另有 44.4% 的企业选择其他处理方式或暂未受到全面停工停产。开工不足,部分人力资源闲置,增加了企业的运营成本,且员工工资降低易造成部分企业的人才流失。

第八章 提升中国制造业根植性需坚持"四个并重"

当前,中国在纺织业等劳动密集型产业中仍然具备一定竞争优势;资本密集型产业和技术密集型产业尽管整体优势较弱,但在多个细分领域竞争优势呈现明显上升态势,部分细分领域的优势已十分突出。为此,要进一步发挥优势、尽快弥补劣势,增强制造业的根植性,保障产业链供应链安全稳定,提升我国在国际产业分工中的位次,努力向全球价值链中高端迈进。具体建议如下。

一、坚持高素质人才培养和加快人工智能替代并重

制造业的全球竞争力归根结底要靠高素质人才,相对于商品、资本或技术,人才的跨国流动受到的限制更多,因此拥有的高素质人才越多,制造业发展后劲越充足,产业智能化转型升级的步伐才能越快,最终通过劳动生产率的提升来有效对冲劳动力的结构性短缺和成本上升,这也是解决"招工难""用工贵"的根本所在。

1. 健全多层次人才培养和保障机制

一是深入推动职业技术教育发展,深化产教融合,推行"学历证书+

职业技能等级证书"制度，支持制造企业开展在职培训。拓宽职业技能培训资金使用范围，开展大规模、多层次职业技能培训，建设一批高技能人才培训基地。

二是加快建成适应制造业与服务业融合发展的院校教育、毕业后教育、继续教育三阶段有机衔接的人才培养培训体系。支持高校、研究机构与企业开展定制式人才培养。

三是面向前沿领域、制造业重点领域紧缺人才以及基础制造领域的人才需求，及时改革优化高等院校学科和课程设置，建立人才培养与制造业用人需求动态匹配的机制。

四是在保证劳动者收入的前提下，多渠道降低企业用工成本，如延续阶段性降低失业保险、工伤保险费率政策。尽快实现养老保险全国统筹。探索"零工经济""共享员工"的劳动保护、社保缴费新模式。

五是建立完善劳动力跨区域协作机制，依托乡村振兴工作，加强东部与中西部劳务输出大省对接力度，将劳动力信息采集工作细化到乡村，进一步实现东西部用工联动。

2. 加快推动制造业数字化转型升级步伐

一是积极构建数字化、智能化核心技术装备体系，借鉴 Autodesk、SAP、西门子等领先的软件开发技术，加快提升国内工业软件设计研发能力，建立较完整的工业智能软件和基础硬件体系。探索建立制造业上下游企业间软件平台、运行数据、运营流程、管理关系、控制信息等的协调贯通集成。

二是加快推进数字化公共平台和基础设施建设，制定完善制造业细分行业数据联通标准、规则体系和管理规范。建立完善跨境数据流动、新技术数据安全、新模式下数据垄断等监管规则。面向信息物理融合系统（CPS），前瞻性做好工业互联网的标准化体系建设。推动工业软件的云化和移动化，建设功能强大的工业互联网平台和广泛覆盖的工业物联网。

三是在全国范围内总结推广制造业企业数字化、智能化转型的最佳实践。

二、坚持自主创新研发与强化国际合作并重

建立在创新能力上的产业，其知识技术积累和研发能力的形成具有长期性，因此更难以被竞争者模仿和替代。强大的创新能力能够推动产业的持续升级，促进接续替代产业的孕育壮大，是增强制造业根植性的重要源泉。

1. 积极打造协同创新体系

一是完善以企业为主导的科技计划项目立项和执行机制，建立相关企业牵头、高校和科研院所联合参与的产业重大关键技术研发机制，提高技术成果转化率。

二是加强"产学研用"的组织建设，推动科研院所、高校和企业建立长期稳定的合作关系，建立由行业头部企业牵头的产业技术创新战略联盟，发挥国家工程中心、企业技术中心、国家工程实验室等科研基地的引领和辐射作用。

三是产业链创新与区域产业集群建设相结合，以长三角、珠三角、京津冀、中西部城市群为依托，培育一批技术先进、规模领先、分工深化的先进制造业产业集群。

2. 加强创新保障机制建设

一是打破科技资源管理部门分割、央地分割、军民分割，建立完善项目共同申请、科技设备共享、基础设施共建的政企对接机制，促进科技资源跨管理部门、跨行政区划、跨地域市场流动。

二是加大制造业相关基础研究、产业共性技术研究等产业技术基础公共服务平台的财政投入，完善试验验证、检验检测、标准认证、市场信息

等技术创新公共服务体系，培育发展专业化的技术转移、转化中介服务业。

三是在严格落实知识产权保护各项制度的基础上，探索人工智能监管、大数据监管等新型高效的知识产权监管模式。

3. 强化重点领域国际合作

一是联合国外大学、智库、科研机构共建重点实验室，鼓励芯片等关键领域中外合作办学项目，支持国内高校创办国际校区，引进国外优质教学资源和师资力量。

二是探索建立外商投资的研发中心，落实好外资投向高新技术制造领域相关政策，鼓励国内企业在先进制造业领域开展跨国并购，积极参与制造业关键领域国际标准制定，实现"引进来""走出去"并举，加强国内外创新资源协同。

三是发挥中投公司等国有投资平台优势，建设境外科技孵化中心、产业研发基金等，发挥境外经贸合作区的平台作用，加强与共建"一带一路"国家产业合作，推动市场、规则、标准方面的合作联通。

四是抓住中国与部分发达国家在制造业领域由垂直分工向深度技术合作转型这一契机，加强与日本、韩国、德国等全球制造业第二梯队国家的产业和关键技术合作，努力提升在全球价值链"微笑曲线"中的相对地位。

三、坚持推动产业有序转移与优化营商环境并重

良好的营商环境是企业健康成长的沃土、吸引产业集聚的平台、促进经济发展的基石。随着传统要素、政策红利逐渐让位于创新、制度红利，打造市场化、法治化、国际化营商环境，进一步降低制度性交易成本既是加快建设现代化经济体系的题中之义，又是增强制造业根植性的关键之举。良好的营商环境是加快高耗能产业转移的催化剂。西部地区在营商环境和

产业配套体系方面的短板非常明显，应加快整合内部和外部资源补齐短板，为产业转移提供良好的营商环境和配套支撑。

1. 促进制造业有序转移

一是加强东西部地区的协同联动，创新区域间产业转移合作模式，引导加快探索创新方式方法，支持东部地区通过托管、共建等形式支持中西部、东北地区发展。

二是加快产业配套体系建设，推进机场、铁路、高速公路、电力等基础设施规划建设，积极发展多式联运，推动完善港口、物流园区集疏运铁路、公路，提高物流运行效率。

三是探索科技成果跨区域转移合作模式，通过共建科技成果转移转化示范基地、新型研发机构战略联盟等形式，鼓励东部地区科技创新成果在中西部、东北地区孵化转化。以"东数西算"为契机打造西部数据中心，并逐步承接数据后台加工、分析、存储备份等产业环节的转移。

四是健全产业转移服务体系，完善国家产业转移信息服务平台，推动产业精准对接。加强产业转移跟踪评估，科学评估承接产业转移情况和成效。

2. 持续优化区域营商环境

一是适时修订鼓励外商投资产业目录、产业发展与转移指导目录。落实西部地区鼓励类产业目录、产业结构调整指导目录。按照"能免则免、能减则减"的原则，进一步清理整顿行政许可和强制准入的中介服务收费、具有垄断性的经营服务收费等。

二是全面简化创新创业行政审批与监督检查制度，对制造业高新技术企业在登记、认定、审批等过程中采取轻前置手续、重后续监管的方式。支持省级人民政府统筹开展住所与经营场所分离登记试点，推动非涉及人民群众身体健康产品相关生产经营单位"一证多址"和资质跨地互认。进一步深化"证照分离"改革，推进有关电子证照归集应用。

三是引导金融机构创新支持产业转移合作的金融产品，推动产业链融资、订单融资、无形资产质押融资等业务发展。建立知识产权质押融资市场化风险补偿机制。建立完善科技保险奖补机制和再保险制度。研究支持地方在风险可控和坚持市场化前提下，设立产业转移基金。

四、坚持有序推进双碳工作和打造综合性新能源基地并重

1. 推动能耗"双控"向碳"双控"转变

一是加快构建以碳排放总量和碳排放强度为核心的控碳考核体系，加快建立全面科学的碳排放核算体系。利用大数据、互联网、人工智能等先进技术加强统计调查和监测工作，构建统一的能源与碳排放数据库。

二是结合西部地区发展实际和经济现状，综合考虑区域发展差距和产业结构特征，采取差异化举措统筹碳"双控"指标分配。在设置控碳目标的基础上，可适当增加西部地区能耗指标，减少东部地区能耗指标，提高西部地区承接转移能力，压缩东部地区高耗能产业的发展空间，进一步倒逼高耗能产业由东部地区向西部地区转移。

三是完善减碳基础设施与制度环境，通过电力体制改革和碳排放交易市场建设，加大对储能等产业的培育与扶持力度。加快推动绿色技术创新和数字技术在高载能高污染行业中的应用。

四是加强各地区节能减排和绿色发展过程中的合作交流，构建成本共担、利益共享的体制机制，不断推进环境污染联防联治工作。

2. 打造西部地区多能互补的综合性新能源基地

西部地区具备依托新能源承接产业转移打造低碳产业体系的优势。

一是因地制宜采取风能、太阳能、水能、煤炭等多能源品种发电互相补充，并配套一定比例储能，统筹各类电源的规划、设计、建设、运营，打造"风光水火储一体化""源网荷储一体化"新能源基地。

二是明确传统电源与新能源、基础电源与调峰电源、源网荷各环节的分工定位，打破各个领域间的壁垒，统筹各类资源的协调开发、科学配置，提高新能源利用率、提升电源开发综合效益，保障产业发展的电力需求。

三是充分应用云计算、大数据、人工智能、物联网等数字技术，推动新能源基地的数字化、智能化转型，构建数字化电力系统。

四是开展用能信息广泛采集、能效在线分析，依托精细化功率预测、优化调度、需求侧响应等一系列集成技术手段，实现源网荷储互动、多能协同互补、用能需求智能调控，提高新能源基地的电力保障能力。

3. 适度保留产业链关键环节

（1）通过适度保留产业链关键环节，构筑产业链供应链安全屏障。

一是对涉及居民基本生活保障、国家应急物资供应的相关制造业，可通过政府采购、国家应急储备等方式给予税收、财政支持，保留一定规模的国内生产能力。

二是在国内建立"母工厂"作为制造业新技术、新工艺开发验证和对全球工厂提供技术支援的基地。

（2）通过深度参与全球产业链分工，不断提升中国全球价值链分工位次。

一是合理引导和布局中国制造业产业向外转移的区域和环节，构筑外移产业与本土产业环节之间高效、紧密的分工配套体系。积极鼓励以拓展海外市场、创立品牌为主要目的的跨国产业转移。

二是注重区域产业链重构，优化与东南亚、南亚以及"一带一路"沿线国家和地区优势互补的产业分工与合作，强化国家间的双边多边合作，积极搭建自由贸易合作平台。

参考文献

[1] 黄智. 高质量发展视角下中国制造业出口竞争力研究 [D]. 广西大学, 2021.

[2] 高红蕾. 制造业国际竞争力的测度与比较研究 [D]. 北京林业大学, 2020.

[3] 保永文. 中国制造业技术创新与产业国际竞争力 [M]. 北京：经济科学出版社, 2020.

[4] 钱学锋, 王备. 中国企业的国际竞争力：历史演进与未来的政策选择 [J]. 北京工商大学学报（社会科学版）, 2020, 35 (04)：43-56.

[5] 赵昌文. 迈向制造业高质量发展之路 [M]. 北京：中国发展出版社, 2020.

[6] 康学芹, 廉雅娟. 中美高新技术产业竞争力比较与中国的战略选择 [J]. 河北经贸大学学报, 2020, 41 (01)：76-85.

[7] 唐红祥, 张祥祯, 吴艳, 贺正楚. 中国制造业发展质量与国际竞争力提升研究 [J]. 中国软科学, 2019 (02)：128-142.

[8] 伊·菲·赫克歇尔, 戈特哈德·贝蒂·俄林. 赫克歇尔—俄林贸易理论 [M]. 北京：商务印书馆, 2018.

[9] 彭爽, 李利滨. 中国产业国际竞争力再估算——基于比较优势与竞争优势的实证分析 [J]. 江西社会科学, 2018, 38 (04)：61-69.

[10] 赵东麒, 桑百川. 入世十五年中国产业国际竞争力变动趋势分析 [J]. 国际经贸探索, 2016, 32 (11)：4-15.

[11] 于明远. 中国制造业技术创新与国际竞争力的实证分析 [J]. 经济与管理研究, 2014 (12)：13-22.

［12］吕薇等. 中国制造业创新与升级——路径、机制与政策［M］. 北京：中国发展出版社，2013.

［13］王静. 国际分工新体系下中国制造业的竞争力［D］. 东南大学，2004.

［14］蔡昉，王德文，王美艳. 工业竞争力与比较优势——WTO 框架下提高我国工业竞争力的方向［J］. 管理世界，2003（02）：58－63.

［15］Moon, H. C. , Rugman, A, M & Verbeke, A. A generalized double diamond approach to the global competitiveness of Korea and Singapore［J］. International Business Review, 1998, 7（2）：135－150.

［16］金碚，胥和平，谢晓霞. 我国各类产业的国际竞争态势［J］. 经济研究参考，1997（68）：37－38.

［17］Dunning J. H. Internationalizing Porter's diamond［J］. Management International Review, 1993, 33（2）：8－15.

［18］Rugman A. M. , D'Cruz R. The 'double diamond' model of international competitiveness：the Canadian experience［J］. Management International Review, 1993, special issue, 33（2）：17－39.

［19］Porter, M. E. The competitive advantage of nations［M］. New York：Free Press, 1990.

［20］Vollrath, T. and De Huu Vo. Investigating the Nature of World Agricultural Competitiveness［R］. U. S. Department of Agriculture, Economic Research Service, 1988.

［21］樊纲. 论竞争力——关于科技进步与经济效益关系的思考［J］. 管理世界，1998（03）：10－15.

［22］Balassa, B. Trade Liberalization and "Revealed" Comparative Advantage［J］. The Manchester School of Economic and Social Studies, 1965, 33（2）：99－123.

附件

国内外制造业的发展历程

一、国外制造业发展历程

1. 美国制造业发展历程

（1）美国制造业起步阶段。自 1776 年《独立宣言》发布到南北战争爆发，美国的经济实现了结构转变，制造业开始起步，为成为工业大国奠定了坚实的基础。独立战争后，美国制造业技术水平与第一次工业革命中心的英国存在较大差距，而英国接连出台法律禁止新机器出口美国，对熟练工人的输出也进行严格控制。美国在建国之初便关注到正在欧洲大陆发生的工业革命所带来的深远影响。1791 年，美国财政部长亚历山大·汉密尔顿（Alexander Hamilton）发表《关于制造业的报告》（Report of Manufacturers），提出了由国家扶持制造业发展的措施，但这一报告并没有在国会通过，但它被视作美国工业化的鼻祖，被称为"美国工业化的宪章"。直到 19 世纪 30 年代后，美国开始重新重视这份报告，从中寻找政策指导并付诸实施。

在这一阶段，美国为发展制造业开始进行技术准备与创新，通过采取提供高额奖金吸引技术移民、大范围使用机器以及建立工业生产流水线，推动美国制造业的初步发展，制造业产业部门实现了初步积累，并于 19 世纪 30 年代后实现了第一次快速增长。

纺织业方面，19 世纪 20 年代后期及 30 年代初期，阿普尔顿（Appleton）、洛维尔（Lowell）、萨福克（Suffolk）、特蒙特（Te Mengte）和劳伦斯（Laurence）等公司相继成立，这些公司生产设备相当完善，到南北战争爆发前，美国纺织业雇用工人 11.5 万，占制造业总产值的 7%。作为重工业发展基础，美国钢铁制造业实现了快速发展。美国生铁产量从 1790 年的 3 万吨增长到 1860 年的 83.5 万吨，增长了 26 倍。美国炼钢业发展较晚，1844 年密西根北部苏必利尔湖发现铁矿对美国钢铁产业发展起到了巨大的促进作用，1860 年，美国已形成 10 个主要钢基地。在相关产业部门发展的促进下，美国机器设备制造业在这一时期取得较快发展，并呈现出引进技术与自主创新相结合，设备生产与标准化相联系的发展特点。

（2）世界头号制造业强国地位确立（南北战争至第一次世界大战前）。1861 年至 1865 年南北战争导致美国南方奴隶制度的结束，美国开始进入以工业化为中心的发展阶段，制造业进入快速发展阶段。南北战争结束后，美国掀起了西部开发的热潮，美国人口和工业开始向西部流动，丰富的自然资源得到开发的同时，美国城市化进程开始加速，在北部的底特律、芝加哥等城市，在内陆沿河地区的匹兹堡、辛辛那提等城市；南部的伯明翰、新奥尔良、休斯顿等城市纷纷兴起。

与城市化进程相伴随的是劳动力数量与质量的快速增长与提高，并带动了劳动生产率的持续提高；此外，一些在南北战争中获利的资本家和外国资本也扩大在美国的投资规模，美国制造业资本也实现了快速积累。伴随第二次工业革命的进行，美国技术创新越来越专业化，发电机、内燃机、电灯、电报发明并得到推广，机器得到规模应用，为美国制造业的快速发展奠定了技术基础。

19 世纪后期，美国制造业实现了对欧洲的追赶，并确立了制造业强国的地位。1870 年，英国制造业产出占全球制造业产出比重为 1/3，而美国同期仅为 1/4；到 19 世纪 80 年代末，美国制造业产出占全球制造业产出比重上升为 36%，而英国这一比重则下降到不足 15%。美国制造业工业增加值从 1860 年的 7.672 亿美元增长到 1914 年的 96.08 亿美元，增长了 12.5

倍，人均工业增加值增长了 4.3 倍。

（3）在徘徊中螺旋发展（第一次世界大战至第二次世界大战）。1914 年 8 月，第一次世界大战全面爆发。美国在战争初期采取中立政策，向交战双方出售大量军火，并以此为契机向海外市场扩张，促进了美国制造业的快速增长。1914 年至 1928 年，美国加工工业生产指数由 186 增长到 254，增长了 68；矿业生产指数由 220 增长到 290，增长了 70；制造业总产值由 240 亿美元增长到 620 亿美元，增长了 158%。

第一次世界大战后，美国在经历了短暂的经济危机后，其需要满足居民因战争而受到抑制的日用品需求，资本家们也开始大规模更新固定资产并进行技术创新，很多大企业开始推行"产业合理化运动"，在生产过程中实施"泰勒制""福特制"等新的生产组织方式，极大地提高了劳动生产率，美国进入了柯立芝繁荣时期，制造业蓬勃发展。1929 年，美国工业生产在世界工业生产中所占比重已经达到 48.5%，超过英国、法国和德国三国所占比重。汽车制造业的发展也进一步带动了产业链上游，如橡胶、钢铁、石化等产业的发展。20 世纪 20 年代，美国电气制造业实现了快速发展，日常电气化程度大幅度提高，冰箱、收音机等开始走向家庭。此外，航空、化工等制造业产业部门在这一阶段也都实现了飞速发展。

1929 年，世界经济危机开始，美国经济开始进入大萧条时期，制造业也受到巨大冲击，汽车、钢铁等产量大幅下降，工人失业人数剧增。为了应对危机，1933 年 6 月，美国颁布《全国工业复兴法》，通过对工业生产进行管理缓解工业危机，同时成立公共工程管理局，大规模建设公共工程，降低失业率。1938 年，美国实施第二轮新政，国会通过第二部《农业调整法》和《公平劳动标准法》，改变了工人在劳资谈判中的地位，并在农村推广电气化。

第二次世界大战对美国制造业发展起到了极大的拉动作用。由于盟国及美国自身对战时物资的大量需求，与军事相关的制造业在这一时期取得了飞速发展。在战争初期的 1939 年至 1941 年，石油产量从 12.6 亿桶增长到 14.0 亿桶；钢产量从 4780 万吨增长到 7510 万吨；铝产量从 32.7 万吨增长到 61.8 万吨；汽车产量从 357.6 万辆增长到 483.9 万辆。1941 年年底，美国直接参战后，国民经济迅速转向战时经济，制造业增速加快，飞机制造业、造船业以及橡胶产业等都得到了前所未有的发展。

（4）第二次世界大战后黄金发展期（第二次世界大战后到20世纪70年代）。第二次世界大战结束后，美国制造业快速发展，世界制造业头号强国的地位得到进一步巩固。1946年开始，美国由战时经济向和平经济过渡，除了与战争直接相关的钢铁、造船、航空等产品的生产出现下降外，整个制造业的产出仍保持较快增长。战后美国制造业全球优势的建立与其第二次世界大战期间远离欧洲、亚洲战场密切相关。第二次世界大战结束到20世纪70年代，美国制造业占GDP比重一直维持在较高水平。1948年为26%，1955年提高到28%，1960年开始出现小幅下降，1973年下降到23%。

在发达资本主义国家中，美国教育与研发支出一直保持较高水平，其技术水平在电子计算机、半导体以及石化等产业部门处于领先地位。同时，美国制造业生产率也处于持续提升过程中，小时产出由1950年的34.0提高到1970年的48.5，劳动生产率显著提升。同时，战后美国通过重构世界经济格局，加大了对世界市场的渗透，通过关税与贸易总协定进一步消除贸易障碍，提升了制造业产成品在国际市场的竞争力并在诸多领域形成垄断。

（5）制造业的停滞与恢复（20世纪70年代至20世纪末）。20世纪70年代初，以美国为代表的发达资本主义国家进入了"滞胀期"。1973年年底，石油输出国组织（OPEC）提高原油价格引发经济危机，美国制造业受到了严重的影响和冲击。1973年12月至1975年5月，美国工业生产下降了15.3%，企业破产数量明显增加，约有1.5万家企业破产，失业率达到战后新高，制造业增速放缓。特别是在联邦德国和日本战后经济恢复并进入快速发展车道后，对美国制造业的龙头地位形成挑战，并在世界市场取得了较高的占有率，美国制造业国际竞争力开始出现下降。除了能源危机与国际市场竞争加剧外，这一时期第三次科技革命的溢出效应减弱也是造成美国制造业这一时期发展缓慢的原因。值得关注的是，从20世纪70年代到80年代初期，美国出现了"生产率危机"。从1970年开始，美国非农部门劳动生产率（每工时产出）增长率开始放缓，1973年至1979年美国劳动生产率年均增幅仅为0.05%，较1965年至1973年的1.9%大幅下降。这一增幅不仅低于战后多数时期，同时也低于英国、联邦德国以及日本等国。

对这一时期美国制造业出现的停滞，1977年，时任美国总统卡特的高级顾问阿米泰·埃兹厄尼（Amitai Etzioni）提出美国再工业问题。1981年，里根当选总统后，向国会提交《经济复兴计划》，通过减税政策来对付经济停滞，控制货币供应量来对付通货膨胀。1983年，里根总统成立由30名专家组成的"工业竞争能力总统委员会"，研究并找出新科技成果应用于商业生产及服务过程中存在的问题与机会。1988年，里根总统签署《贸易与竞争法》法案，通过实施"美国先进技术发展计划"来提升美国企业的竞争力。克林顿在当选总统一个月后的1993年1月，发表了题为"促进美国经济增长的技术—增强经济实力的新方向"的报告，并推出支持小公司采用最好的生产工具和生产方法的《制造技术推广伙伴计划》。同时，在以信息技术为核心的科技革命推动下，美国制造业劳动生产率在20世纪90年代后期增速加快，制造业竞争力有所恢复。传统制造业方面，美国钢铁产业生产率有所提升。三大汽车企业中，克莱斯勒开始与德国戴姆勒集团进行合并，国产汽车市场占有率实现小幅下滑。高科技等新兴制造业方面，半导体、计算机等产业依靠强大的研发与产业集成能力实现了快速发展。

（6）21世纪后重振制造业阶段。进入21世纪后，美国在信息技术上的投资和应用在不同产业部门间进行溢出和扩散，有力地促进了制造业的发展。2001年至2005年，美国制造业产值从4.29万亿美元增长到4.80万亿美元，增幅达12%。2008年金融危机的爆发，一方面对美国制造业造成了严重的冲击，另一方面也暴露出以金融、房地产等虚拟经济为主导产业所带来的弊端。为此，美国意识到20世纪70年代以来的"去工业化"所带来的"空心化"问题，把重振制造业作为美国经济长远发展的重要战略之一。此后，奥巴马和特朗普政府先后出台了一系列政策、措施，提升制造业就业并发展未来先进制造业，促进美国制造业"回流"。在一系列产业政策的刺激下，美国制造业产值出现了大幅增长。2015年，美国制造业产值达5.71万亿美元，较2010年的5.02万亿美元大幅增长了13.7%，耐用品产值从2.38万亿美元增长到2.90万亿美元，增长了21.8%；非耐用品产值从2.64万亿美元增长到2.80万亿美元，增长了13.7%。通过对比可以发现，耐用品产值增幅远高于非耐用品产值增幅。耐用品中，增幅较大的产业部门分别是木制品、机动车辆、车身和拖车及零部件、其他运输设备、非金属制品以及其他制品，上述制造业产业部门产值增幅均超过28.0%。非耐用品中，增幅较大的产业部门分别是塑料和橡胶制品、食品饮料和烟草制品，上述两个制造业产业部门产值增幅均超过18.0%，但服装、皮革及相关产品，石油和煤炭制品制造业产业部门产值却出现大幅下降。这也在一定程度上表明美国正在放弃自身不具备比较优势的产业部门，其制造业产业结构在发生调整和变化。

2. 德国制造业发展历程

1871年之前，德国制造业主要是以水力、蒸汽机技术为核心的工业1.0时代，以铁路为代表的交通运输业的发展带动了钢铁、煤炭和机器制造行业的发展。1871年之后，在工业革命和英国、美国等国技术的影响下，德国工业体系逐步完善，制造业技术水平逐步提升。

（1）技术模仿学习与工业体系建立（1871~1914年）。1871年德国统一以后，经济快速发展，以电力出现为代表的第二次工业革命促进了德国制造业的发展，加上当时从法国获得巨额的战争赔款和铁矿资源，为德国的制造业技术引进、模仿学习提供了良好的条件。这个阶段，德国建立了完整的工业体系，制造业达到了世界领先水平。这也是德国所谓的工业2.0时代。

（2）军事制造战略与制造业畸形发展（1914~1949年）。1914~1949年，两次世界大战导致的制造业畸形发展。这个时期，德国制造业的发展一波三折，既经历了第一次世界大战后制造业的重整旗鼓，也经历了纳粹政权统治下以汽车工业为代表的军事制造业的发展。

(3) 制造业发展的各自为政（1949~1989年）。1949~1989年，德国分裂时期的各自发展。在这个时期，联邦德国的制造业发展是在美国、英国统治下进行的。特别是在科尔连续16年的领导下，联邦德国的经济得到了前所未有的发展。在美国的支持下，联邦德国从"和平工业化"下的民用制造逐步转向了高技术要求的机械工业生产，电子信息产业和汽车产业得到了快速发展。民主德国制造业的发展则是在苏联的统治下进行的，其制造业主要集中在机械、制药、电气、纺织、造纸和木材加工等传统工业部门。

(4) 信息化与工业4.0战略（1990年至今）。德国统一以后，在区域经济发展战略方面是促进东部地区的发展，制造业的发展大致可以分为1991~1996年去工业化导致的下降阶段、1997~2008年制造业的重视和制造业回归阶段以及2009年之后创新能力提升和制造业振兴阶段。在德国制造业振兴的过程中，出台了以技术创新为核心的一系列发展战略规划和指导性方针，极大地促进了德国制造业的发展。

具体来说，从20世纪90年代以来，与制造业相关的德国的发展战略主要是国家总体的高技术战略。该战略指导着其他子战略的制定和实施，与此相关的子战略有著名的"工业4.0计划""智慧工程计划"以及中小企业创新集中计划等。另外还有1996年发布的德国科研重组指导方针以及2007年发布的职业教育现代化与结构调整方略等，为德国基础科研能力、基础创新能力以及应用型人才培养奠定了基础。

总体来看，德国制造业发展战略呈现如下特点。

第一，计划具有持续性，执行时间长，不断更新。2006年制定的高技术战略一直实施，历经两次修改，同时在高技术战略下，实施了包括"工业4.0计划""智慧工程计划"、中小企业创新集中计划等在内的多项子战略规划。比如，"智慧工程计划"2005年实施至今，中小企业创新集中计划2008年实施，2015年更新。

第二，发展战略（规划）以技术创新为核心。从德国不同发展阶段的战略来看，都是围绕技术创新这条主线展开的，1996年的"科研重组指导方针"是为了提高基础创新能力；1998年的"信息2000：通往信息社会的德国之路"是为了促进信息技术产业的发展；2006年实施的高技术战略，在两次更新中都重点提到了创新问题。

第三，对中小企业技术创新有专门的资金支持规划。

第四，德国制造在一定程度上得益于完善的职业教育体系，特别是"双元制"职业教育为德国制造业培养了大批技能型人才。

3. 日本制造业发展历程

（1）产业复兴和合理化战略（1945~1960年）。在产业合理化阶段，为了奠定制造业发展的基础，煤炭、钢铁、电力和造船行业得到了快速发展。产业合理化的主要政策标志是吉田（茂）内阁1948年12月在"经济九原则"指令基础上发布的《综合施策大纲》。其中一项政策为促进企业合理化，主要内容包括重点产业设备技术的改进、合理化产生的资金支出的复金贷款和设备更新技术引进资金的政府贷款支持、就业和税收的优惠、促进竞争等。1949年9月，日本通产省制定的《关于制定企业合理化政策》正式给出了产业合理化的4项原则和10条意见，标志着产业合理化政策基本形成。后来，朝鲜战争对日本工业产品的巨大需求以及政府的贷款、税收优惠以及技术引进等政策进一步促进了日本产业的合理化。

（2）制造业扩张战略（20世纪60年代）。制造业扩展阶段也就是日本经济在20世纪60年代到70年代初的快速发展阶段。在这个阶段，技术的引进、模仿、消化吸收和创新在制造业发展中发挥了重要作用。从技术创新角度来说，日本在每个战略演进阶段都十分关注技术创新。第二次世界大战以后，日本的技术水平与国际先进技术的差距一度达到了30年。日本在产业合理化政策中通过奖励和补贴鼓励技术研发和技术引进，从而提高了生产效率和劳动生产率，为后续技术革新打下了坚实的基础。到了20世纪60年代，日本进一步加强了技术的引进和模仿创新，用10年时间赶上了当时二三十年的技术差距，制造业技术达到了当时世界先进水平，促进了经济发展，实现了经常性的贸易顺差。这个阶段的技术主要为模仿学习美国。另外，为了提升本国产业竞争力，日本还通过法律和产业政策手段积极促进企业的兼并重组,实现了规模化发展。这个阶段的主要政策就是日本经济企划厅制定的"国民收入倍增计划"(1961~1970年),迎来了经济的高速发展。该计划重点解决社会资本充实问题、产业结构优化与升级问题、国际经济合作、科学研究等内容。

(3)制造业转型战略(1971~1990年)。制造业转型战略阶段对应日本经济的调整转型期。经过20世纪60年代制造业的快速发展,日本经济在70年代增速放缓,同时出现了一些问题。国内问题主要表现在资源消耗、环境污染、人口老龄化等,这是经济高速增长过程中经常出现的问题;国际上面临的问题主要是日益增加的贸易摩擦和石油危机的挑战。

针对资源消耗和环境问题,1971年日本发布了《70年代产业结构设想》,提出了"从生产、速度第一向劳动环境改善、教育、研究开发转变""减少政府干预,发挥市场机制""从资本资源密集向知识密集转变"等政策目标。同时,面对国际贸易竞争日益激烈以及国际石油危机的影响,1974年日本又提出了《产业结构长期设想》,进一步完善了相应的政策。

进入20世纪80年代以后,日本主要面临国际贸易摩擦日益加剧、第二次石油危机、1985年的日元升值等不断变化的国内外环境。针对这种情况,日本经济发展战略在延续前期解决环境污染、资源消耗和粗放式增长问题的基础上,更加重视国际分工中的比较优势原则、国内需求和公共投资。主要的政策依据是《新经济七年计划》(1979)和《80年代通商产业政策展望》(1980)。

在一系列转型政策的作用下,日本的转型战略取得了初步的成功,制造业逐步向绿色化、高加工度、知识集约化方向发展,集成电路、电子、计算机、飞机等新兴产业得到了发展。

(4)制造业的创新驱动战略(1991年至今)。制造业的创新驱动战略阶段对应于日本1991年以来的科技立国时期。这个时期既是20世纪70、80年代制造业转型的延续,也是把科技创新提到了前所未有的高度时期。由于股市和房地产泡沫的破灭,使日本充分认识到了实体经济的重要性。但是,从总体经济增长情况来看,日本经济在20世纪90年代以来长期处于低迷状态,制造业也不例外。在经济持续低迷的情况下,日本提出了技术立国的发展战略，相继出台了《新技术立国》（1994）、《科学技术创造立国》（1995）和《创新25战略》（2007），寻求持续经济低迷情况下的促进制造业发展的路径。在所有的政策当中，由于"创新计划"是提高生产率、维持经济增长以及全球竞争力的关键，所以在所有计划中居于核心地位。另外，寻求日本政府科技战略路线图与制造业竞争战略之间的连接与协调，促进人力资源的培育，建立政府与大学、企业与大学之间的联盟关系等，也在日本这个时期创新驱动战略中发挥着重要作用。2015年6月，日本在制造业白皮书中进一步提出要"重振日本制造业"，主要表现在制造业人才培养、企业跨国转移中的"母体机能"保留、信息技术在制造业中的渗透以及制造业中的行业间融合等方面。

4. 欧盟制造业发展历程

欧洲是世界上经济最发达的地区之一，是现代工业的发源地。在第二次世界大战之前，欧洲一直是世界制造业的中心。第二次世界大战以后，欧洲制造中心的地位逐步被美国取代，但欧洲仍然是世界先进制造业的重要组成部分，特别是以德国为代表的装备制造业和汽车工业，一直是世界领导者。

欧洲制造业的先进性不仅是由于长期发展和积累，更重要的是欧洲各国政府出台了一系列有利于制造业创新的政策。20世纪80年代初，欧洲在新技术的某些领域已处于先进行列，如高能物理、空间技术、热核聚变、光纤通信和生物技术等方面。欧洲各国在经历了一段时间的磨合之后发现，技术创新必须通过系统的自觉合作才有出路。在这样的背景下，欧洲开始全面地组织起来，一系列重大的科学技术合作开发计划开始付诸实施。

1984年2月28日，欧洲共同体工业部长会议正式批准了欧洲信息技术研究发展战略计划（ESPRIT），该计划为期10年，分两期进行，第一期从1984年1月起，5年总投资为15亿欧元，其中一半由共同体资助，另一半由参加计划的单位承担。第二期从1988年开始，总投资32亿欧元，合作范围扩大到了奥地利、瑞士等欧共体之外的一些国家。欧洲力求通过信息技术合作研究推动技术发展，刺激对欧洲信息技术产品和系统的需求，促进合作，使西欧的信息技术工业在20世纪90年代能赶上美国和日本。这样，"欧洲技术共同体"1987年7月正式实施，进一步促进了欧洲范围内更充分地挖掘他们的科研潜力，避免重复科研活动，提高了制造业乃至全行业的竞争力。同时，一项由法国政府提议并开始实施的欧洲跨国高技术联合研究计划也进一步促进了各国之间的合作。该计划以大公司和托拉斯为主、科研院为辅，参加单位自筹资金、共担风险、共享成果。这项计划的市场导向性强，是直接为振兴欧洲高技术产业、振兴欧洲工业服务的研究开发计划。

1987年，为了推进新技术在制造业中的应用，欧洲共同体实施了欧洲工业技术基础计划（BRITE计划）。这一计划促进了新技术（激光、计算机设计等）在汽车、化学、纺织、航空等制造业领域的应用。

1991年11月，欧洲共同体委员会在一份"开放和竞争经济环境中的工业政策"文件中提出，高技术部门的发展必须享有特别的优先权。

1996年，欧盟通过了第一个欧洲创新行动计划，引导投资者在创新项目上开办新企业并提高其效率。欧盟还开展了具有战略性和前瞻性的研究活动，确定未来一定时期的重点产业和关键技术，促进高新技术产业的发展。

2000年，欧盟的高层领导机构为了实现"建立最具活力的，以知识为基础的经济体"，在进一步强化创新与创业，努力创建新一代技术型企业及进一步提高欧洲先进制造业国际竞争力诸方面已达成高度共识，并在里斯本高峰会议上通过"里斯本战略"，明确了技术创新的战略地位。

2002年3月15日举行的巴塞罗那高峰会议上，欧盟再一次把技术创新列入重要的讨论议题，力争到2010年将欧盟各级的R&D投入占GDP的比重从1.9%提升到3%，并向各成员庄严宣告：要想缩短欧洲与其竞争对手的差距，提高欧盟的国际威望，就务必要重视研究与创新工作，必须把两者有机地结合起来，并有效运用于制造业发展，集中全民智慧，加大技术创新力度，努力创建新一代技术型企业，尤其要把创建高新技术企业作为重中之重。

2004年11月，专家组提交了一份远景报告——《未来制造业：2020年展望》。在这份报告中，对欧盟制造业的优势、劣势、机遇、挑战进行了分析，指出欧盟制造业未来的发展目标，即提高制造业的智能化和先进水平，加速制造业的转变，确保在知识经济条件下，欧盟制造业能够在世界制造业中占有较大份额。为此，欧盟的制造业必须调整结构、加速转型，实现从资源密集向知识密集的转变，实现基于知识的"创新生产"。

2008年经济危机中，欧盟制造业已经设法降低了劳动力成本，并提高了生产力。特别是高技术产业，成为制造业增长的主要引擎。因为生产力较高，并且对能源的依赖有限，所以高技术产业对金融危机具有更高的耐受力。由于欧盟能源成本很高，因此向高技术、低能源密集型产业的过渡，对于在全球价值链中取得战略地位是至关重要的。

二、中国制造业发展历程

1. 制造业基础初步形成

新中国成立之初，工业基础非常薄弱，制造业产业体系很不完善，工业化水平很低。我国工业在非常薄弱的基础上，从"一五"计划开始起步。"一五"计划最重要的核心内容，就是中国工业建设的156个重大项目，包括煤炭25项、石油2项、电力25项、钢铁7项、有色金属13项、化工7项、机器24项、轻工业1项、医药2项、军工45项、建筑3项。这156个项目几乎填补了新中国成立前大部分的工业空白，构建了我国的工业体系，基本上是目前所有工业、制造业门类的基石。1952年，我国工业产值占国民生产总值的30%，农业产值占64%。1975年，工业与农业在国民经济中的位置与1952年相比发生互换，工业产值占国民生产总值的72%，农业则仅占28%。

新中国成立以来，工业建设中取得重大成就，逐步建立了独立的比较完整的工业体系和国民经济体系。1980年同完成经济恢复的1952年相比，全国工业固定资产按原价计算，增长26倍多，达到4100多亿元；棉纱产量增长3.5倍，达到293万吨；钢产量达到3700多万吨；机械工业产值增长53倍，达到1270多亿元。新中国成立后建成的门类齐全的制造业体系为改革开放后40年中国经济的腾飞与工业化的深度发展打下了坚实的基础。

2. 制造业开启高速增长

改革开放开启后，我国制造业获得了空前的跨越式发展。制造业作为我国经济高速增长的发动机，其市场化与国际化的发展程度始终引领着我国经济的发展方向。我国工业增加值分别于1992年、2007年、2012年和2018年连续突破1万亿元、10万亿元、20万亿元和30万亿元大关。

（1）乡镇企业开启制造业复苏发展阶段（1978~1991年）。1978年党的十一届三中全会召开，标志着中国进入了改革开放发展时期，对内实行经济体制改革，对外实行开放。改革开放之前，虽然中国模仿苏联的计划经济体制建立了较为完善的制造业体系，但当时的制造业主要生产"生产性"工业产品，生活类用品和消费品严重匮乏，全面处于凭票供应的物资严重短缺状态。1979年4月，国务院发布《关于轻工业工作重点转移问题的报告》，制造业发展开始侧重于满足民生需求，转而重点发展轻工业、适当控制发展重工业。随着国家搞活经济政策的持续实施，乡镇企业迅速崛起并得到快速发展。乡镇企业总产值由1978年的493.1亿元增加到1991年的11621.7亿元，年均增长25.8%。同时，工业增加值增长迅速，由1978年的1621.5亿元增长到1991年的8138.2亿元，年均增长13.4%。因此，中国消费品制造业获得了快速发展，各类轻工业产品的品种日益丰富且逐步实现充分供给，乡镇企业的蓬勃发展推动了中国制造业的复苏，增强了国民经济发展的活力。

（2）民营和外资企业催动制造业快速发展阶段（1992~2001年）。

1992年，在邓小平南方谈话和党的十四大政策引导下，中国加快了改革开放的进程和市场经济发展的步伐，改革开放进入新的阶段。在国家政策的鼓励下，民营企业特别是广东和江浙地区的民营经济迅速崛起，对制造业的快速发展起到了重要的推动作用。1994年2月，国务院下发《90年代国家产业政策纲要》，提出加快高新技术产业发展，大力发展新兴产业，进一步促进了制造业的发展。工业增加值由1992年的10340.5亿元增长至2001年的43855.6万亿元，年均增长18.9%。党的十四大以后，在巨大的市场规模吸引下，大批国外制造业企业在华投资建厂，中国开始大规模吸引外资。实际利用外商直接投资金额大幅增加，由1992年的110.1亿美元增长至2001年的468.8亿美元，年均增长23.2%。同时，中国制造业开始广泛引进国外的设计和制造技术以满足消费者多样化需求，服装、饮料、家电等行业快速发展。这十年，随着民营经济的兴起和大量国外制造业企业的涌入，中国制造业进入快速发展时期。

（3）融入全球制造业体系，规模迅猛扩张阶段（2001~2010年）。2001年12月，中国加入世界贸易组织，以此为契机中国制造业迅速走向全球市场，融入全球制造业体系，规模迅猛扩张。中国加入世贸组织后，越来越多的中国制造业企业面向全球市场开展国际化经营，中国制造业货物出口高速增长，货物出口总额由2002年的3255.9亿美元增长到2010年的15777.5亿美元，年均增长23.1%。同时，外贸总额大幅增长，由2002年的6207.7亿美元上升到2010年的2.97万亿美元，年均增长22.8%。随着中国加入WTO，对外开放程度持续提高，国内市场进一步扩大开放，大量外资涌入中国，2002~2010年，中国制造业实际使用外资金额累计3684亿美元。中国成为全球货物贸易第一大出口国和第二大进口国，"中国制造"走遍世界各地，中国成为名副其实的"世界工厂"。按世界银行统计标准，2007年，中国制造业增加值为1.15万亿美元，超过日本成为全球第二制造大国；2010年，我国制造业增加值首次超过美国，居世界第1位。

3. 制造业转向高质量发展

2011年以来，特别是党的十八大以来，中国制造业走上创新发展、质量提升的道路，高端制造业发展迅速，铁路、核电等一批中国装备"走出国门"，航空航天、卫星通信等领域快速发展。2013年提出"一带一路"倡议之后，中国制造业企业加大在"一带一路"沿线国家的投资，积极推进各类制造业项目合作，带动了"一带一路"沿线国家的经济发展，同时也在更大范围内优化了中国制造业产业结构，促进了世界制造业体系优化进程。2015年5月，国务院印发《中国制造2025》，明确提出加快制造业转型升级，提高制造业核心竞争力，重点推动信息技术、高档数控机床和机器人、航空航天装备等十大领域发展，提升中国制造业在全球价值链中的地位，建设制造强国。2016年，中国制造业总产出占全球制造业总产出比重已经达到30.9%，远超美国的19.3%、日本的11.6%和德国的7.0%。2017年，中国对"一带一路"沿线国家直接投资额达144亿美元，对"一带一路"沿线国家承包工程业务完成营业额855亿美元，持续保持两位数的增长。中国在推动世界制造业发展进程中正扮演着日益重要的角色，中国制造已经成为带动全球制造业发展的中坚力量。

2010年以来，我国制造业增加值已连续11年居世界第1位，是世界上工业体系最为健全的国家。在500种主要工业品中，超过40%产品的产量居世界第1位。2012年到2021年，我国制造业增加值由16.9万亿元增长到29.1万亿元，占全球比重由22.5%提高到近30.0%，光伏、新能源汽车、家电、智能手机等重点产业重点领域创新取得新突破，极大地增强了我国综合国力、科技实力和国际影响力。

后 记

制造业是立国之本、强国之基，是发展实体经济的主战场。习近平总书记指出"中国必须搞实体经济，制造业是实体经济的重要基础"。当前，世界百年未有之大变局加速演变，全球经济发展进入深度调整期，制造业正在成为各国重构竞争优势的关键。本书以成本等反映制造业竞争力的客观数据为基础，分析各国制造业综合成本竞争优势与变化趋势，评估我国制造业各个细分行业成本竞争力面临的风险挑战，并提出提升制造业根植性的对策建议，为有关部门制定完善政策提供参考。

在本书撰写过程中，陈震、寇鸿基、游晨华、彭杨、于倩文、王浩源、张楚衣、贾孟婷等同志参与了数据搜集、整理与测算等工作，作者致以衷心的感谢！此外，还要感谢中国财政经济出版社的各位领导、编辑和各位工作人员，尤其是本书总策划高进水先生和责任编辑叶彤女士，在他们的大力支持下，本书才能在最短时间内与读者见面。

本书面向的读者包括各级政府部门负责工业与经济的管理人员、制造业企业负责人以及金融行业从业者、高校与科研机构研究人员等。由于我们研究的局限性和认知能力，本书的不足和疏漏之处在所难免，真诚地欢迎读者朋友们提出宝贵的批评意见和建议。